www.ingramcontent.com/pod-product-compliance
Lightning Source LLC
LaVergne TN
LVHW010205070526
838199LV00062B/4505
* 9 7 8 9 3 6 9 0 8 5 9 8 9 *

تفسیر ابن مسعود

جلد اول، فاتحہ تا النساء

تالیف فی العربیۃ: محمد احمد عیسوی

اردو ترجمہ: مولانا شمس الدین

مرتّبہ: اعجاز عبید

© Taemeer Publications LLC

Tafseer Ibn Masood – Part:1 *(Quran Urdu Commentary)*
by: Maulana Shamsuddin
Edition: April '2025
Publisher :
Taemeer Publications LLC (Michigan, USA / Hyderabad, India)

ISBN 978-93-6908-598-9

مترجم یا مرتب یا ناشر کی پیشگی اجازت کے بغیر اس کتاب کا کوئی بھی حصہ کسی بھی شکل میں بشمول ویب سائٹ پر اَپ لوڈنگ کے لیے استعمال نہ کیا جائے۔ نیز اس کتاب پر کسی بھی قسم کے تنازع کو نمٹانے کا اختیار صرف حیدرآباد (تلنگانہ) کی عدلیہ کو ہوگا۔

©تعمیر پبلی کیشنز

کتاب	:	**تفسیر ابن مسعود** (سورہ الفاتحہ تا النساء)
مترجم	:	**مولانا شمس الدین**
جمع و ترتیب	:	اعجاز عبید
عربی تالیف	:	محمد احمد عیسوی
صنف	:	تفسیر قرآن
ناشر	:	تعمیر پبلی کیشنز (حیدرآباد، انڈیا)
سالِ اشاعت	:	۲۰۲۵ء
صفحات	:	۲۱۶

فہرست

الاستعاذہ 3

۱۔ سورۃ الفاتحہ 4

۲۔ سورۃ البقرہ 8

۳۔ سورۃ آل عمران 134

۴۔ سورۃ النساء 167

1

الاستعاذہ

اعوذ باللہ من الشیطان الرجیم

شیطان مردود سے میں اللہ تعالیٰ کی پناہ مانگتا ہوں۔

۱۔ صاحب کشاف نے ۳۴۳/۲ میں حضرت ابن مسعودؓ سے روایت نقل کی ہے کہ میں نے جناب رسول اللہ ﷺ کے سامنے اعوذ باللہ السمیع العلیم من الشیطان الرجیم پڑھا تو آپ نے مجھے فرمایا اے ابن ام عبد تم اس طرح پڑھو اعوذ باللہ من الشیطان الرجیم۔ مجھے جبرئیل نے لوح محفوظ سے لکھ کر اسی طرح پڑھایا ہے۔

۲۔ امام احمد کے بیٹے عبداللہ نے اپنی اسناد کے ساتھ المسند ۳۱۸/۵ میں حضرت ابن مسعودؓ سے روایت نقل کی ہے کہ جناب رسول اللہ ﷺ اس طرح فرماتے تھے اللہم انی اعوذ بک من الشیطان من ہمزہ و نفثہ و نفخہ۔ اے اللہ میں شیطان کی طرف سے جنون، نفث اور تکبر سے تیری پناہ میں آتا ہوں۔ (ھمز، طعنہ زنی، جھاڑ پھونک)

۱۔ سورۃ الفاتحہ

علامہ قرطبی نے احکام القرآن ۱/۹۹ میں ابراہیم سے روایت کی ہے کہ حضرت ابن مسعودؓ سے دریافت کیا گیا تم نے اپنے مصحف میں فاتحۃ الکتاب کو کیوں نہیں لکھا تو کہنے لگے اگر میں اسے لکھتا تو پھر ہر سورت کے ساتھ اسے لکھنا پڑتا۔ کہتے ہیں میں نے کتابت کی بجائے مسلمانوں کے اسے یاد کر لینے پر اکتفا کر لیا۔

بسم اللہ الرحمن الرحیم

۱۔ واحدی نے اسباب النزول ص ۱۵/۱۶ میں حضرت ابن مسعودؓ سے روایت نقل کی ہے ہمیں دو سورتوں کے درمیان اس وقت فصل کرنے کی کوئی صورت نہ تھی یہاں تک کہ بسم اللہ نازل ہوئی۔

۲۔ طبری نے اپنے اسناد کے ساتھ حضرت ابن مسعودؓ سے روایت کی ہے کہ جناب رسول اللہ ﷺ نے فرمایا کہ حضرت مریم نے عیسیٰؑ کو کاتبوں کے حوالے کیا تاکہ وہ تعلیم دیں تو معلم نے ان سے کہا۔ اکتب، لکھو 'بسم' لکھو تو عیسیٰؑ نے پوچھا بسم اللہ کیا ہے۔ اس نے کہا مجھے معلوم نہیں تو عیسیٰؑ نے فرمایا، با سے باء اللہ، اللہ کی رونق، سین سے سناء اللہ، اللہ تعالیٰ

کا نور اور چمک اور میم سے مملکۃ اللہ، اللہ تعالیٰ کی حکومت مراد ہے۔ یہ غریب روایت ہے۔ (جامع البیان ۱/۱۲۱)

۳۔ طبری نے ابن مسعودؓ، ابو سعیدؓ سے نقل کیا ہے کہ جناب رسول اللہ صلی اللہ علیہ وآلہ وسلم نے فرمایا حضرت مریم سلام اللہ علیہا نے حضرت عیسیٰؑ کو ایک کاتب کے سپرد کیا تا کہ وہ ان کو پڑھنے لکھنے کی تعلیم دے تو کاتب نے کہا لکھو اللہ عیسیٰؑ نے پوچھا کہ اللہ تعالیٰ کا معنی کیا ہے؟ پھر خود فرمایا اس کا معنی یہ ہے اللہ تعالیٰ تمام معبودوں کا معبود ہے (جامع الاحکام ۱/۱۲۵) (سند ضعیف ہے)

۴۔ طبری نے حضرت ابن مسعودؓ اور ابو سعید خدریؓ سے روایت کی ہے کہ جناب رسول اللہ صلی اللہ علیہ وآلہ وسلم نے فرمایا: حضرت عیسیٰؑ نے کہا۔ الرحمان یعنی آخرت و دنیا میں رحمت فرمانے والا اور الرحیم جس کی رحمت آخرت کے ساتھ مختص ہو۔

۵۔ قرطبی نے اپنے اسناد کے ساتھ حضرت ابن مسعودؓ سے نقل کیا ہے کہ جو شخص یہ چاہتا ہو کہ اللہ تعالیٰ اسے جہنم کے انیس زبانیہ سے محفوظ رکھے تو وہ بسم اللہ الرحمن الرحیم پڑھے۔ تو اللہ تعالیٰ اس کے ہر حرف کے بدلے ہر فرشتے سے بچاؤ کے لئے ایک ڈھال مہیا فرما دیں گے (بسم اللہ الرحمن الرحیم کے انیس حروف ہیں)

۶۔ سیوطی نے حضرت مسعودؓ سے روایت نقل کی ہے کہ بسم اللہ پڑھنے والے کو ہر حرف کے بدلے چار ہزار نیکیاں ملتی ہیں۔ اور چار ہزار برائیاں مٹائی جاتی ہیں اور چار ہزار درجات بلند ہوتے ہیں۔ (الدر ۱/۱۰)

قرطبی لکھتے ہیں کہ حضرت عمر اور ابن مسعودؓ سے مروی ہے کہ سورۃ فاتحہ کے ساتھ بسم اللہ کو آہستہ پڑھا جائے گا اور علماء کی بہت بڑی جماعت کا یہی مسلک ہے۔ (جامع الاحکام ۱/۸۳۔ ۱/۱۰۱)

مالک یوم الدین

مالک انصاف کے دن کا

۱۔ طبری نے اپنے اسناد کے ساتھ حضرت ابن مسعودؓ سے نقل کیا ہے۔ مالک یوم الدین سے مراد حساب کا دن ہے۔ صحابہ کرام کی ایک جماعت جس میں ابن عباسؓ بھی شامل ہیں اسی قول کو اختیار کیا ہے۔ (المستدرک ۲/۲۵۸)

۲۔ قرطبی نے ابن مسعودؓ سے نقل کیا کہ الدین اعمال کے بدلے اور حساب کو کہتے ہیں اور یہی قول ابن عباسؓ نے اختیار کیا ہے۔ (احکام ۱/۱۲۵)

اِهْدِنَا الصِّرَاطَ الْمُسْتَقِيْمَ

۱۔ طبری نے ۱۔ ۷۵ امیں سند کے ساتھ حضرت ابن مسعودؓ اور کئی پیغمبرؐ سے اھدنا الصراط المستقیم کی تفسیر اسلام سے کی ہے۔ یعنی اسلام کی طرف ہماری راہنمائی فرما۔

۲۔ طبری نے ۱۔ ۷۳ امیں اپنی سند کے ساتھ حضرت ابن مسعودؓ سے الصراط المستقیم کی تفسیر، کتاب اللہ نقل کی ہے۔ یعنی، قرآن کی طرف ہماری راہنمائی فرما۔

ابن کثیر نے ۱/۱۵ میں حضرت ابن مسعودؓ سے روایت بیان کی ہے کہ الصراط المستقیم وہ راہ ہے جس کی ایک جانب پر رسول اللہ ﷺ نے ہمیں چھوڑا اور دوسری جانب جنت میں جاتی ہے۔

سیوطی نے الدر ۱/۱۵ میں حضرت ابن مسعودؓ سے روایت بیان کی ہے کہ الصراط المستقیم وہ راہ ہے جس کی ایک جانب پر رسول اللہ ﷺ نے ہمیں چھوڑا اور دوسری جانب جنت میں جاتی ہے۔

سیوطی نے الدر ۱/۱۵ میں حضرت ابن مسعودؓ سے روایت کی ہے کہ یہ راستہ ہے حاضری کی جگہ ہے جہاں شیاطین آتے جاتے ہیں اے اللہ کے بندو! یہ راستے کی اتباع کرو اور الصراط المستقیم تو اللہ تعالیٰ کی کتاب ہے اسے مضبوطی سے تھام لو۔

صراط الذین انعمت علیہم غیر المغضوب علیہم ولا الضالین۔

طبری نے ۱/۸۸ میں طبری کی سند سے حضرت ابن مسعودؓ سے نقل کیا کہ المغضوب علیہم سے یہودی مراد ہیں۔

طبری نے ۱/۹۵ میں اپنی سند سے حضرت ابن مسعودؓ اور صحابہ کرام کی ایک جماعت سے نقل کیا کہ 'الضالین' سے نصاریٰ مراد ہیں۔

***

۲۔ سورۃ البقرہ

بخاری نے اعمش سے نقل کیا کہ میں حجاج کو منبر پر یہ کہتے سنا: وہ سورۃ جس میں بقرہ کا تذکرہ ہے اور وہ سورۃ جس میں آل عمران کا تذکرہ ہے اور وہ سورۃ جس میں عورتوں کا تذکرہ ہے۔

اعمش کہتے ہیں میں نے یہ بات ابراہیم کو بتائی تو اس نے عبدالرحمان بن یزید کی وساطت سے حضرت ابن مسعودؓ کے متعلق نقل کی یا کہ میں ابن مسعودؓ کے ساتھ اس وقت موجود تھا جب انہوں نے جمرہ عقبہ کی رمی کی اور پھر فرمایا مجھے اس ذات کی قسم ہے جس کے قبضہ میں میری جان ہے جس ہستی پر سورۃ بقرہ اتری وہ اس جگہ ہے کھڑے ہوئے (اور جمرہ عقبہ کی رمی کی) (۱۷۸/۲)

۲۔ سیوطی نے الدر ۱/ ۱۹ میں حضرت ابن مسعودؓ روایت ہے کہ جناب رسول اللہ ﷺ نے فرمایا۔ وہ آدمی ناکام نہیں جو رات کے دوران اٹھا اور قیام میں سورۃ بقرہ و آل عمران شروع کی۔

۳۔ سیوطی نے الدر ۱/ ۲۱ میں حضرت ابن مسعودؓ سے روایت کی ہے کہ ایک شخص نے ان کے ان کے پاس سورۃ بقرہ اور آل عمران پڑھی تو آپ نے فرمایا تم نے دو سورتیں ایسی

پڑھی ہیں جن میں اللہ تعالیٰ کا اسم اعظم ہے۔ یہ وہ اسم ہے جس کے ذریعہ جو دعا کی جائے وہ قبول ہوتی ہے۔ جب سوال کیا جائے تو (اس کا) سوال پورا کیا جاتا ہے۔

۴۔ سیوطی نے الدر ا/۲۲ میں حضرت ابن مسعودؓ سے روایت کی ہے کہ جس شخص نے سورۃ بقرہ پڑھی اس نے بہت نیکیاں کمائیں اور بہت خوب کام کیا۔

حاکم نے مستدرک ۲/۲۵۹ میں نقل کیا ہے کہ حضرت ابن مسعودؓ نے فرمایا: تم اپنے گھروں میں سورۃ البقرہ پڑھا کرو جس گھر میں یہ سورت پڑھی جائے وہاں شیطان داخل نہیں ہوتا۔

حاکم نے مستدرک ا/۵۶۱ پر حضرت ابن مسعودؓ کا یہ ارشاد نقل کیا ہے کہ ہر چیز کی ایک چوٹی ہے اور قرآن کی چوٹی سورۃ بقرہ ہے۔ جب شیطان یہ سنتا ہے کہ کسی گھر میں سورۃ بقرہ پڑھی جا رہی ہے تو شیطان اس گھر سے نکل جاتا ہے۔

ابن کثیر نے حضرت ابن مسعودؓ سے روایت کی ہے کہ جناب رسول اللہ ﷺ نے فرمایا میں تم میں کسی کو اس حالت میں نہ پاؤں کہ وہ (تکبر سے) اپنا پاؤں ایک دوسرے پر رکھ کر استغناء کا اظہار کرے اور سورۃ بقرہ کی قرأت ترک کر دے۔ جس گھر میں سورۃ بقرہ پڑھی جائے شیطان اس سے بھاگ جاتا ہے خالی گھر وہ ہے جو کتاب اللہ سے خالی ہو۔

علامہ سیوطی نے ا/۲۰ میں حضرت ابن مسعودؓ سے روایت کی ہے کہ جناب رسول اللہ ﷺ کا ایک صحابی باہر نکلا اس کو شیطان ملا اور اس نے اسے پکڑ لیا دونوں نے کشتی کی تو صحابی رسول نے اس کو گرا دیا۔ شیطان کہنے لگا مجھے چھوڑو میں تمہیں ایک بات بتلاتا ہوں اس نے چھوڑ دیا۔ اس نے کہ بات بیان کرو۔ اس نے کہا، نہیں۔ صحابی رسول نے اس کو گرا دیا۔

شیطان کہنے لگا مجھے چھوڑو میں تمہیں ایک بات بتلاتا ہوں اس نے چھوڑ دیا۔ اس نے کہا بات بیان کرو۔ اس نے کہا نہیں۔ صحابی رسول نے اسے دوسری مرتبہ پکڑ کر پچھاڑ دیا۔ شیطان نے کہا مجھے چھوڑ دو میں تمہیں بات بتاتا ہوں۔ اس نے چھوڑ دیا۔ اس نے کہا وعدے کے مطابق حدیث سناؤ۔ اس نے کہا نہیں۔ اس نے تیسری مرتبہ پکڑا اور شیطان کو صحابی نے پچھاڑ دیا اور اس کے سینے پر بیٹھ گئے۔ اور اپنے انگوٹھے سے اس کے گلے کو دبانے لگے اس نے کہا مجھے چھوڑ دو۔ اس نے کہا میں تجھے اس وقت تک نہ چھوڑوں گا یہاں تک کہ تو مجھے حدیث نہ بیان کرلے اس نے کہا۔ سورۃ بقرہ کی کوئی سی آیت شیاطین کے درمیان پڑھی جائے وہ منتشر ہو جاتے ہیں۔ اور جس گھر میں یہ پڑھی جائے وہاں شیاطین کا داخلہ نہیں۔

سیوطی نے الدر ا / ۲۱ میں حضرت ابن مسعودؓ سے اس طرح روایت کی ہے کہ ایک عورت جناب رسول اللہ ﷺ کی خدمت میں حاضر ہوئی۔ اور کہنے لگی یا رسول! میں نے اپنے کو آپ کی رائے کے سپرد کر دیا۔ تو جناب رسول اللہ ﷺ نے اس شخص کو فرمایا جس نے اسے پیغام نکاح دیا تھا۔ کیا تمہیں کچھ قرآن آتا ہے۔ اس نے کہا جی ہاں! سورۃ البقرہ اور مفصلات کی ایک سورۃ۔ تو آپ نے فرمایا میں نے اس کا تیرے ساتھ نکاح کر دیا اس شرط پر کہ تو اس کو وہ سورت پڑھائے گا اور سکھائے گا۔

سیوطی نے الدر ا / ۲۲ میں حضرت ابن مسعودؓ سے نقل کیا جس نے سورۃ بقرہ کے کسی ایک لفظ کا حلف اٹھایا تو اس پر اس کی ہر آیت پر قسم اٹھائے گا بوجھ ہوگا۔

الٓمّٓ ﴿۱﴾

۱۔ طبری نے ۱/۲۰۷ میں حضرت ابن مسعودؓ اور کئی اصحاب رسول ﷺ سے نقل کیا گیا ہے کہ الم یہ حرف ہے جس کو اسماء باری تعالیٰ شے مشتق کیا گیا ہے (اللہ کے مقدس ناموں کے حروف تہجی سے بنایا گیا ہے)

۲۔ طبری نے ۱/۲۰۶ میں حضرت ابن مسعودؓ سے مروی ہے کہ حم، طس، الم یہ اللہ تعالیٰ کا اسم اعظم ہیں۔ ابن عباسؓ سے بھی اسی طرح مروی ہے۔

۳۔ زادالمسیر ۱/۲۲ میں مذکور ہے کہ حضرت ابن مسعودؓ الم کا معنی انا اللہ اعلم۔ (میں اللہ جاننے والا ہوں) فرماتے تھے۔

۴۔ احکام قرطبی نے ۱/۱۳۴ میں ہے حضرت ابن مسعودؓ سے روایت ہے حروف مقطعات یہ وہ مخفی راز ہے جس کی تفسیر نہیں کی جاتی۔

۵۔ ترمذی نے حضرت ابن مسعودؓ سے روایت نقل کی ہے کہ جناب رسول اللہ ﷺ نے فرمایا۔ جس نے کتاب اللہ کا ایک حرف پڑھا اسے ایک نیکی ملے گی اور ایک نیکی کا بدلہ دس گنا ہے میں نہیں کہتا کہ الم ایک حرف ہے بلکہ الف ایک حرف، لام دوسرا اور میم تیسرا حرف ہے۔ (قرطبی فی الاحکام ۱۰/۳۲۰)

۶۔ السیوطی نے بیہقی سے الدر ۱/۲۸ میں اپنی سند کے ساتھ حضرت ابن مسعودؓ سے روایت کی ہے کہ جس نے سورۃ بقرہ کی دس آیات دن کی ابتداء میں پڑھ لیں تو شام تک شیطان اس

کے قریب نہیں پھٹک سکتا اور اگر اس سے شام کو پڑھ لیں تو صبح تک شیطان اس کے قریب نہیں آسکتا اور وہ اہل و مال میں کوئی مناسب بات رونما ہوتی نہ پائے گا۔

۷۔ القرطبی سے احکام القرآن ۱/۱۳۳ میں دارمسی سے شعبی کے حوالہ سے حضرت ابن مسعودؓ سے نقل کیا کہ جس نے رات کے وقت سورۃ بقرہ کی دس آیات گھر میں پڑھیں وہاں شیطان نہیں داخل ہو سکتا یہاں تک کہ صبح ہو ان میں پہلی چار آیات اور آیت الکرسی اور اس کے بعد والی دو آیات اور تین آخری آیات للہ ما فی السموات والارض۔

ذٰلِكَ الْكِتٰبُ لَا رَيْبَ فِيْهِ ۛ هُدًى لِّلْمُتَّقِيْنَ۔

اس کتاب میں کوئی شک نہیں راہ بتاتی ہے ڈروالوں کو۔

حاکم نے مستدرک ۲/۲۶۰ میں نقل کیا ہے کہ حضرت عبداللہ بن مسعودؓ نے فرمایا الم اللہ تعالیٰ کے مقدس نام کا ایک حرف اور الکتاب سے مراد قرآن مجید ہے۔

۲۔ طبری نے جامع ۱/۲۲۸ میں نقل کیا ہے کہ حضرت عبداللہ ابن عباس، حضرت عبداللہ بن مسعود اور دیگر کئی صحابہؓ اجمعین نے لاریب فیہ کی تفسیر یہ کی ہے کہ اس میں کوئی شک نہیں۔

۳۔ طبری نے جامع ۱/۲۳۰ میں حضرت ابن عباس حضرت ابن مسعودؓ اور دیگر کئی صحابہؓ اجمعین سے نقل کیا ہے کہ یہ حضرات ھدی للمتقین کا ترجمہ یہ کرتے تھے ''یہ اہل تقوی کے لیے روشنی ہے''

۴۔ طبری نے جامع ۱/۲۳۳ میں حضرت ابن عباس حضرت ابن مسعودؓ اور دیگر کئی صحابہؓ اجمعین سے نقل کیا ہے کہ یہ حضرات هدی للمتقین میں سے متقین سے مراد 'مومن' لیتے تھے۔

الذی یومنون بالغیب

جو یقین کرتے ہیں بن دیکھا پر۔

طبری نے جامع ۱/۲۳۸ میں لکھا ہے کہ حضرت ابن عباس حضرت ابن مسعودؓ اور دیگر کئی صحابہؓ اجمعین فرماتے تھے کہ الذین یومنون بالغیب سے مراد اہل عرب کے مومن ہیں۔

۲۔ طبری نے جامع ۱/۲۳۵ میں لکھا ہے کہ حضرت عبداللہ بن مسعودؓ نے فرمایا کہ الایمان سے مراد تصدیق ہے۔

۳۔ طبری نے جامع ۱/۲۳۶ میں لکھا ہے کہ حضرت ابن عباس، حضرت ابن مسعودؓ اور دیگر کئی صحابہؓ اجمعین نے فرمایا کہ الغیب میں غیب سے مراد وہ چیزیں جو بندوں سے مخفی ہیں مثلاً جنت اور جہنم کا معاملہ اور وہ تمام چیزیں جو اللہ تعالیٰ قرآن مجید میں ذکر کی ہیں، عرب کے مومن اپنے پاس موجود کتاب یا علم کی بنیاد پر ان کی تصدیق نہیں کرتے تھے۔ (کر سکتے تھے)

۴۔ حاکم نے مستدرک ۲/۲۶۰ میں حضرت عبدالرحمن بن یزید سے نقل کیا ہے وہ فرماتے ہیں کہ ایک دفعہ لوگوں نے حضرت عبداللہ بن مسعودؓ کے پاس حضرات صحابہ کرامؓ کے ایمان کا تذکرہ کیا تو حضرت ابن مسعودؓ نے فرمایا بیشک حضرت محمد صلی اللہ علیہ وآلہ وسلم کا معاملہ ان لوگوں کے لیے

واضح تھا جنھوں نے آپ کی زیارت کی، قسم ہے اس ذات مقدس کی جس کے سوا کوئی عبادت کے لائق نہیں۔ بن دیکھے ایمان لانے سے زیادہ افضل کسی کا ایمان نہیں۔ پھر حضرت ابن مسعودؓ نے الم ذلک الکتاب لا ریب فیہ سے یومنون بالغیب تک تلاوت فرمائی۔

ومما رزقناھم ینفقون۔

اور ہمارا دیا کچھ خرچ کرتے ہیں۔

ا۔ طبری نے جامع ۱/۲۴۴ میں نقل کیا ہے کہ حضرت ابن عباس، حضرت ابن مسعودؓ اور دیگر کئی صحابہؓ اجمعین فرماتے ہیں کہ وما رزقناھم ینفقون سے مراد وہ اخراجات ہیں جو آدمی اپنے اہل خانہ پر کرتا ہے۔ اس آیت مبارکہ کی یہ تفسیر زکوٰۃ کے احکام نازل ہونے سے پہلے کی ہے۔

ا۔ طبری نے جامع ۱/۲۴۵ میں نقل کیا ہے کہ حضرت ابن عباس، حضرت ابن مسعودؓ اور دیگر کئی صحابہؓ فرماتے تھے کہ والذین یومنون بما انزل الیک وما انزل من قبلک و بالآخرۃ ھم یوقنون۔ سے مراد اہل کتاب میں سے وہ لوگ ہیں جو ایمان لائے۔

ا۔ طبری نے جامع ا۔۲۴۷ میں نقل کیا ہے کہ حضرت ابن عباس، حضرت ابن مسعودؓ اور دیگر کئی صحابہؓ فرماتے ہیں کہ الذین یومنون بالغیب سے مراد اہل عرب کے مومن ہیں اور

الذین یومنون بما انزل الیک سے مراد اہل کتاب کے مومن ہیں، پھر ان دونوں گروہوں کا اکٹھا ذکر کیا اور فرمایا اولئک علی ھدی من ربھم واولئک ھم المفلحون۔

ختم اللہ علی قلوبہم الخ۔ مہر کردی اللہ نے ان کے دل پر اور ان کے کان پر اور ان کی آنکھوں پر ہے پردہ۔

ا۔ طبری نے جامع ۱/۲۶۶ میں نقل کیا ہے کہ حضرت ابن عباس، حضرت ابن مسعودؓ اور دیگر کئی صحابہؓ ختم اللہ علی قلوبھم وعلی سمعھم کی تفسیر یوں فرماتے تھے کہ پس وہ نہ سمجھتے ہیں نہ سنتے ہیں اور علی ابصارھم غشاوۃ سے پہلے تفسیر کے طور پر جعل کا لفظ مانتے تھے معنی یہ کہ ڈال دیا ان کی آنکھوں پر پردہ اور علی ابصارھم سے مراد ان کی آنکھیں ہیں معنی یہ کہ وہ دیکھتے نہیں۔

ومن الناس من یقول الخ

اور ایک لوگ وہ ہیں جو کہتے ہیں ہم یقین لائے اللہ پر اور پچھلے دن پر اور ان کو یقین نہیں۔

ا۔ طبری نے جامع ۱/۲۷۰ میں نقل کیا ہے کہ حضرت ابن عباس، حضرت ابن مسعودؓ اور دیگر کئی صحابہ کرامؓ فرماتے تھے کہ ومن الناس من یقول آمنا باللہ وبالیوم الآخر وما ھم بمومنون میں جن لوگوں کا تذکرہ ہے ان سے مراد منافق ہیں۔

فی قلوبھم مرضا الخ

ان کے دل میں آزار ہے پھر زیادہ دیا اللہ نے کو آزار۔

۱۔ طبری نے جامع ۱/۲۸۰ میں لکھا ہے کہ حضرت ابن عباس، حضرت ابن مسعودؓ اور دیگر کئی صحابہ کرام رضی الہ عنہم فرماتے تھے کہ فی قلوبھم مرض سے مراد یہ ہے کہ ان کے دل میں شک ہے۔

۲۔ طبری نے جامع ۱/۲۸۲ میں لکھا ہے کہ حضرت ابن عباس، حضرت ابن مسعودؓ اور دیگر کئی صحابہ کرامؓ فرماتے تھے کہ فزادھم اللہ مرضا کا معنی یہ ہے کہ اللہ تعالیٰ نے ان کے شکوک و شبہات میں اضافہ کر دیا ہے۔

واذا قیل لھم الخ

اور جب کہیے ان کو فساد نہ ڈالو ملک میں، کہیں ہمارا کام تو سنوارنا ہے۔

۱۔ طبری نے جامع ۱/۲۸۸ میں لکھا ہے کہ حضرت ابن عباس، حضرت ابن مسعودؓ اور دیگر کئی صحابہ کرامؓ فرماتے تے کہ واذا قیل لھم لا تفسدوا فی الارض قالوا انما نحن مصلحون میں جن لوگوں کا تذکرہ ہے ان سے مراد منافق ہیں اور لا تفسدوا فی الارض کی تفسیر اس طرح فرماتے تھے کہ بلاشبہ اصل فساد اور خرابی تو ہے ہی کفر اور نافرمانی کا عمل۔

قالوا انومن کما امن السفھاء

کہیں ہم اس طرح مسلمان ہوں جیسے مسلمان ہوئے بیوقوف۔

۱۔ طبری نے جامع ۱/۲۹۳،۲۹۴ میں لکھا ہے کہ حضرت ابن عباس، حضرت ابن مسعودؓ اور دیگر کئی صحابہ کرامؓ فرماتے ہیں کہ قالوا انومن کما امن السفہاء

ذھب اللہ بنورہم۔

اردگرد کو لے گیا اللہ ان کی روشنی اور چھوڑا ان کو اندھیروں میں (انہیں) نظر نہیں آتا۔

۱۔ طبری نے جامع ۱/۳۲۴ میں لکھا ہے کہ حضرت ابن عباس، حضرت ابن مسعودؓ اور دیگر کئی صحابہ کرامؓ اجمعین مَثَلُهُمْ كَمَثَلِ الَّذِى اسْتَوْقَدَ نَارًا ۚ فَلَمَّآ اَضَآءَتْ مَا حَوْلَهٗ ذَهَبَ اللّٰهُ بِنُوْرِهِمْ وَتَرَكَهُمْ فِىْ ظُلُمٰتٍ لَّا يُبْصِرُوْنَ کی تفسیر میں فرماتے تھے کہ لوگوں کا خیال ہے کہ جناب نبی کریم ﷺ کی مدینہ منورہ تشریف آوری کے وقت چند لوگ دائرہ اسلام میں داخل ہوئے پھر یہ منافق بن گئے پس ان کی حالت اس آدمی کی حالت جیسی ہے جو اندھیرے میں تھا پھر اس نے آگ روشن کی اس آگ نے تکلیف دہ چیزیں دور کر کے اس کے اردگرد کو روشن کر دیا اب اسے نظر آنے لگا پس اس نے وہ سب کچھ پہچان لیا جس کے ذریعے یہ تکلیف دہ چیزوں سے بچ سکتا تھا۔

یہ آدمی یونہی کھڑا تھا کہ اچانک آگ بجھ گئی اب اسے پتہ ہی نہیں چل رہا کہ تکلیف دہ چیزوں سے یہ کس ذریعہ سے بچے، پس یہی کیفیت منافق کی بھی ہے۔ یہ شرک کے اندھیرے میں تھا پھر اسلام لایا یوں اس نے حلال و حرام اور اچھے برے کی پہچان کر لی تھی کہ اچانک کافر ہو گیا اب اسے حلال و حرام اور اچھے برے کی کوئی پہچان نہیں رہی۔

اور آیت کریمہ میں النور کے لفظ سے مراد آپ ﷺ کے لائے ہوئے دین پر ایمان لانا ہے اور الظلمۃ سے مراد ان کی منافقوں کی مُنافقت ہے۔

بُكْمٌ عُمْیٌ فَھُمْ لَا یَرْجِعُوْنَ

بہرے ہیں گونگے اندھے سو وہ نہیں پھریں گے۔

۱۔ طبری نے جامع ۱/۲۲۱ میں لکھا ہے کہ حضرت اہل عباس، حضرت ابن مسعودؓ اور دیگر کئی صحابہ کرامؓ فرماتے تھے کہ بکم سے مراد وہ لوگ ہیں جو بول نہیں سکتے۔

۲۔ طبری نے جامع ۱/۲۳۲ میں لکھا ہے کہ حضرت ابن عباس، حضرت ابن مسعودؓ اور دیگر کئی صحابہ کرامؓ اجمعین فرماتے تھے کہ فہم لایرجعون کا معنی ہے کہ اب وہ اسلام کی طرف نہیں لوٹیں گے۔

اَوْ کَصَیِّبٍ مِّنَ السَّمَآءِ فِیْهِ ظُلُمٰتٌ وَّ رَعْدٌ وَّ بَرْقٌ ۚ یَجْعَلُوْنَ اَصَابِعَھُمْ فِیْۤ اٰذَانِھِمْ مِّنَ الصَّوَاعِقِ حَذَرَ الْمَوْتِ ؕ وَ اللّٰهُ مُحِیْطٌۢ بِالْکٰفِرِیْنَ

یا جیسے مینہ پڑتا آسمان سے۔ اس میں ہیں اندھیرے اور گرج اور بجلی۔ ڈالتے ہیں انگلیاں اپنے کانوں میں مارے کڑک کے ڈرسے موت کے۔ اللہ گھیر رہا ہے منکروں کو قریب ہے بجلی کہ اچک لے ان کی آنکھیں، جس بار چمکتی ہے ان پر چلتے ہیں اس میں اور جب اندھیرا پڑا اکھڑے رہے اور اگر چاہے اللہ لے جائے ان کے کان اور اور آنکھیں بیشک اللہ ہر چیز پر قادر ہے۔

ا۔ طبری نے جامع ۱/۳۴۷ میں لکھا ہے کہ حضرت ابن عباس، حضرت ابن مسعودؓ اور دیگر چند صحابہ کرامؓ آیت مذکورہ کی تفسیر یوں فرمایا کرتے تھے کہ آیت مبارکہ میں مذکور لفظ الصیب کا معنی ہے بارش ہے۔

مزید فرماتے تھے کہ مدینہ منورہ کے دو منافق جناب رسول اللہ ﷺ کے ہاں سے بھاگ کر مشرکوں سے جا ملے۔ اللہ تعالیٰ نے یہاں جس بارش کا ذکر کیا ہے وہ انہی پر ہوئی تھی۔ اس بارش میں بادل بڑا سخت گرجا اور بجلیاں چمکیں۔ جب کبھی بادل کڑکتا یہ اس خوف سے اپنی انگلیاں اپنے کانوں میں ٹھونس لیتے کہ کہیں یہ کڑک ان کے کانوں میں داخل ہو کر انہیں ہلاک ہی نہ کردے۔ اور جب بجلی چمکتی یہ چل پڑتے اور جب بجلی روشن نہ ہوتی انہیں سوجھائی نہ دیتا اپنی جگہ پر کھڑے ہو جاتے آگے نہ چلتے۔

اب یہ کہنے لگے کاش صبح جلدی ہو جائے ہم جناب رسول اللہ ﷺ کی خدمت میں حاضر ہو جائیں اور اپنے ہاتھ ان کے ہاتھ میں دے دیں۔ صبح ہوئی تو یہ دونوں آپ ﷺ کی خدمت اقدس میں حاضر ہو گئے اور مسلمان ہو گئے اور اپنے ہاتھ آپ ﷺ کے دست مبارک میں دے دئیے۔ اب پکے مسلمان ہو گئے۔ پس آس آیت مبارکہ میں اللہ تعالیٰ نے مدینہ منور کے منافقین کی مثال بیان فرمائی ہے۔

منافقین کی عادت یہ تھی کہ جب وہ جناب رحمت کائنات ﷺ کی خدمت اقدس میں حاضر ہوئے تو اپنی انگلیاں اپنے کانوں میں ڈال لیتے اس خوف سے کہ کہیں ان کے بارے میں

کوئی حکم نہ نازل ہو جائے اور وہ مارے جائیں جیسے یہ دونوں منافق اپنی انگلیاں اپنے کانوں میں رکھ لیتے تھے۔

یَکَادُ الْبَرْقُ یَخْطَفُ اَبْصَارَھُمْ ؕ کُلَّمَآ اَضَآءَ لَھُمْ مَّشَوْا فِیْهِ ۙۗ وَ اِذَآ اَظْلَمَ عَلَیْھِمْ قَامُوْا ؕ وَ لَوْ شَآءَ اللّٰهُ لَذَھَبَ بِسَمْعِھِمْ وَ اَبْصَارِھِمْ ؕ اِنَّ اللّٰهَ عَلٰی کُلِّ شَیْءٍ قَدِیْرٌ

واذا اضآء لہم مشوا فیہ کی تفسیر یہ ہے کہ جب ان کے مال زیادہ ہو گئے اور ان کے ہاں بچے پیدا ہونے لگے اور انہیں مال غنیمت کا حصہ ملنے لگا یا کوئی فتح حاصل ہوتی تو چل پڑتے اور کہتے کہ بیشک جناب رسول اللہ صلی اللہ علیہ وآلہ وسلم کا دین سچا ہے یوں اس پر ڈٹ جاتے جیسے یہ دونوں منافق چلتے چلے جاتے تھے معنی یہ ہوا کہ جب جبلی ان دونوں کے لیے راستہ روشن کرتی تو یہ چل پڑتے۔

واذا اظلم علیہم قاموا کی تفسیر یہ ہے کہ جب ان منافقین کے مال ضائع ہوئے اور ان کے ہاں بچیاں پیدا ہونے لگیں اور کوئی اور مصیبت آئی تو انہوں نے کہا یہ سب کچھ حضرت محمد صلی اللہ علیہ وآلہ وسلم کے دین کی وجہ سے ہوا ہے پس یوں یہ دوبارہ کافر بن گئے۔ جیسے یہ دونوں منافق اس وقت رک جاتے تھے جب بجلی روشن نہ ہوتی۔

۲۔ قرطبی نے احکام ۱/۸۸ میں حضرت علی، حضرت ابن مسعودؓ اور حضرت ابن عباسؓ سے نقل کیا ہے کہ البرق لوہے کا ایک کوڑا ہے فرشتہ کے ہاتھ میں ہوتا ہے وہ اس کے ساتھ بادلوں کو ہانکتا ہے۔

یا ایہا الناس اعبدوا ربکم الذی خلقکم

لوگو! بندگی کرو اپنے رب کی جس نے بنایا تم کو اور تم سے اگلوں کو شاید تم پرہیزگاری پکڑو۔

ا۔ حاکم نے مستدرک ۳/۱۸ میں لکھا ہے کہ حضرت ابن عباس، حضرت ابن مسعودؓ اور چند اور صحابہ کرامؓ یَاَیُّهَا النَّاسُ اعْبُدُوْا رَبَّکُمُ الَّذِیْ خَلَقَکُمْ وَالَّذِیْنَ مِنْ قَبْلِکُمْ کی تفسیر اس طرح فرماتے تھے کہ اس نے تمہیں پیدا کیا اور تم سے پہلے لوگوں کو پیدا کیا۔

:الذی جعل لکم الارض فراشا الخ

جس نے بنا دیا تم کو زمین بچھونا اور آسمان عمارت۔

ا۔ طبری نے جامع ۱/۳۶۵ میں لکھا ہے کہ حضرت ابن عباس، حضرت ابن مسعودؓ اور چند اور صحابہ کرام رضوان اللہ علیہم اجمعین الذی جعل لکم الارض فراشاً کی تفسیر یوں فرماتے تھے کہ زمین ایک ایسا بچھونا ہے جس پر لوگ چلتے ہیں اور یہ زمین بچھی ہوئی قالین اور ٹھہرنے کی جگہ ہے۔

۲۔ طبری نے جامع ۱/۳۶۷ میں لکھا ہے کہ حضرت ابن عباس، حضرت ابن مسعودؓ اور چند دیگر صحابہ کرامؓ والسماء بناء کی تفسیر یوں فرماتے تھے کہ آسمان زمین کے اوپر ایسے بنایا گیا ہے جیسے گنبد کی شکل ہوتی ہے اور یہ آسمان زمین کے اوپر چھت کی مانند ہے۔

فلا تجعلوا للہ الخ

سو نہ ٹھہراؤ اللہ کے برابر کوئی اور تم جانتے ہو۔

طبری نے ۱/۳۶۸ میں لکھا ہے کہ حضرت ابن عباس، حضرت ابن مسعودؓ اور چند اور صحابہ کرامؓ اجمعین فلا تجعلوا لله اندادا میں اندادا کی تفسیر یوں فرماتے تھے کہ ہم پلہ اور ہمسر لوگ مراد ہیں جن کی تم اللہ تعالیٰ کی نافرمانی کے کاموں میں فرمانبرداری کرتے تھے۔

ربیع نے المسند ۳/۸ میں لکھا ہے کہ حضرت ابن مسعودؓ فرماتے ہیں میں نے اللہ کے رسول ﷺ دریافت کیا سب سے بڑا گناہ کونسا ہے تو آپ ﷺ نے فرمایا یہ کہ تو اللہ جل شانہ کا کوئی ہمسر بنا لے حالانکہ اللہ تعالیٰ نے تجھے پیدا کیا ہے اور وہی اللہ تعالیٰ انصاف فرمانے والے ہیں۔

حضرت امام احمد بن حنبلؒ نے مسند ۵/۱۸۶۱۔۱۸۷ میں لکھا ہے کہ حضرت عبداللہ بن مسعودؓ نے فرمایا ہے کہ دو بہت عمدہ باتیں ہیں ان میں سے پہلی تو میں نے جناب رسول اللہ ﷺ سے سنی اور دوسری میری اپنی طرف سے ہے۔ پہلی بات یہ ہے کہ جو آدمی یوں فوت ہوا کہ اس نے کسی کو اللہ تعالیٰ کا ہمسر بنا رکھا تھا تو وہ جہنم میں داخل ہوگا اور میں کہتا ہوں کہ جو آدمی یوں فوت ہوا کہ اس نے اللہ تعالیٰ کا کوئی شریک نہ بنا رکھا ہو اور نہ اس کے ساتھ کسی اور چیز کو شریک ٹھہرایا ہو وہ جنت میں داخل ہوگا۔

وان کنتم فی ریب مما نزلنا الخ

اور اگر ہو تم شک میں اس کلام سے جو اتارا ہم نے اپنے بندے پر تو لے آؤ ایک سورت اس قسم کی۔

امام رازی نے مفاتیح ۱/۲۲۷ میں لکھا ہے کہ اللہ تعالیٰ کے فرمان مبارک مثلہٖ کی ضمیر مما نزلنا میں موجود ما کی طرف لوٹ رہی ہے معنی یہ ہے کہ کوئی ایسی سورت لاؤ جو فصاحت اور حسن تنظیم میں اس قرآن مجید جیسی ہو۔ (یہ تفسیر حضرت عمر اور ابن مسعودؓ اور ان کے علاوہ چند اور صحابہ کرامؓ سے نقل کی گئی ہے)۔

فاتقوا النار التی الخ

تو بچو آگ سے جس کا ایندھن ہیں آدمی اور پتھر تیار ہے منکروں کے واسطے

۱۔ طبری نے جامع ۱/۳۸۱ میں لکھا ہے کہ حضرت ابن مسعودؓ وقودها الناس و الحجارة کی تفسیر اس طرح فرماتے تھے کہ الحجارۃ سے مراد آگ پکڑنے والا پتھر ہے جسے اللہ تعالیٰ نے آسمان دنیا میں اس دن بنایا جس دن یہ آسمان اور زمین بنائی، اللہ تعالیٰ اسے کافروں کے لیے تیار فرما رہے ہیں۔

طبری نے جامع ۱/۳۸۲ میں لکھا ہے حضرت ابن مسعودؓ فرماتے تھے کہ الحجارۃ آگ پکڑنے والا ایک پتھر ہے جسے اللہ تعالیٰ نے اپنے ہاں جیسا چاہا جس طرح چاہا بنایا۔

طبری نے جامع ۱/۳۸۲ میں لکھا ہے کہ حضرت ابن عباس، حضرت ابن مسعودؓ اور چند دیگر صحابہ کرامؓ اجمعین اتقوا النار التی وقودها الناس والحجارة کی تفسیر یوں فرماتے تھے کہ

الحجارۃ سے مراد آگ پکڑنے والا سیاہ رنگ کا پتھر ہے جس کے ذریعہ کافروں کو عذاب دیا جاتا ہے۔ آگ بھی ساتھ ہوتی ہے۔ قرطبی نے احکام ۱/۲۰۳ میں لکھا ہے کہ حضرت ابن مسعودؓ فرماتے ہیں۔ ایک دفعہ ہم جناب رسول اللہ صلی اللہ علیہ وآلہ وسلم کے ساتھ تھے اچانک آپ صلی اللہ علیہ وآلہ وسلم نے کسی چیز کے گرنے کی آواز سنی تو آپ صلی اللہ علیہ وآلہ وسلم نے فرمایا تمہیں پتہ ہے یہ کس چیز کی آواز تھی فرماتے ہیں ہم نے عرض کیا اللہ تعالیٰ اور اس پیغمبر صلی اللہ علیہ وآلہ وسلم بہتر جانتے ہیں۔ آپ صلی اللہ علیہ وآلہ وسلم نے فرمایا یہ ایک پتھر ہے جسے ستر ہزار سال پہلے جہنم میں گرایا گیا تھا وہ آگ میں نیچے کی جانب لڑھکتا رہا یہاں تک کہ وہ آج اپنی کھائی میں جا کر گرا ہے۔

سیوطی نے در ۱/۳۶ میں لکھا ہے کہ امام بیہقیؒ حضرت ابن مسعودؓ کا فرمان نقل کرتے ہیں بیشک تمہاری یہ دنیا والی آگ اس جہنم والی آگ کا سترواں حصہ ہے (تپش کے لحاظ سے) اور اگر اسے دو بار سمندر میں دھو کر نہ بھیجا گیا ہوتا تم اس سے کوئی فائدہ نہ اٹھا پاتے۔

سیوطی نے در ۱/۳۵ میں لکھا ہے کہ ابن ابی شیبہ نے اپنی مصنف میں حضرت ابن مسعودؓ کا یہ فرمان نقل کیا ہے کہ جب کوئی بندہ نماز میں ایسی آیت تلاوت کرے جس میں آگ کا ذکر ہو تو اسے چاہیے کہ وہ آگ سے الہ جل شانہ کی پناہ مانگے اور جب کوئی بندہ ایسی آیت تلاوت کرے جس میں جنت کا تذکرہ ہو تو اسے چاہیے اللہ جل شانہ سے جنت مانگے۔

و بشر الذین آمنوا الخ

اور خوشی سنا ان کو جو یقین لائے اور کام نیک کیے کہ ان کو ہیں باغ بہتی نیچے ان کے ندیاں۔
امام ابن کثیر نے اپنی تفسیر ۱/۹۰ میں لکھا ہے کہ ابن ابی حاتم نے حضرت ابن مسعودؓ کا یہ فرمان نقل کیا ہے کہ جنت کی نہریں کستوری کے ایک پہاڑ سے پھوٹتی ہیں۔

کلما رزقوا منہا من ثمرۃ الخ
جس بار ملے ان کو وہاں کا کوئی میوہ کھانے کہیں یہ وہی ہے جو ملا تھا ہم کو آگے۔
طبری نے جامع ۱/۳۸۵۔۳۸۶ میں لکھا ہے کہ حضرت ابن عباس، حضرت ابن مسعودؓ اور چند دیگر صحابہ کرامؓ اجمعین آیت مبارکہ قالوا ھذا الذی رزقنا من قبل کی تفسیر یوں فرماتے تھے کہ جنت میں جب جنتیوں کو کوئی پھل پیش کیا جائے گا تو وہ اسے دیکھ کر کہیں گے کہ یہ تو وہی پھل ہے جو پہلے ہیں دنیا میں دیا گیا تھا۔

واتوا بہ متشابہا
آوے گا ایک طرح کا۔
طبری نے جامع ۱/۳۹۰ میں لکھا ہے کہ حضرت ابن عباس، حضرت ابن مسعودؓ اور چند اور صحابہ کرامؓ واتوا بہ متشابہا کی تفسیر یوں فرماتے تھے کہ وہ پھل رنگ اور دیکھنے میں ملتا جلتا ہو گا ذائقہ میں ملتا جلتا نہیں ہو گا۔

ولہم فیہا ازواج مطہرۃ

اوران کوہیں وہاں عورتیں ستھری۔

طبری نے جامع ۱/ ۳۹۰ میں لکھا ہے کہ حضرت ابن عباس، حضرت ابن مسعودؓ اور چند دیگر صحابہ کرامؓ ازواج مطہرۃ کی تفسیر اس طرح فرماتے تھے کہ وہ ایسی بیویاں ہوں گی جنھیں ایام (حیض) آتے ہوں گے نہ وہ بے وضو ہوتی ہوں گی اور نہ ہی تھوک بلغم آتی ہوگی۔

وھم فیہا خالدون

اوران کو وہاں ہمیشہ رہنا۔

سیوطی نے الدر ۱/ ۴۱ میں لکھا ہے کہ طبرانی وغیرہ نے حضرت ابن مسعودؓ کا یہ فرمان نقل کیا ہے وہ فرماتے ہیں اللہ جل شانہ کے رسول پاک صلی اللہ علیہ وآلہ وسلم نے فرمایا کہ جہنمیوں سے کہا جائے گا کہ تم دنیا میں موجود تمام کنکریوں کے تعداد کے برابر جہنم میں رہو گے تو جہنمی یہ بات سن کر خوش ہو جائیں اور اگر جنتیوں سے کہا جائے کہ تم دنیا کی تمام کنکریوں کی تعداد کے برابر جنت میں رہو گے تو وہ غمگین ہو جائیں لیکن حقیقت یہ ہے کہ اللہ تعالیٰ نے ان سب کے لیے ہمیشگی کا فیصلہ فرما دیا ہے۔

ان اللہ لا یستحی الخ

اللہ کچھ شرماتا نہیں کہ بیان کرے کوئی مثال ایک مچھر یا اس سے اوپر۔

طبری نے جامع ۱/۳۹۸میں لکھا ہے کہ حضرت ابن عباس، حضرت ابن مسعودؓاورچند دیگر صحابہ کرامؓ فرماتے تھے کہ جب اللہ تعالیٰ نے اپنے فرمان مثلہم کمثل الذی استوقد نارا اوراو کصیب من السماء (یہ تین آیات) منافقین کی مثال بیان فرائی تو وہ کہنے لگے اللہ تعالیٰ ایسی مثالیں بیان کرنے سے بلند و برتر ہے۔ ان کے یہ کہنے پر اللہ تعالیٰ نے یہ آیت مبارکہان اللہ لا یستحی ان یضرب مثلا ما بعوضۃ--- اولئک ھم الخسرون تک نازل فرمائی۔

یضل بہ کثیرا ویھدی بہ کثیرا و ما یضل بہ الا الفاسقین
گمراہ کرتا ہے اس سے بہتیرے اورراہ پر لاتا ہے اس سے بہتیرے اور گمراہ کرتا ہے انہی کوجو بے حکم ہیں۔
طبری نے جامع ۱/۴۰۸میں لکھا ہے کہ حضرت ابن عباس، حضرت ابن مسعودؓاورچند دیگر صحابہ کرامؓ عنہم اجمعین فرماتے ہیں کہ یضل بہ کثیرا سے مراد منافقین ہیں اوریہدی بہ کثیرا سے مراد ایمان والے ہیں۔
طبری نے جامع ۱/۴۰۹میں لکھا ہے کہ حضرت ابن عباس، حضرت ابن مسعودؓاور دیگرچند صحابہ کرامؓ سے منقول ہے کہ وما یضل بہ الا الفاسقین سے مراد منافقین ہیں۔

الذین ینقضون عہد اللہ من بعد میثاقہ

جو توڑتے ہیں اقرار اللہ مضبوط کیے پیچھے

امام ابن کثیر نے تفسیر ۱/۹۶ میں لکھا ہے کہ مفسر سدی نے اپنی سند کے ساتھ اپنی تفسیر میں لکھا ہے کہ حضرت عبداللہ بن مسعودؓ اللہ تعالیٰ کے اس فرمان الذین ینقضون عہد اللہ من بعد میثاقہ کی تفسیر یوں فرمایا کرتے تھے کہ یہ وہ عہد جو اللہ تعالیٰ نے ان لوگوں سے قرآن مجید میں لیا تھا تو انہوں نے اس کا اقرار بھی کر لیا تھا پھر اس کا انکار کر دیا یوں اسے توڑ دیا۔

کیف تکفرون الخ

تم کس طرح منکر ہو اللہ سے اور تھے تم مردے پھر اس نے تم کو جلایا پھر تم کو مارتا ہے پھر جلا دے پھر اسی پاس الٹے جاؤ گے۔

طبری نے جامع ۱/۱۸۴ میں لکھا ہے کہ حضرت ابن عباس، حضرت ابن مسعودؓ اور چند دیگر صحابہ کرامؓ اس آیت مبارکہ کیف تکفرون باللہ و کنتم امواتا فاحیاکم ثم یمیتکم ثم یحییکم ثم الیہ ترجعون کی تفسیر یوں بیان فرماتے تھے کہ اللہ تعالیٰ فرما رہے ہیں لوگو! تم کچھ بھی نہ تھے پس اس نے تمہیں پیدا کیا پھر وہی تمہیں موت دے گا پھر وہی تمہیں قیامت کے دن زندہ کرے گا۔

ھو الذی خلق لکم الخ

وہی ہے جس نے بنایا تمہارے واسطے جو کچھ زمین میں سب پھر چڑھ گیا آسمان کو تو ٹھیک کیا ان کو سات آسمان اور وہ ہر چیز سے واقف ہے۔

طبری نے جامع ۱/۴۳۵۔ ۴۳۶ میں لکھا ہے کہ حضرت ابن عباس، حضرت ابن مسعودؓ اور چند دیگر صحابہ کرامؓ مذکورہ بالا آیت مبارکہ کی تفسیر میں فرماتے تھے کہ بیشک اللہ تعالیٰ کا مقدس عرش پانی پر تھا جبکہ اس وقت تک اللہ تعالیٰ پانی سے پہلے بنائی چیزوں کے علاوہ کوئی چیز نہیں بنائی تھی۔ پھر جب اللہ تعالیٰ نے مخلوق بنانے کا ارادہ فرمایا تو پانی سے دھواں بنایا یہ دھواں پانی کے اوپر بلند ہو گیا پھر اس پر چھا گیا تو اللہ تعالیٰ نے اس کا نام آسمان رکھ دیا پھر پانی کو خشک کیا تو اسے ایک زمین کی شکل دے دی پھر اس زمین کو پھاڑا تو اس سے ہفتہ اور اتوار کے دو دنوں میں سات زمینیں بنا دیں۔ پھر زمین کو مچھلی پر رکھا (اور یہ وہی مچھلی ہے جس کا ذکر اللہ تعالیٰ نے قرآن مجید کی سورۃ القلم میں کیا ہے) اور مچھلی پانی میں تھی اور پانی ایک پتھر کی پشت پر تھا اور پتھر ایک فرشتہ کی پیٹھ پر تھا اور فرشتہ چٹان پر تھا اور چٹان ہوا میں تھی اور یہ وہی چٹان ہے جس کا ذکر حضرت لقمان نے کیا ہے یہ چٹان آسمان میں تھی نہ زمین میں، پھر مچھلی ہلی جلی تو زمین لرزنے لگی پس اللہ تعالیٰ نے اسی پر پہاڑ گاڑ دیے تو قرار پکڑ گئی یوں پہاڑ زمین کے سامنے فخر کرنے لگے اسی بات کی طرف اللہ تعالیٰ کا یہ فرمان مبارک اشارہ کر رہا ہے والقی فی الارض رواسی ان تمید بکم (اور ڈالے زمین میں بوجھ کہ کبھی جھک نہ پڑے تم کو لے کر)

اور اللہ تعالیٰ نے سوموار اور منگل کے دو دنوں میں اس زمین میں پہاڑ بنا دیے اور اہل زمین کے روزی کے ذرائع بنا دیے درخت بنا دیے اور جو زمین کے مناسب و موزوں تھا وہ سب کچھ بنا دیا اس بات کی طرف اللہ تعالیٰ نے اپنے اس فرمان مبارک میں اشارہ فرمایا ہے انکم لتکفرون بالذی خلق الارض فی یومین و تجعلون لہ اندادا ذلک رب العلمین وجعل فیھا رواسی من فوقھا وبارک فیھا (کیا تم منکر ہو اس سے جس نے بنائی زمین دو دن میں اور برابر کرتے ہو اس کے ساتھ اوروں کو وہ ہے رب جہان کا اور رکھے اس میں بوجھ اوپر سے اور برکت رکھی اس کے اندر۔ (وبارک فیھا کی تفسیر میں فرماتے ہیں کہ اس نے درخت پیدا کیے) وقدر فیھا اقواتھا (اور ٹھہرائیں اس میں خوراکیں اس کی۔ اس کی تفسیر میں فرماتے ہیں کہ اس زمین کے رہنے والوں کے لیے روزی کے ذرائع بنا دیے۔ فی اربعۃ ایام سواء للسائلین۔ (چار دن میں پوری پوچھنے والوں) فرماتے ہیں کہ جو آپ سے پوچھتے ہیں انہیں یوں بتا دیجیے (ثم استوی الی السماء وھی دخان (پھر چڑھا آسمان کو اور وہ دھواں ہو رہا تھا) یہ دھواں پانی کے سان لینے سے بنا تھا اللہ تعالیٰ نے اسے ایک آسمان بنا دیا پھر اسے پھاڑا تو جمعرات اور جمعۃ المبارک کے دو دنوں میں اس سے سات آسمان بنا دیے۔ اور جمعۃ المبارک کا یہ نام اس لیے رکھا گیا ہے کیونکہ اس دن آسمانوں اور زمین کی تخلیق مکمل ہو گئی تھی (واوحی فی کل سماء امرھا) (اور اتارا ہر آسمان میں حکم اس کا) اس کی تفسیر میں فرماتے ہیں کہ اللہ تعالیٰ نے ہر آسمان میں فرشتے پیدا کیے اور دریا اور سرد پہاڑ بنائے اور نہ معلوم کیا کچھ بنایا پھر آسمان دنیا کو ستاروں سے سجایا یہ ستارے آسمان کی

زینت اور شیاطین سے حفاظت کا ذریعہ بنائے پس جب اللہ تعالیٰ اپنی پسند کی چیزیں بنا چکے تو عرش معلی پر متمکن ہوئے اسی کی طرف اشارہ فرمایا ہے اپنے اس فرمان مبارک میں خلق السموات والارض فی ستتہ ایام (اس نے پیدا کیا آسمانوں اور زمین کو چھ دن میں) اور اللہ تعالیٰ فرماتے ہیں کانتا رتقا ففتقنا ھما (منہ بند تھے پھر ہم نے ان کو کھولا)

سیوطی نے الدر ۱/۴۴ میں لکھا ہے کہ حضرت ابن مسعودؓ فرماتے ہیں کہ آسمان اور زمین کے درمیان کا فاصلہ پانچ سو سال کی مسافت کے برابر ہے اور ہر دو آسمانوں کے درمیان کا فاصلہ بھی پانچ سو سال ہے اور ہر آسمان کا حجم پانچ سو سال کی مسافت جتنا ہے اور آسمان اور کرسی کے درمیان کا فاصلہ پانچ سو سال ہے اور کرسی اور پانی کے درمیان بھی پانچ سو سال کی مسافت ہے اور عرش مقدس پانی پر ہے اور اللہ تبارک و تعالیٰ عرش مقدس پر ہیں اور وہ تمہارے حالات کو جانتے ہیں۔

و اذ قال ربک للملائکۃ انی جاعل فی الارض خلیفۃ

اور جب کہا تیرے رب نے فرشتوں کو مجھ کو بناتا ہے زمین میں ایک نائب.

قرطبی نے احکام ۱/۲۲۵ میں لکھا ہے کہ حضرت ابن مسعود، حضرت ابن عباسؓ اور تمام علمائے تفسیر الخلیفہ سے حضرت آدمؑ مراد لیتے ہیں۔

طبری نے جامع ۱/۴۵۸۔ ۴۶۰ میں لکھا ہے کہ حضرت ابن عباس، حضرت ابن مسعودؓ اور چند دیگر صحابہ کرامؓ سے روایت ہے اللہ جل شانہ جب اپنی پسند کی چیزیں بنا کر عرش مقدس پر

تشریف فرما ہو گئے تو ابلیس کو آسمان دنیا کی بادشاہی دی اور یہ ابلیس فرشتوں کے ایسے خاندان سے تعلق رکھتا ہے جنہیں جن کہا جاتا ہے اور انہیں جن کہنے کی وجہ یہ ہے کہ یہ جنت کے خزانچی ہیں اور ابلیس اپنی اس بادشاہی کے ساتھ ساتھ خزانچی بھی تھا اس وجہ سے اس کے دل میں بڑائی نے انگڑائی لی اور اس نے کہا میرے کسی خصوصی مقام کی وجہ سے اللہ تعالیٰ مجھے یہ سب کچھ عطا کیا ہے۔

موسیٰ بن ہارون کی بیان کردہ روایت کے الفاظ یوں ہی ہیں مگر ان کے علاوہ کسی اور شخص نے مجھ سے یہ الفاظ بیان کیے ہیں کہ شیطان نے کہا فرشتوں پر مجھے کوئی خصوصیت حاصل ہے اس کی وجہ سے یہ سب عطا ہوا ہے۔

جب اللہ تعالیٰ نے اس کا تکبر اور بڑائی دیکھی تو فرشتوں سے فرمایا میں زمین میں ایک نائب بنانے لگا ہوں فرشتوں نے عرض کیا وہ نائب کیسا ہو گا اللہ تعالیٰ نے فرمایا وہ ایسے لوگ ہوں گے جو زمین میں تباہی مچائیں گے اور ایک دوسرے سے حسد کریں گے اور ایک دوسرے کو قتل کریں گے فرشتوں نے عرض کیا پروردگار! کیا آپ ایسے لوگ پیدا کرنے لگے ہیں جو زمین میں خرابی پیدا کریں گے اور خونریزی کریں گے حالانکہ ہم آپ کی حمد و تسبیح کر رہے ہیں اور آپ کی تقدیس کے نغمہ الاپ رہے ہیں۔ اللہ جل شانہ نے فرمایا جو مجھے علم ہے وہ تمہیں نہیں، اس سے مراد ابلیس کی حالت ہے۔

اس کے بعد اللہ تعالیٰ نے حضرت جبریل امینؑ کو مٹی لینے کے لیے زمین کی طرف بھیجا زمین کہنے لگی میں اللہ تعالیٰ کی پناہ مانگتی ہوں اس بات سے کہ تو مجھ میں کمی کرے یا مجھے پیدا کرے

حضرت جبریل امین بغیر کچھ لیے واپس چلے گئے اور بارگاہ الٰہی میں عرض گزار ہوئے پروردگار! اس نے مجھ سے پناہ مانگی میں نے اسے پناہ دے دی۔

پھر اللہ تعالیٰ نے حضرت میکائیلؑ کو بھیجا زمین نے ان سے بھی پناہ مانگ لی وہ بھی لوٹ آئے انہوں نے بھی وہی کچھ کہا جو حضرت جبرئیلؑ نے کہا تھا۔ پھر اللہ جل شانہ نے موت کے فرشتے کو بھیجا تو زمین نے ان سے بھی پناہ مانگی لیکن انہوں نے فرمایا کہ میں اللہ جل شانہ کی پناہ مانگتا ہوں اس بات سے کہ میں اللہ تعالیٰ کا حکم پورا کیے بغیر واپس چلا جاؤں پس انہوں نے زمین اوپروالی سطح سے مٹی لے کر ملائی اور انہوں نے مٹی ایک جگہ سے نہ لی تھی بلکہ تھوڑی سی سرخ مٹی لی تھوڑی سی سفید اور تھوڑی سی سیاہ اولاد آدم کے رنگ مختلف ہونے کی وجہ یہی ہے۔ اور آدم کو آدم کہنے کی وجہ یہ ہے کہ ان کی مٹی زمین کی جلد (اوپر والی سطح) سے لی گئی ہے۔

جب ملک الموت یہ مٹی لے کر اوپر بارگاہ الٰہی میں حاضر ہوئے تو اللہ جل شانہ نے فرمایا جب زمین آپ کے سامنے گڑگڑا رہی تھی تو آپ کو اس پر ترس کیوں نہیں آیا؟ انہوں نے عرض کیا میں آپ کا حکم اس کی بات سے زیادہ ضروری سمجھا، یہ سن کر اللہ تعالیٰ نے فرمایا کہ آپ میں اولاد آدم کی ارواح قبض کرنے کی صلاحیت ہے۔ پھر اللہ تعالیٰ مٹی اتنی ترکی (بھگوئی) کہ اس کے اجزاء ایک دوسرے سے چمٹنے لگے۔ پھر اسے یوں ہی پڑا رہنے دیا وہ ہمک دینے لگی اور رنگ وغیرہ بھی بدل گیا، اس بات کی طرف اللہ تعالیٰ کے فرمان من حما مسنون (الحجر: ۲۸) سے اشارہ ہے۔ حضرت عبداللہ بن مسعودؓ اس کا معنی کرتے ہیں مہک والی۔

پھر اللہ تعالیٰ نے فرشتوں سے کہا (میں بناتا ہوں ایک انسان مٹی کا۔ پھر جب ٹھیک بنا چکوں اور پھونکوں اس میں ایک اپنی جان تو گر پڑو اس کے آگے سجدے میں)۔

پس اللہ تعالیٰ نے حضرت آدمؑ کو اپنے دس مبارک سے بنایا تاکہ شیطان ان کے مقابلہ میں بڑائی نہ کر سکے (تاکہ اللہ تعالیٰ اسے کہیں کیا تو ایسی شخصیت کے مقابلہ میں بڑائی کا اظہار کرتا ہے جسے میں نے اپنے ہاتھ سے بنایا اور میں نے اس سے بڑائی کا اظہار نہیں کیا) یوں الہ تعالیٰ نے انہیں مکمل انسان بنا دیا۔

آپؑ مٹی کے مجسمے کی حالت میں چالیس سال رہے۔ یہ جمعۃ المبارک کے ایک دن جتنی مقدار ہے فرشتوں کا آپ کے پاس سے گزر ہوا تو انہیں دیکھ کر گھبرا گئے۔ ابلیس سب سے زیادہ گھبرایا۔ پس وہ اس کے پاس سے گزرتے ہوئے اسے ٹھوکر لگایا کرتا تو جسم سے ٹھیکری بجنے کی سی آواز نکلتی (اللہ تعالیٰ کا فرمان ہے۔ کھنکھناتی مٹی سے جیسے ٹھیکرا۔ اور یہ اسے کہنا کہ کس کام کے لیے تجھے پیدا کیا گیا ہے؟ اور یہ اس جسم کے منہ میں گھسا اور پچھلے راستے سے نکل گیا اور فرشتوں سے کہنے لگا اس سے مت ڈرو بیشک تمہارا پروردگار بے نیاز ہے اور یہ پیٹ والا ہے اگر مجھے اس پر مسلط کیا گیا تو میں اسے ٹھکانے لگا دوں گا۔

بعض نے کہا ہے کہ یہ شیطان جب دیگر فرشتوں کے ہمراہ اس جسم کے پاس سے گزرتا تو کہتا اسے دیکھو کہ مخلوقات میں سے کوئی بھی اس جیسا نہیں، اگر اسے تم پر برتری دے دی گئی اور تمہیں اس کی فرمانبرداری کا حکم ملا تو کیا کرو گے؟ فرشتوں نے جواب دیا ہم اپنے پروردگار کے حکم کے سامنے سر تسلیم خم کریں گے۔ مگر ابلیس نے دل میں ٹھان لی کہ اگر

اسے مجھ پر برتری عطا کی گئی تو میں اس کی فرمانبرداری نہیں کروں گا اور اگر مجھے اس پر برتری ملی تو اس کا خاتمہ کر دوں گا۔

جب وہ وقت آیا جس کے بارے میں اللہ جل جلالہ نے ارادہ فرما رکھا تھا کہ اس وقت وہ اس جسم میں روح ڈالیں گے تو فرشتوں سے فرمایا جب میں روح اس میں پھونک دوں تو تم اسے سجدہ کرنا جب روح حضرت آدمؑ کے جسم میں ڈالی گئی تو وہ آپ کے سر میں داخل ہوئی اس سے آپ کو چھینک آ گئی فرشتوں نے آپ سے کہا الحمد للہ کہیے آپ نے الحمد للہ کہا تو اللہ تعالیٰ نے فرمایا آپ کا پروردگار آپ پر رحم فرمائے۔ جب روح آپ کی آنکھوں میں داخل ہوئی تو آپ نے جنت کے پھل دیکھے، جب روح آپ کے پیٹ میں پہنچی تو آپ کو کھانے کی طلب ہوئی، آپ نے جنت کے پھلوں تک جلدی جلدی جانے کے لیے اس بات کا انتظار کیے بغیر کہ روح پاؤں تک پہنچے، چھلانگ لگا دی، اس واقعہ کی طرف اشارہ کرنے کے لیے اللہ تعالیٰ فرماتے ہیں خلق الانسان من عجل (بنا ہے آدمی شتابی کا)۔

(تب سجدہ کیا ان فرشتوں نے سارے اکٹھے مگر ابلیس نے نہ مانا کہ ساتھ ہو سجدہ کرنے والوں کے (الحجر)۔

(قبول نہ رکھا اور تکبر کیا اور وہ منکروں میں سے تھا) (البقرہ)

پس اللہ جل جلالہ نے اس سے پوچھا تجھ کو کیا مانع تھا کہ سجدہ نہ کیا اسے جسے میں نے اپنے ہاتھ سے بنایا ہے؟ تو شیطان نے کہا میں اس سے بہتر ہوں، میں مٹی سے بنے ہوئے انسان کو

سجدہ نہ کروں گا۔ اللہ تعالیٰ نے اسے فرمایا (تو اتر یہاں سے تجھ کو نہ ملے گا (یعنی مناسب نہ تھا) کہ تکبر کرے یہاں سو نکل تو ذلیل ہے (الاعراف)

قالوا اتجعل فیھا من یفسد فیھا و یسفک الدماء و نحن نسبح بحمدک و نقدس لک

بولے کیا تو رکھے گا اس میں جو شخص فساد کرے وہاں اور کرے خون؟ اور ہم پڑھتے ہیں تیری خوبیاں اور یاد کرتے ہیں تیری پاک ذات کو۔

امام رازی نے مفاتیح ۱/۲۶۰ میں لکھا ہے کہ فرشتوں نے جو فساد اور خون ریزی کی بات بتائی تھی یہ پورے یقین سے بتائی تھی۔ حضرت ابن مسعودؓ اور دیگر چند صحابہ کرامؓ سے یوں ہی منقول ہے۔

طبری نے جامع ۱/۴۷۴ میں حضرت ابن عباس، حضرت ابن مسعودؓ اور دیگر چند اصحاب رسولؐ سے روایت نقل کی ہے کہ فرشتوں نے نحن نسبح بحمدک و نقدس لک میں یہ کہا کہ ہم آپ کی نماز پڑھتے ہیں۔

قال انی اعلم مالا تعلمون

کیا مجھ کو معلوم ہے جو تم نہیں جانتے؛

طبری نے جامع ۱/۴۷۷ میں حضرت ابن عباس، حضرت ابن مسعودؓ اور چند اور صحابہ کرامؓ سے نقل کیا ہے کہ انی اعلم مالا تعلمون سے مراد ابلیس کی حالت ہے۔

وَعَلَّمَ آدَمَ الأَسْمَاءَ كُلَّهَا

اور سکھائے آدم کو نام سارے۔

پھر ساری مخلوق فرشتوں کے سامنے کی گئ تو اللہ تعالیٰ نے فرمایا مجھے ان کے نام بتاؤ اگر تم اپنی اس بات میں سچے ہو کہ اولاد آدم زمین میں فساد مچائے گی اور خون بہائے گی۔ فرشتوں نے جواب دیا (توسب سے نرالا ہے ہم کو معلوم نہیں مگر جتنا تو نے سکھا دیا تو ہی ہے اصل دانا پختہ کار۔ اللہ تعالیٰ نے فرمایا (اے آدم بتا دے ان کو نام ان کے پھر جب اس نے بتا دیے نام ان کے کہا میں نے نہ کہا تھا تم کو مجھ کو معلوم ہیں پردے آسمان اور زمین کے اور معلوم ہے جو تم ظاہر کرو اور جو تم چھپاتے ہو۔

حضرت ابن مسعودؓ فرماتے ہیں کہ فرشتوں کی یہ بات اتجعل فیھا من یفسد فیھا وہ ہے جو انہوں نے ظاہر کردی تھی اور ما کنتم تکتمون (جو تم چھپاتے ہو) سے مراد شیطان کا وہ تکبر ہے جو اس نے اپنے دل میں چھپا رکھا تھا۔

ابن جوزی نے زاد ۱/ ۶۰ میں لکھا ہے کہ حضرت آدمؑ کی خلافت کا مطلب یہ ہے کہ آپؑ اللہ تعالیٰ کی شریعت اور اس کی توحید کے دلائل کے قیام اور اس کی مخلوق میں اس کا حکم نافذ کرنے میں اس کے نائب بنائے گئے تھے۔ حضرت ابن مسعودؓ اور مجاہد نے بھی یوں ہی فرمایا ہے۔

طبری نے جامع ۱/۴۵۲ میں حضرت ابن عباس حضرت ابن مسعودؓ اور دیگر صحابہ کرامؓ سے نقل کیا ہے کہ بیشک اللہ تعالیٰ نے فرشتوں سے کہا کہ میں زمین میں ایک نائب بنانے لگا ہوں تو انہوں نے پوچھا وہ نائب کیسا ہوگا؟ اللہ تعالیٰ نے فرمایا اس کی اولاد ہوگی جو زمین فساد کرے گی ایک دوسرے سے حسد کرے گی اور ایک دوسرے کو قتل کرے گی۔

طبری نے جامع ۱/۴۸ میں حضرت ابن عباس، حضرت ابن مسعودؓ اور دیگر چند صحابہ کرامؓ سے نقل کیا ہے کہ جب موت کے فرشتے کو حضرت آدمؑ کا جسم بنانے کے لیے زمین سے مٹی لانے کے لیے بھیجا گیا تو انہوں نے زمین کے اوپر اوپر سے مٹی لی اور اسے آپس میں ملا دی۔ انہوں نے مٹی ایک جگہ سے نہیں لی تھی بلکہ انہوں نے سرخ، سفید اور سیاہ مٹی لی تھی اسی وجہ سے حضرت آدمؑ کی اولاد کے رنگ مختلف ہیں اور حضرت آدمؑ کو آدم اس لیے کہا جاتا ہے کیونکہ انہیں زمین کی جلد سے لی گئی مٹی سے بنایا گیا ہے۔

وعلم آدم الاسماء کلہا ثُمَّ عَرَضَهُمْ عَلَى الْمَلَائِكَةِ

اور سکھائے آدم کو نام سارے پھر وہ دکھائے فرشتوں کو)

طبری نے جامع ۱/۴۸۷ میں لکھا ہے کہ حضرت ابن عباس، حضرت ابن مسعودؓ اور دیگر چند صحابہ کرامؓ نے ثم عرضہم کی تفسیر یوں کی ہے کہ پھر مخلوق فرشتوں کے سامنے لائی گئی۔

قرطبی نے احکام ۱/۲۴۲ میں لکھا ہے کہ حضرت ابن مسعودؓ وغیرہ مفسرین نے اس کی تفسیر یوں فرمائی ہے اشخاص پیش کیے۔

فَقَالَ أَنْبِئُونِي بِأَسْمَاءِ هَؤُلَاءِ إِنْ كُنْتُمْ صَادِقِينَ

توکہا بتاؤ مجھ کو نام ان کے اگر ہو تم سچے۔

طبری نے جامع ۱/۴۹۰ میں لکھا ہے کہ حضرت ابن عباس، حضرت ابن مسعودؓ اور دیگر چند صحابہ کرامؓ نے ان کنتم صادقین کی تفسیر یوں فرمائی ہے کہ اگر تم سچے ہو اس بات میں کہ اولاد آدم زمین میں فساد مچائے گی اور خون ریزی کرے گی۔

امام رازی نے مفاتیح ۱/۲۶۵ میں حضرت ابن عباس اور حضرت ابن مسعودؓ کا یہ فران نقل کیا ہے کہ اگر تم سچے ہو اپنی اس بات میں کہ مخلوق میں سے تمہارے سوا کوئی عبادت کر سکتا ہے نہ اس کی صلاحیت رکھتا ہے اور نہ ہی اسے قائم کر سکتا ہے۔

وَأَعْلَمُ مَا تُبْدُونَ وَمَا كُنْتُمْ تَكْتُمُونَ

اور معلوم ہے جو تم ظاہر کرتے ہو اور جو تم چھپاتے ہو۔

طبری نے جامع ۱/۴۹۸ میں لکھا ہے کہ حضرت ابن عباس، حضرت ابن مسعودؓ اور دیگر چند صحابہ کرامؓ اس آیت کی تفسیر یوں فرماتے ہیں کہ جو بات وہ ظاہر کر رہے تھے وہ یہ تھی۔ اتجعل فیھا من یفسد فیہا۔ اور جو بات چھپائی جا رہی تھی وہ شیطان کا تکبر تھا جو اس نے اپنے دل میں چھپا رکھا تھا۔

وَإِذْ قُلْنَا لِلْمَلَائِكَةِ اسْجُدُوا لآدَمَ فَسَجَدُوا إِلا إِبْلِيسَ أَبَى وَاسْتَكْبَرَ

اور جب ہم نے کہا فرشتوں کو سجدہ کرو آدم کو سجدہ۔ گر پڑے مگر ابلیس نے قبول نہ رکھا اور تکبر کیا۔

طبری نے جامع ۱/ ۵۰۳ میں حضرت ابن عباس، حضرت ابن مسعودؓ اور دیگر چند صحابہ کرامؓ سے نقل کیا ہے کہ ابلیس کو آسمان دنیا کی بادشاہی عطا کی گئی تھی۔ فرشتوں کے ایک قبیلہ جسے جن کے نام سے پکارا جاتا ہے سے اس کا تعلق ہے۔ اور جن انہیں اس لیے کہا جاتا ہے کیونکہ یہ قبیلہ جنت کا خزانچی ہے۔ ابلیس کے پاس اپنی بادشاہی بھی تھی اور خزانچی بھی تھا۔

وَقُلْنَا يَا آدَمُ اسْكُنْ أَنْتَ وَزَوْجُكَ الْجَنَّةَ

اور کہا ہم نے اے آدم بس تو اور تیری عورت جنت میں۔

طبری نے جامع ۱/ ۵۱۲ میں حضرت ابن عباس حضرت ابن مسعودؓ اور دیگر چند صحابہ کرامؓ سے نقل کیا ہے کہ اللہ کے دشمن ابلیس پر جب لعنت کر دی گئی اور اسے جنت سے نکال باہر کر دیا گیا تو اس نے زمین پر آنے سے پہلے اللہ تعالیٰ کی عزت کی قسم اٹھا کر کہا وہ حضرت آدمؑ آپ کی اولاد اور آپ کی بیوی کو ضرور ورغلائے گا ہاں اللہ تعالیٰ کے چند مخلص بندے بچ رہیں گے

وقلنا یا آدم اسکن انت وزوجک الجنة

اور کہا ہم نے اے آدم بس تو اور تیری عورت جنت میں۔

۱۔ طبری نے جامع ۲ ۵۱۔ ۱میں حضرت ابن عباس، حضرت ابن مسعودؓ اور دیگر چند صحابہ کرامؓ سے نقل کیا ہے کہ اللہ کے دشمن ابلیس پر جب لعنت کر دی گئی اور اسے جنت سے

نکال باہر کر دیا گیا تو اس نے زمین پر آنے سے پہلے اللہ تعالیٰ کی عزت کی قسم اٹھا کر کہا وہ حضرت آدم آپ کی اولاد اور آپ کی بیوی کو ضرور ورغلائے گا ہاں اللہ تعالیٰ کے چند مخلص بندے بچ رہیں گے۔

۲۔ طبری نے جامع ۵۱۳/۱ میں حضرت ابن عباس، حضرت ابن مسعودؓ اور دیگر چند صحابہ کرامؓ سے نقل کیا ہے کہ شیطان کو ملعون قرار دے کر جنت سے نکال دیا گیا۔ حضرت آدمؑ کو جنت میں سکونت عطا فرما دی گئی۔ آپؑ اس میں تنہا تنہا چلتے تھے تسکین کے لیے بیوی تھی نہ کوئی اور جس سے آپ مانوس ہوتے تو اللہ تعالیٰ نے آپ پر نیند طاری کر دی پھر آپ کی بائیں جانب کی پسلیوں میں ایک پسلی لے لی اور وہاں گوشت رکھ دیا اور اس پسلی سے جناب حوا کو پیدا فرما دیا۔ جب آپؑ بیدار ہوئے تو اپنے سر مبارک کے پاس ایک عورت بیٹھی دیکھی جسے اللہ تعالیٰ نے آپ کی پسلی سے پیدا فرمایا تھا۔ آپ نے اس سے پوچھا تو کون ہے؟ انہوں نے جواب دیا میں ایک عورت ہوں مجھے آپ کی پسلی سے پیدا کیا گیا ہے۔ آپ نے پوچھا تجھے کس لیے پیدا کیا گیا ہے؟ انہوں نے جواب دیا آپ کی تسکین کی خاطر۔ فرشتوں نے آپ کا علم جانچنے کے لیے آپؑ سے پوچھا جناب ان کا نام کیا ہے؟ حضرت آدمؑ نے فرمایا حوا انہوں نے پوچھا حوا نام رکھنے کی وجہ کیا ہے؟ آپ نے فرمایا وجہ یہ ہے کہ یہ ایک زندہ چیز سے بنائی گئی ہیں۔ اللہ تعالیٰ نے فرمایا

یٰاٰدَمُ اسْكُنْ اَنْتَ وَ زَوْجُكَ الْجَنَّةَ وَ كُلَا مِنْهَا رَغَدًا حَيْثُ شِئْتُمَا (اے آدم بس تو اور تیری عورت جنت میں اور کھاؤ اس میں سے محظوظ ہو کر جس جگہ چاہو۔

۱۔ طبری نے جامع ۵۱۵/۱ میں نقل کیا ہے کہ حضرت ابن عباس، حضرت ابن مسعودؓ اور دیگر چند صحابہ کرامؓ فرماتے ہیں۔ وکلا منہا رغدا میں الرغد سے مراد بے فکری ہے۔

ولا تقربا ہذہ الشجرۃ فتکونا من الظالمین
اور نزدیک نہ جاؤ اس درخت کے پھر تم بے انصاف ہو گے۔

۱۔ طبری نے جامع ۵۱۹/۱ میں لکھا ہے کہ حضرت ابن عباس، حضرت ابن مسعودؓ اور چند دیگر حضرت صحابہ کرامؓ نے فرمایا ولا تقربا ھذہ الشجرۃ میں درخت سے مراد انگور کا درخت ہے۔ جبکہ یہودیوں کا خیال یہ ہے کہ اس سے گندم کا پودا مراد ہے۔

۲۔ علامہ بغوی نے معالم ۴۲/۱ میں لکھا ہے کہ حضرت ابن مسعودؓ نے فرمایا اس سے مراد انگور کا درخت ہے۔

فَأَزَلَّهُمَا الشَّيْطَانُ عَنْهَا فَأَخْرَجَهُمَا مِمَّا كَانَا فِيهِ وَقُلْنَا اهْبِطُوا بَعْضُكُمْ لِبَعْضٍ عَدُوٌّ
پھر ڈگمگایا ان کو شیطان نے اس سے پھر نکالا ان کو وہاں سے جس آرام میں تھے اور کہا ہم نے ان کو اترو تم سب ایک دوسرے کے دشمن ہو۔

۱۔ قرطبی نے احکام ۲۶۶ میں لکھا ہے کہ حضرت ابن مسعود، حضرت ابن عباسؓ اور علماء کرام کی اکثریت اس بات کی قائل ہے کہ جب شیطان نے حضرت آدم و حوا کو بہلایا پھسلایا اس وقت وہ انہیں نظر آ رہا تھا۔

۲۲۔ طبری نے جامع ۵۲۸/ ا میں حضرت ابن عباس، حضرت ابن مسعودؓ اور چند دیگر صحابہ کرامؓ اجمعین سے نقل کیا ہے کہ جب اللہ تعالیٰ نے حضرت آدمؑ سے فرمایا کہ آپ اور آپ کی زوجہ محترمہ دونوں جنت میں رہو اور اس سے جہاں سے چاہو بے فکر ہو کر کھاؤ پیو مگر اس درخت کے قریب نہ جانا کہ ورنہ تم ناانصاف لوگوں میں سے ہو جاؤ گے تو شیطان نے چاہا کہ وہ بھی ان کے پاس جنت میں جائے مگر جنت کے پہریداروں نے اسے روک دیا۔ اب یہ اونٹ کی طرح چار ٹانگوں والے بہت خوبصورت سانپ کے پاس گیا اور اس سے بات کی کہ وہ اسے اپنے منہ میں رکھ لے اور جنت میں حضرت آدمؑ کے پاس لے جائے۔ سانپ نے اسے اپنے جبڑے میں رکھ لیا اور پہریداروں کے پاس سے گزر کر جنت میں داخل ہو گیا اور پہریدار نہ جان سکے کہ اللہ تعالیٰ نے کیا ارادہ فرمایا ہے۔

اب شیطان نے سانپ کے جبڑے میں بیٹھے بیٹھے حضرت آدمؑ سے بات کی مگر حضرت آدمؑ اس کی بات کسی خاطر میں نہ لائے تو جبڑے سے باہر نکل آیا اور کہنے لگا آدم! کیا میں آپ کو ہمیشگی اور نہ ختم ہونے والی بادشاہی کے درخت کا راستہ دکھاؤں (طٰہ / ۱۲۰) مزید کہا کیا میں تمہیں ایسے درخت کے بارے میں نہ بتاؤں کہ اگر تم اس سے کھاؤ تو تم بھی اللہ تعالیٰ کی طرح بادشاہ بن جاؤ یا تم دونوں ہمیشہ ہمیشہ زندہ رہو اور کبھی تم پر موت نہ آئے اور اس نے ان دونوں کو اللہ تعالیٰ کی قسم دے کر کہا میں تمہارا خیر خواہ ہوں (الاعراف / ۲۱)

مقصد اس کا یہ تھا کہ ان کا لباس تار تار ہو اور ان کی ڈھکی ہوئی شرمگاہیں ظاہر ہو جائیں اسے علم تھا کہ ان کی شرمگاہیں ہیں کیونکہ یہ سب کچھ اس نے فرشتوں کی کتابوں میں پڑھ رکھا تھا۔ جبکہ حضرت آدمؑ یہ بات نہ جانتے تھے۔ اور ان دونوں کا لباس ناخن کا تھا۔

اب حضرت آدمؑ نے تو درخت کا پھل کھانے سے انکار کر دیا مگر حضرت حواء (علیہا السلام) آگے آئیں اور کھا لیا پھر حضرت آدمؑ سے کہنے لگیں آدم! تم بھی تو کھاؤ دیکھو میں نے کھایا ہے اس نے مجھے کوئی نقصان نہیں دیا۔ پس جب حضرت آدمؑ نے کھایا تو (ان کی شرمگاہیں کھل گئیں اور وہ جنت کے پتے اپنے اوپر چپکانے لگے) (الاعراف/۲۲)

۳۔ طبری نے تاریخ ۱۱۲/۱ میں لکھا ہے کہ حضرت ابن عباس، حضرت ابن مسعودؓ اور دیگر صحابہ کرامؓ اهبطو بعضكم لبعض عدو) کی تفسیر میں فرمایا کرتے تھے کہ اللہ تعالیٰ نے سانپ پر لعنت کی اس کی ٹانگیں کاٹ دیں اور اسے یوں ہی چھوڑ دیا کہ اپنے پیٹ کے بل چلے اور مٹی سے اپنی روزی تلاش کرے، اور حضرت آدم، حواء علیہا السلام، شیطان اور سانپ کو زمین کی طرف بھیج دیا۔

وَلَكُمْ فِي الأَرْضِ مُسْتَقَرٌّ وَمَتَاعٌ إِلَى حِينٍ

اور تم کو زمین میں ٹھہرنا ہے اور کام چلانا ہے ایک مدت تک۔

۱۔ امام سیوطی نے الدر ۵۵/۱ میں لکھا ہے کہ ابوالشیخ نے حضرت ابن مسعودؓ سے اللہ تعالیٰ کے اس فرمان (ولکم فی الارض مستقر) کی یہ تفسیر نقل کی ہے کہ ایک ٹھکانا زمین کے اوپر ہے اور ایک ٹھکانا زمین کے نیچے ہے۔

ومتاع الی حین (کام چلانا ہے ایک مدت تک) کی تفسیر یہ فرمائی ہے کہ فائدہ اٹھانے کا وقت جنت یا جہنم کے دروازہ تک ہے۔

فَتَلَقّٰی آدَمُ مِنْ رَبِّهٖ كَلِمَاتٍ فَتَابَ عَلَيْهِ

پھر سیکھ لیں آدم نے اپنے رب سے کئی باتیں پھر متوجہ ہوا اس پر۔

۱۔ علامہ زمخشری نے کشاف ۶۳۔۶۴/۱ میں نقل کیا کہ حضرت ابن مسعودؓ نے فرمایا بیشک اللہ تعالیٰ کو بڑی پسند آئی وہ بات جو ہمارے جد امجد حضرت آدمؑ نے کہی تھی جبکہ ان سے لغزش سرزد ہو گئی اور وہ یہ تھی سبحنک اللہ وبحمدک و تبارک اسمک وتعالی جدک۔ لا الہ انت ظلمت نفسی فاغفرلی انہ لایغفر الذنوب الا انت۔

ترجمہ: اے اللہ جل جلالہ آپ کی ذات ہر عیب سے پاک ہے اور آپ ہی کی تعریفیں ہیں۔ آپ کا نام بابرکت ہے اور آپ کی شان بلند ہے۔ آپ کے سوا کوئی عبادت کے لائق نہیں۔ میں نے اپنے آپ پر ظلم کر لیا مجھے بخش دیجیے کیونکہ گناہ صرف آپ ہی معاف کر سکتے ہیں۔

۲۔ سیوطی نے الدر ۶۱/۱ میں لکھا ہے کہ خطیب نے اپنے امالی اور ابن عساکر نے نقل کیا ہے کہ حضرت ابن مسعودؓ فرماتے ہیں جناب نبی کریم ﷺ نے فرمایا ہے جب حضرت آدمؑ

نے درخت میں سے کھا لیا تو اللہ تعالیٰ نے ان کی طرف وحی فرمائی کہ میرے پڑوس سے چلے جاؤ مجھے میری عزت کی قسم میرا نافرمان میرے پڑوس میں نہیں رہ سکتا۔

حضرت آدمؑ زمین کی طرف چلے آئے۔ آپ کی رنگت سیاہ تھی۔ زمین رو پڑی اور گڑگڑانے لگی۔ پھر اللہ تعالیٰ نے وحی فرمائی اے آدم! میری رضاجوئی کے لیے تیرہویں کا روزہ رکھو آپ نے روزہ رکھا تو آپ کے جسم اطہر کا تیسرا حصہ مفید ہو گیا پھر اللہ تعالیٰ نے وحی فرمائی اے آدم! میری خاطر آج چودھویں کا روزہ رکھو۔ آپؑ نے روزہ رکھا تو آپؑ کے جسم مبارک کے دو حصے سفید ہو گئے۔ پھر اللہ تعالیٰ نے آپ کی طرف وحی فرمائی کہ اے آدم! میری خوشنودی کے لیے آج پندرہویں تاریخ کا روزہ رکھو۔ آپؑ نے روزہ رکھا تو آپ کے تمام جسم اطہر کی رنگت سفید ہو گئی اسی وجہ سے ان تین دنوں کو ایام بیض کا نام دیا گیا۔

يَا بَنِي إِسْرَائِيلَ اذْكُرُوا نِعْمَتِيَ الَّتِي أَنْعَمْتُ عَلَيْكُمْ وَأَوْفُوا بِعَهْدِي أُوفِ بِعَهْدِكُمْ

اے بنی اسرائیل یاد کرو احسان میرا جو میں نے کیا تم پر اور پورا کرو اقرار میرا تو میں پورا کروں گا اقرار تمہارا)۔

ا۔ طبری نے جامع ۵۰۹/ ۱ میں حضرت ابن مسعودؓ کا فرمان لکھا ہے کہ اسرائیل سے مراد حضرت یعقوبؑ ہیں۔

۲۔ سیوطی نے الدر ۶۳۔ ۶۴/ ۱ میں لکھا ہے کہ حضرت ابن عباسؓ اللہ تعالیٰ کے فرمان اوفو بعہدی کی تفسیر یوں فرماتے ہیں۔ اللہ تعالیٰ فرماتے ہیں میں نے جو تمہیں اپنی فرمانبرداری کا

حکم دیا ہے اور حضرت محمد رسول اللہ صلی اللہ علیہ وآلہ وسلم کے حوالے سے اپنی نافرمانی کرنے سے جو روکا ہے تو تم یہ وعدہ پورا کرو (اوف بعہدکم) یعنی میں تم سے راضی ہو جاؤں گا اور تمہیں جنت میں داخل کروں گا۔

ابن المنذر نے حضرت ابن مسعودؓ سے اس آیت مبارکہ کی ایسی ہی تفسیر نقل کی ہے۔

وَآمِنُوا بِمَا أَنْزَلْتُ مُصَدِّقًا لِمَا مَعَكُمْ وَلا تَكُونُوا أَوَّلَ كَافِرٍ بِهِ :

اور مانو جو کچھ میں نے اتارا ہے سچ بتاتا تمہارے پاس والے کو اور مت ہو تم پہلے منکر اس کے۔

ا۔ ابن جوزی نے زاد ۱/۷۴ میں لکھا ہے کہ حضرت ابن مسعودؓ اور حضرت ابن عباسؓ کا فرمان ہے کہ کافر بہ میں جو ہ ضمیر ہے اس سے مراد نازل کی جانے والی چیز ہے یعنی قرآن مجید۔

أَتَأْمُرُونَ النَّاسَ بِالْبِرِّ وَتَنْسَوْنَ أَنْفُسَكُمْ وَأَنْتُمْ تَتْلُونَ الْكِتَابَ

کیا حکم کرتے ہو لوگوں کو نیک کام کا اور بھولتے آپ کو اور تم پڑھتے ہو کتاب۔

ا۔ امام سیوطی نے الدر ۱/۶۵ میں لکھا ہے کہ حضرت امام احمد بن حنبل نے حضرت ابن مسعودؓ کی یہ روایت نقل فرمائی ہے کہ آپؓ نے سات بار دوہرا کر یہ فرمایا: ہلاکت و بربادی ہے اس کے لیے جو علم نہیں رکھتا اور اگر اللہ تعالیٰ چاہتے تو اسے ضرور علم عطا فرما دیتے۔

اور ہلاکت و بربادی ہے اس کے لیے جس کے پاس علم کی دولت تو ہے مگر علم سے دامن خالی ہے۔

وَاسْتَعِينُوا بِالصَّبْرِ وَالصَّلاةِ

اور قوت پکڑو محنت سہارنے سے اور نماز سے۔

۱۔ سیوطی نے الدر ۱/۶۶ میں لکھا ہے کہ امام بیہقی نے حضرت ابن مسعودؓ سے روایت نقل کی ہے وہ فرماتے ہیں جناب نبی کریم صلی اللہ علیہ وآلہ وسلم نے فرمایا صبر آدھا ایمان ہے اور یقین پورا ایمان ہے۔

وَإِذْ نَجَّيْنَاكُمْ مِنْ آلِ فِرْعَوْنَ يَسُومُونَكُمْ سُوءَ الْعَذَابِ يُذَبِّحُونَ أَبْنَاءَكُمْ وَيَسْتَحْيُونَ نِسَاءَكُمْ:

اور جب چھڑایا ہم نے تم کو فرعون کے لوگوں سے دیتے تم کو بری تکلیف ذبح کرتے تمہارے بیٹے اور جیتی رکھتے تمہاری عورتیں۔

۱۔ طبری نے تاریخ ۱/۳۸۸ میں لکھا ہے کہ حضرت ابن عباس، حضرت ابن مسعودؓ اور چند دیگر صحابہ کرامؓ سے روایت ہے:

فرعون کا قصہ یہ ہے کہ اس نے خوب میں دیکھا بیت المقدس سے ایک آگ آئی ہے اور مصر کے گھر اپنی لپیٹ میں لے لیے ہیں، اس نے قطبی جلا ڈالے ہیں اور بنی اسرائیل کو چھوڑ دیا ہے۔ اور مصر کے گھر تباہ و برباد کر کے رکھ دیے ہیں۔

فرعون نے جادوگر، کاہن، نجومی، قیافہ شناس اور اندازے لگانے والے جمع کیے اور ان سے اپنے کواب کی تعبیر پوچھی، انہوں نے اسے کہا بنواسرائیل جس شہر سے آئے ہیں یعنی بیت المقدس اس شہر سے ایک آدمی آئے گا جو مصر تباہ کردے گا۔ یہ سن کر فرعون نے حکم جاری کیا بنواسرائیل کے ہاں پیدا ہونے والے ہر بچے کو ذبح کر دیا جائے اور ہر بچی کو چھوڑ دیا جائے اور اپنی قوم قبط سے کہا اپنے غلاموں کا خیال رکھو جو باہر کام کرتے ہیں انہیں گھر بلالو اور ان حقیر کاموں پر بنواسرائیل کو لگادو۔ یوں وہ اپنے غلاموں کے کام بنو اسرائیل سے کرانے لگا۔ اور ان لوگوں نے اپنے غلام گھروں میں بٹھا لیے۔ اس کی اسی حرکت کی طرف اللہ تعالیٰ نے اپنے اس ارشاد میں اشارہ فرمایا ہے (ان فرعون علافی الارض) (فرعون چڑھ رہا تھا ملک میں) مطلب یہ کہ اس ملک میں جبر سے کام لیا (وجعل اھلہا شیعا) (اور کر رکھے تھے وہاں کے لوگ کئی حصے) مراد بنواسرائیل ہیں کہ انہیں اس نے حقیر کاموں لگادیا (یستضعف طائفۃ منہم یذبح ابنائہم (القصص/۴) (کمزور کر رکھا ایک فرقے کو ان میں ذبح کرتا ان کے بیٹے)

پس بنواسرائیل کے ہاں پیدا ہونے والا ہر بچہ ذبح کیا جانے لگا کوئی بچہ بڑا نہ ہو پاتا۔ اللہ تعالیٰ کے حکم سے بنواسرائیل کے بوڑھے جلدی جلدی مرنے لگے۔ یہ صورتحال دیکھ کر قبطیوں کے بڑے لوگ فرعون کے پاس گئے اور اسے کہنے لگے موت نے ان کے گھروں میں ڈیرے ڈال لیے ہیں۔ عنقریب کام کاج کا سارا بوجھ ہمارے غلاموں پہ آنے والا ہے۔

کیونکہ ہم ان کے بیٹے ذبح کرتے جا رہے ہیں ان کا کوئی بچہ بڑا نہیں ہو پاتا جبکہ بڑے فنا کے گھاٹ اتر رہے ہیں تو ان کے بچوں کو زندہ رہنے دیا کر۔

فرعون نے کہا چلو ٹھیک ہے ایک سال ذبح کر لیا کرو اور ایک سال چھوڑ دیا کرو۔ حضرت ہارونؑ اس سال پیدا ہوئے جس سال بچے ذبح نہیں کیے جاتے تھے تو وہ زندہ چھوڑ دیے گئے جبکہ حضرت موسیٰؑ کی والدہ محترمہ اس سال حاملہ ہوئیں جس سال بچے ذبح کیے جاتے تھے۔

وَإِذْ فَرَقْنَا بِكُمُ الْبَحْرَ فَأَنْجَيْنَاكُمْ وَأَغْرَقْنَا آلَ فِرْعَوْنَ وَأَنْتُمْ تَنْظُرُونَ

اور جب ہم نے چیر ا تمہارے بیٹھنے کے ساتھ دریا پھر بچا دیا تم کو اور ڈبو دیا فرعون کے لوگوں کو اور تم دیکھتے تھے۔

۱۔ بغوی نے معالم ۱/۴۹ میں لکھا ہے کہ حضرت ابن مسعودؓ نے فرمایا حضرت موسیٰؑ کے ساتھیوں کی تعداد چھ لاکھ ستر ہزار تھی۔

۲۔ قرطبی نے احکام ۱/۳۳۲ میں لکھا ہے حضرت ابن مسعودؓ نے فرمایا : حضرت موسیٰؑ بنی اسرائیل کو لے کر راتوں رات چلے گئے تو فرعون کو خبر ہو گئی۔ اس نے ایک بکری ذبح کرنے کا حکم دیا اور کہا بخدا اس کی کھال اترنے سے پہلے چھ لاکھ قبطیوں کا لشکر جمع ہو جائے گا۔

حضرت ابن مسعودؓ فرماتے ہیں حضرت موسیٰ چلتے چلتے دریا کے کنارے پر پہنچ گئے اور دریا سے فرمایا راستہ دو۔ دریا نے عرض کی جناب والا آپ نے بات بہت بڑی کر دی ہے۔ کہا میں نے پہلے کبھی کسی انسان کو راستہ دیا ہے کہ آپ کو دوں؟

حضرت ابن مسعودؓ فرماتے ہیں حضرت موسیٰ کے گھوڑے پر آپ کے ساتھ ایک آدمی سوار تھا اس نے آپ سے عرض کی اے اللہ کے نبی! آپ کو کہا جانے کا حکم دیا گیا ہے؟ آپ نے فرمایا یہیں دریا پر آنے کا حکم ہوا ہے۔ حضرت ابن مسعودؓ فرماتے ہیں اس آدمی نے آپ کا گھوڑا دریائی لہروں پر ڈال دیا وہ تیر تا تیر تا باہر نکل گیا۔ وہاں اس آدمی نے عرض کیا اے اللہ کے نبی! کہاں کا حکم ہے؟ آپ نے فرمایا یہیں کا حکم ہے۔ اس نے عرض کیا جناب والا اللہ کی قسم آپ نے جھوٹ نہ بولا نہ آپ سے جھوٹ کہا گیا۔ یہ کہہ کر اس نے پھر دوسری بار گھوڑا دریا میں ڈال دیا۔ گھوڑا تیرتا ہوا باہر نکل آیا۔ اس نے پھر پوچھا اے اللہ کے نبی آپ کو کہاں جانے کا حکم ہوا ہے؟ آپ نے فرمایا یہیں کا حکم ہے۔ اس نے کہا اللہ کی قسم! آپ نے جھوٹ بولا نہ آپ سے جھوٹ کہا گیا۔

حضرت ابن مسعودؓ فرماتے ہیں اسی جگہ اللہ تعالیٰ نے وحی فرمائی (ان اضرب بعصاک الحجر) (اپنا عصا مبارک سمندر پر ماریے) تو حضرت موسیٰ نے سمندر پر اپنا عصا مبارک مارا۔ فانفلق فکان کل فرق کالطود العظیم) (الشعراء: ۶۳) (تو ہو گئی پر پھانک جیسے بڑا پہاڑ) ے بارہ قبائل کے لیے دریا میں بارہ راستے بن گئے۔ ہر خاندان کے لیے ایک ایسا راستہ بن گیا کہ وہ ایک دوسرے کو دیکھ بھی رہے تھے۔ صورت اس کی یہ تھی کہ پانی کے جو بڑے

بڑے پہاڑ بنے تھے ان میں کھڑکیاں اور روشندان بن گئے جن کے ذریعے وہ ایک دوسرے کو دیکھ سکتے تھے۔

حضرت موسیٰؑ کے ساتھی جب دریا پار کر گئے تو فرعون لشکر دریا کے ان راستوں میں آ کے کھڑا ہو گیا اوپر سے دریا کا پانی آپس میں پہلے کی طرح مل گیا اور انہیں غرق کر کے ک رکھ دیا۔

بیان کیا جاتا ہے کہ یہ دریا بحر قلزم تھا اور حضرت موسیٰؑ کے گھوڑے پر سوار ہونے والی شخصیت حضرت یوشع بن نون کی تھی اور یہ کہ اللہ تعالیٰ نے دریا سے کہا تھا جب حضرت موسیٰؑ تجھے ماریں تو انہیں راستہ دے دینا۔ دریا نے وہ رات بڑی بے چینی میں گزاری۔ صبح ہوئی تو حضرت موسیٰؑ نے اسے مارا اور ابو خالد کی کنیت سے نوازا۔

وَإِذْ قُلْتُمْ يَا مُوسَى لَنْ نُؤْمِنَ لَكَ حَتَّى نَرَى اللَّهَ جَهْرَةً اور جب تم نے کہا اے موسیٰ! ہم یقین نہ کریں گے تم پر جب تک نہ دیکھ لیں اللہ کو سامنے۔

ا۔ ابن الجوزی نے زاد ۸۳/ ا میں حضرت ابن مسعودؓ اور حضرت ابن عباسؓ کے حوالے سے لکھا ہے کہ یہ بات جن لوگوں نے کی، وہ ستر پسندیدہ آدمی تھے۔

وَأَنْزَلْنَا عَلَيْكُمُ الْمَنَّ وَالسَّلْوَى

اور اتارا تم پر من اور سلویٰ۔

۱۔ طبری نے جامع ۹۶/۲ میں لکھا ہے کہ حضرت ابن عباس، حضرت ابن مسعودؓ اور چند دیگر صحابہ کرامؓ نے فرمایا سلوی ایک پرندہ تھا جس کی شکل بٹیر جیسی تھی۔

وَإِذْ قُلْنَا ادْخُلُوا هَذِهِ الْقَرْيَةَ

اور جب کہا ہم نے داخل ہو اس شہر میں۔

۱۔ ابن جوزی نے زاد ۸۴/۱ میں حضرت ابن مسعودؓ اور حضرت ابن عباس اور چند اور مفسرین کرام سے نقل کیا ہے کہ بستی سے مراد بیت المقدس ہے۔

وَادْخُلُوا الْبَابَ سُجَّدًا وَقُولُوا حِطَّةٌ نَغْفِرْ لَكُمْ خَطَايَاكُمْ وَسَنَزِيدُ الْمُحْسِنِينَ فَبَدَّلَ الَّذِينَ ظَلَمُوا قَوْلًا غَيْرَ الَّذِي قِيلَ لَهُمْ

اور داخل ہو دروازے میں سجدہ کر کے اور کہو گناہ اتریں تو بخشیں ہم تم کو تقصیریں تمہاری اور زیادہ بھی دیں گے نیکی کرنے والوں کو پھر بدل لی بے انصافوں نے بات سوائے اس کے جو کہہ دی تھی ان کو۔

۱۔ ابن کثیر نے اپنی تفسیر ۱۴۰/۱ میں نقل کیا ہے حضرت ابن مسعودؓ فرماتے ہیں انہیں کہا گیا تھا (ادخلوا الباب سجدا) داخل ہو دروازے میں سجدہ کر کے۔ مگر یہ دیئے گئے حکم کے برعکس سر اٹھا کر داخل ہوئے۔

۲۔ طبری نے جامع ۱۱۳/۲ میں لکھا ہے حضرت ابن مسعودؓ اس آیت مبارکہ (ادخلوا الباب سجدا وقولوا حطة) (داخل ہو دروازے میں سجدہ کر کے اور کہو اتریں گناہ) کی تفسیر میں

فرماتے تھے کہ انہوں نے یوں کہاحنطة حمراء فیها شعیرة۔ جو ملی سرخ گندم دے تو اللہ تعالیٰ نے یہ آیت مبارکہ نازل فرمائی (فبدل الذین ظلموا قول غیر الذی قیل لھم) (پھر بدل لی بے انصافوں نے بات سوائے اس کے جو کہہ دی تھی ان کو۔

۳۔ طبری نے جامع ۲/۱۱۴ میں لکھا ہے حضرت ابن مسعودؓ نے فرمایا: ان یہودیوں نے یہ الفاظ کہے تھےھطی سقایا ازبة ہزباء۔ عربی زبان میں ان الفاظ کا ترجمہ یہ ہےحبة حنطة حمراء شقوبة فیها شعیرة سوداء۔ یعنی چمکدار سرخ گندم ہو جس میں سیاہ جو بھی ہوں۔ اللہ تعالیٰ نے اپنے اس فرمان میں ان کی اسی حرکت کی طرف اشارہ فرمایا ہےفبدل الذین ظلمو قول غیر الذی قیل لھم۔

وَبَاءُوا بِغَضَبٍ مِنَ اللَّهِ ذَلِكَ بِأَنَّهُمْ كَانُوا يَكْفُرُونَ بِآيَاتِ اللَّهِ وَيَقْتُلُونَ النَّبِيِّينَ بِغَيْرِ الْحَقِّ

اور کما لائے غصہ اللہ کا۔ یہ اس پر کہ وہ تھے نہ مانتے حکم اللہ کا اور خون کرتے نبیوں کا ناحق۔

ا۔ ابن کثیر نے اپنی تفسیر ۱/۱۴۶ میں لکھا ہے حضرت ابن مسعودؓ نے فرمایا بنی اسرائیل دن کو تین تین سو انبیاء (علیہم السلام) کو شہید کیا کرتے تھے اور شام کو بازاروں میں خرید و فروخت بھی جاری رکھتے تھے۔

۲۔ امام احمد بن حنبلؒ نے اپنی مسند ۵/ ۳۳۲۔ ۳۳۳ میں روایت نقل فرمائی ہے حضرت ابن مسعودؓ فرماتے ہیں جناب رسول اللہ ﷺ نے فرمایا قیامت کے دن جنہیں سخت ترین سزا

دی جائے گی ان میں ایک آدمی وہ ہوگا جسے کسی نبی نے قتل کیا ہوگا یا جس نے کسی نبی کو شہید کیا ہوگا اور ایک آدمی ہوگا جس نے گمراہی کی قیادت کی ہوگی اور ایک آدمی وہ ہوگا جس نے بطور سزا کسی کا ناک کان وغیرہ کاٹا ہوگا یعنی مثلہ کرنے والا۔

إِنَّ الَّذِينَ آمَنُوا وَالَّذِينَ هَادُوا وَالنَّصَارَىٰ وَالصَّابِئِينَ مَنْ آمَنَ بِاللَّهِ الخ

یوں ہے کہ جو لوگ مسلمان ہوئے اور جو لوگ یہودی ہوئے اور نصاریٰ اور صابئین اور جو کوئی یقین لایا۔۔۔۔

۱۔ واحدی نے اسباب ۲۳۔ ۲۴ میں لکھا ہے کہ حضرت ابن عباس حضرت ابن مسعودؓ اور چند دیگر صحابہ کرامؓ اجمعین نے اس آیت مبارکہ کے بارے میں فرمایا کہ آیت مبارکہ کا پہلا حصہ ان الذین آمنوا والذین ھادوا حضرت سلمان فارسی کی شان میں نازل ہوا جو کہ جندیسا پور کے معزز لوگوں میں سے تھے اور باقی حصہ یہودیوں کے بارے میں اترا ہے۔

۲۔ سیوطی نے الدر ۵۷۔ ۷۴/۱ میں لکھا ہے کہ ابوالشیخ نے روایت نقل کی ہے حضرت ابن مسعودؓ فرماتے ہیں۔ ہمیں خوب معلوم ہے یہودیوں کا یہودیت اور نصاریٰ کا نصرانیت کا نام کہاں سے پڑا۔ یہودیوں کا یہ نام ان کی اس بات کی وجہ سے پڑا جو یہ حضرت موسیٰ سے کہا کرتے تھے (انا ھدنا الیک) (الاعراف)

جب حضرت موسیٰ اللہ تعالیٰ کے پاس چلے گئے تو انھوں نے کہا یہ بات حضرت موسیٰ کو بڑی پسند آتی تھی۔ یوں انہیں یہود کہا جانے لگا۔

اور نصاریٰ کا نام نصرانیت ان کی اس بات سے پڑا جو حضرت عیسیٰؑ نے ان سے کہی تھی (من انصاری الی اللہ قال الحواریون نحن انصار اللہ)(آل عمران۔ ۵۲۔ الصف۔ ۱۴) یوں ان کا نام نصرانی پڑ گیا۔

فَوَيْلٌ لِلَّذِينَ يَكْتُبُونَ الْكِتَابَ بِأَيْدِيهِمْ ثُمَّ يَقُولُونَ هَذَا مِنْ عِنْدِ اللَّهِ لِيَشْتَرُوا بِهِ ثَمَنًا قَلِيلا فَوَيْلٌ لَهُمْ مِمَّا كَتَبَتْ أَيْدِيهِمْ وَوَيْلٌ لَهُمْ مِمَّا يَكْسِبُونَ

سو خرابی ہے ان کو جو لکھتے ہیں کتاب اپنے ہاتھ سے پھر کہتے ہیں کہ یہ اللہ کے پاس سے ہے کہ لیویں اس پر مول تھوڑا سو خرابی ہے ان کو اپنے ہاتھ کے لکھے سے اور خرابی ہے ان کو اپنی کمائی سے۔

۱۔ سیوطی نے الدر ۸۲/۱ میں لکھا ہے کہ سعید ابن منصور، ابن المنذر، طبرانی اور بیہقی نے حضرت عبداللہ بن مسعودؓ سے روایت نقل کی ہے، آپؐ نے فرمایا ویل جہنم میں بہنے والے ایک نالے کا نام ہے جس میں جہنمیوں کی پیپ بہتی ہے۔

۲۔ ابن ابی داوٗد نے مصاحف ۱۶۰ میں نقل کیا ہے کہ حضرت ابن مسعودؓ قرآن مجید کی خرید و فروخت کو مکروہ سمجھتے تھے۔

قُلْ أَتَّخَذْتُمْ عِنْدَ اللَّهِ عَهْدًا فَلَنْ يُخْلِفَ اللَّهُ عَهْدَهُ

تو کہہ کیا لے چکے ہو اللہ کے ہاں سے اقرار تو البتہ خلاف نہ کرے گا اللہ اپنا اقرار۔

ا۔ علامہ بغوی نے معالم ٦٦/ ا میں لکھا ہے حضرت ابن مسعودؓ فرماتے ہی عہد سے مراد اللہ جل جلالہ کی وحدانیت کا عہد ہے۔

بَلَى مَنْ كَسَبَ سَيِّئَةً وَأَحَاطَتْ بِهِ خَطِيئَتُهُ فَأُولَئِكَ أَصْحَابُ النَّارِ هُمْ فِيهَا خَالِدُونَ۔

کیوں نہیں جس نے کمایا گناہ اور گھیر لیا اس کو اس سے گناہ نے سو وہی ہیں لوگ دوزخ کے وہ اسی میں رہ پڑے۔

ا۔ حضرت امام احمد بن حنبلؒ رحمۃ واسعۃ نے اپنی مسند ٣١٢۔ ٥/٣١٣ میں حضرت عبد اللہ بن مسعودؓ سے روایت نقل کی ہے۔ وہ فرماتے ہیں جناب رحمت دو عالم ﷺ نے فرمایا تم اپنے آپ کو چھوٹے چھوٹے گناہوں سے بچاؤ وہ اکٹھے ہو کر آدمی کو ہلاکت میں ڈال دیتے ہیں جناب رسول اللہ ﷺ نے ان کی اسی طرح مثال بیان فرمائی کہ کچھ لوگ جنگل بیابان میں اترے قوم کے کام کا وقت آیا تو ایک ایک آدمی جا کر ایک ایک لکڑی لاتا گیا۔ یہاں تک کہ ایک ڈھیر جمع ہو گیا۔ پھر انھوں نے آگ بھڑکائی اور جو چاہا اس آگ میں ڈال کر پکایا۔

وَإِذْ أَخَذْنَا مِيثَاقَ بَنِي إِسْرَائِيلَ لا تَعْبُدُونَ إِلا اللَّهَ وَبِالْوَالِدَيْنِ إِحْسَانًا وَذِي الْقُرْبَى وَالْيَتَامَى وَالْمَسَاكِينِ وَقُولُوا لِلنَّاسِ حُسْنًا وَأَقِيمُوا الصَّلاةَ وَآتُوا الزَّكَاةَ۔

اور جب ہم نے لیا اقرار بنی اسرائیل کا بندگی نہ کرلو مگر اللہ کی اور ماں باپ سے سلوک نیک اور قرابت والے سے اور یتیموں سے اور محتاجوں سے اور کہیو لوگوں سے نیک بات اور کھڑی رکھو نماز اور دیتے رہیو زکوٰۃ۔

ا۔ طبری نے جامع ۲۹۷/۲ میں لکھا ہے حضرت ابن مسعودؓ واقیموا الصلاۃ کی تفسیر میں فرماتے ہیں نماز قائم کرنے سے مراد یہ رکوع وسجود اور تلاوت صحیح صحیح کی جائے، عاجزی کا اظہار ہو اور نماز میں تلاوت کی طرف پوری پوری توجہ رکھی جائے۔

وَآتَيْنَا عِيسَى ابْنَ مَرْيَمَ الْبَيِّنَاتِ وَأَيَّدْنَاهُ بِرُوحِ الْقُدُسِ

اور دیے عیسیٰ مریم کے بیٹے کو معجزے صریح اور قوت دی اس کو روح پاک سے۔

ا۔ سیوطی نے الدر ۸۶/۱ میں لکھا ہے حضرت ابن مسعودؓ فرماتے ہیں روح القدس سے مراد حضرت جبریل امین ہیں۔

وَكَانُوا مِنْ قَبْلُ يَسْتَفْتِحُونَ عَلَى الَّذِينَ كَفَرُوا فَلَمَّا جَاءَهُمْ مَا عَرَفُوا كَفَرُوا بِهِ

اور پہلے سے فتح مانگتے تھے کافروں پر۔ پھر جب پہنچا ان کو جو پہچان رکھا تھا اس سے منکر ہوئے۔

ا۔ سیوطی نے الدر ۸۸ میں لکھا ہے کہ امام بیہقی نے دلائل نبوت میں یہ روایت نقل کی ہے، حضرت ابن عباس، حضرت ابن مسعودؓ اور چند دیگر صحابہ کرامؓ اس آیت مبارکہ کی تفسیر میں فرماتے ہیں: اہل عرب جب یہودیوں کے پاس سے گزرتے تو انہیں تنگ کیا

کرتے تھے، یہودی چونکہ تورات میں جناب محمد رسول اللہ صلی اللہ علیہ وآلہٖ وسلم کا ذکر خیر پڑھا کرتے تھے اس لیے یہ اللہ تعالیٰ سے دعا کرتے کہ اللہ وہ نبی بھیجے تاکہ ہم اس کے ہمراہ ہو کر اہل عرب سے لڑیں، مگر جب آقائے دوجہاں صلی اللہ علیہ وآلہٖ وسلم تشریف لے آئے تو انہوں نے آپ کا انکار کر دیا وجہ یہ تھی کہ آپ بنی اسرائیل میں سے کیوں نہیں ہوئے۔

فَبَاءُوا بِغَضَبٍ عَلَى غَضَبٍ

سو کما لائے غصہ پر غصہ۔

ا۔ ابن جوزی نے زاد المسیر ۱/۱۱۴ میں حضرت ابن مسعودؓ اور حضرت ابن عباسؓ کے حوالے سے لکھا ہے۔ پہلا غضب اس وجہ سے تھا کہ انہوں نے بچھڑے کو اپنا معبود بنایا اور دوسرا غضب اس لیے کہ انہوں نے ختمی مرتبت جناب محمد رسول اللہ صلی اللہ علیہ وآلہٖ وسلم وسلم کا انکار کیا۔

وَمَا كَفَرَ سُلَيْمَانُ وَلَكِنَّ الشَّيَاطِينَ كَفَرُوا يُعَلِّمُونَ النَّاسَ السِّحْرَ وَمَا أُنْزِلَ عَلَى الْمَلَكَيْنِ بِبَابِلَ هَارُوتَ وَمَارُوتَ وَمَا يُعَلِّمَانِ مِنْ أَحَدٍ حَتَّى يَقُولا إِنَّمَا نَحْنُ فِتْنَةٌ فَلا تَكْفُرْ

اور کفر نہیں کیا سلیمان نے لیکن شیطانوں نے کفر کیا لوگوں کو سکھائے سحر اور اس علم کو جو اترا دو فرشتوں پر بابل میں ہاروت اور ماروت پر اور وہ نہ سکھاتے کسی کو جب تک نہ کہتے کہ ہم تو ہیں آزمانے کو سو تو مت کافر ہو۔

۱۔ ابن جوزی نے زاد ۱۲۳/۱ میں حضرت ابن مسعودؓ اور دیگر مفسرین کرام کے حوالے سے لکھا ہے کہ فرشتوں پر اترنے والی چیز جادو تھی۔

۲۔ قرطبی نے احکام ۴۶۔ ۲/۴۷ میں لکھا ہے حضرت ابن مسعودؓ نے کوفہ والوں سے فرمایا تھا تم بابل اور حیرہ کے درمیان میں بستے ہو۔

۳۔ بغوی نے معالم ۱/۷۵ میں لکھا ہے حضرت ابن مسعودؓ نے فرمایا: بابل کوفہ کی سرزمین ہے۔

۴۔ طبری نے جامع ۲/۴۲۸ میں لکھا ہے حضرت ابن مسعودؓ اور حضرت ابن عباسؓ فرماتے ہیں: جب انسانوں کی تعداد بہت بڑھ گئی اور انہوں نے اللہ جل جلالہ کی نافرمانی کرنا شروع کر دی تو فرشتوں، زمین اور پہاڑوں نے اللہ تعالیٰ سے ان کے خلاف ان الفاظ سے بددعا کی اے پروردگار! انہیں تباہ و برباد کیوں نہیں کرتا۔

اللہ تعالیٰ نے فرشتوں سے کہا اگر میں شہوت اور شیطان تمہارے دلوں پر مسلط کر کے تمہیں زمین پر بھیجوں تو تم بھی ایسا ہی کرو۔ فرشتے آپس میں کہنے لگے اگر ہمیں یوں آزمایا گیا تو ہم گناہ کے پاس بھی نہ پھٹکیں گے۔

اللہ تعالیٰ نے ان سے فرمایا تم اپنے میں سے دو معزز فرشتے منتخب کر لو۔ انہوں نے ہاروت و ماروت کو چنا، چنانچہ ان دونوں کو زمین پر بھیج دیا گیا، پھر زہرہ نامی ستارے کو ایک پارسی عورت کی شکل دے کر ان کے پاس بھیجا گیا، اہل فارس اس کا نام بیزخت بتاتے تھے۔ پس یہ دونوں فرشتے گناہ میں مبتلا ہو گئے۔ اب باقی فرشتوں نے مومنوں کے لیے اللہ جل

جلالہ سے ان الفاظ کے ساتھ مغفرت مانگی۔ ربنا وسعت کل شیئ رحمۃ وعلما فاغفر للذین تابو (اے ہمارے رب تیری رحمت و علم ہر چیز پر وسیع ہے تو توبہ کرنے ہے ہم کو بخش دے) گناہ میں بتلا ہونے کے بعد انہوں نے بھی اہل زمین کے لیے مغفرت مانگی۔

الا ان اللہ ھو الغفور الرحیم

سنتا ہے! وہی معاف کرنے والا مہربان ہے۔

پھر انہیں کہا گیا کہ تم اپنے لیے دنیوی عذاب چنوگے یا اخروی تو انہوں نے دنیاوی عذاب چنا۔ (یہ اسرائیلیات سے ماخوذ ہے)

۵۔ طبری نے جامع ۲/۴۶۰ میں لکھا ہے حضرت ابن مسعودؓ آیت کریمہ وما انزل علی الملکین ببابل ھاروت و ماروت کی تفسیر میں فرماتے ہیں یہ اترنے والے دونوں فرشتے تھے۔ انہیں زمین پر اس لیے بھیجا گیا تاکہ یہ لوگوں کے درمیان فیصلے کریں۔

اور اس کی وجہ یہ ہوئی کہ فرشتوں نے انسانوں کے کیے ہوئے فیصلوں کا مذاق اڑایا تھا۔

چنانچہ ایک عورت فیصلے کے لیے اپنا معاملہ ان فرشتوں کے سامنے لے کر تو یہ اس سے انصاف نہ کرسکے۔ پھر یہ اوپر جانے لگے تو انہیں روک دیا گیا۔

۶۔ علامہ بغوی نے معالم ۱/۶۷ میں لکھا ہے حضرت عبداللہ بن مسعودؓ نے فرمایا ان دونوں کو قیامت تک کے لیے ان کے عقل و شعور سے لٹکا دیا گیا ہے۔

۷۔ علامہ ابن کثیر نے اپنی تفسیر ۲۰۶/ا میں لکھا ہے حضرت ابن مسعودؓ روایت فرماتے ہیں آقائے دوجہاں ﷺ نے فرمایا۔ جو آدمی کسی نجومی یا جادوگر کے پاس گیا اور اس کی بات کی تصدیق کی تو اس نے جناب محمد رسول اللہ ﷺ پر اترنے والی وحی مبارک کا انکار کیا۔

يَا أَيُّهَا الَّذِينَ آمَنُوا

اے ایمان والو۔

ا۔ حاکم نے مستدرک ۲۲۴/۲ میں لکھا ہے حضرت ابن مسعودؓ نے فرمایا ہم نے مکہ مکرمہ میں سورۃ بقرہ کئی سال تک پڑھی اس میں یا ایہا الذین آمنوا نہیں تھا۔ (یہاں سورۃ سے وہ بعض آیات مراد ہیں جو مکہ میں اتریں)

۲۔ ابن کثیر نے اپنی تفسیر ۲۱۳/ا میں لکھا ہے ایک آدمی حضرت ابن مسعودؓ کی خدمت میں حاضر ہوا اور عرض کیا میرے ذمہ کوئی کام لگا دیجیے۔ آپؓ نے فرمایا تو جب بھی سنے کہ اللہ تعالیٰ یا ایہا الذین آمنوا کے الفاظ سے مخاطب ہیں تو تو اسے غور سے سننا کیونکہ اس کے ذریعہ یا تو کسی نیکی کا حکم دیا جا رہا ہو گا یا کسی برائی سے روکا جا رہا ہو گا۔

وَدَّ كَثِيرٌ مِنْ أَهْلِ الْكِتَابِ لَوْ يَرُدُّونَكُمْ مِنْ بَعْدِ إِيمَانِكُمْ كُفَّارًا حَسَدًا مِنْ عِنْدِ أَنْفُسِهِمْ مِنْ بَعْدِ مَا تَبَيَّنَ لَهُمُ الْحَقُّ فَاعْفُوا وَاصْفَحُوا حَتَّى يَأْتِيَ اللَّهُ بِأَمْرِهِ

دل چاہتا ہے بہت کتاب والوں کا کسی طرح تم کو پھیر کر مسلمان ہوئے پیچھے کافر کردیں حسد کر کے اپنے اندر بعد اس کے کہ کھل چکا ان پر حق سو درگزر کرو اور خیال میں نہ لاؤ جب تک بھیجے اللہ اپنا حکم۔

ا۔ ابن جوزی نے زاد ۱۳۲/ ا میں لکھا ہے حضرت ابن مسعودؓ اور حضرت ابن عباسؓ سے روایت ہے کہ معافی اور درگزر کا حکم اللہ تعالیٰ کے اس حکم قاتلوا الذين لا يؤمنون بالله ولا باليوم الآخر ولا يحرمون ما حرم الله ورسوله (التوبہ/ ۲۹)۔ لڑو ان لوگوں سے جو یقین نہیں رکھتے اللہ پر اور نہ پچھلے دن پر نہ حرام جانیں جو حرام کیا اللہ نے اور اس کے رسول نے۔ ، کے ساتھ منسوخ ہو چکا ہے۔

وَمَا تُقَدِّمُوا لأَنْفُسِكُمْ مِنْ خَيْرٍ تَجِدُوهُ عِنْدَ اللَّهِ

اور جو آگے بھیجو گے اپنے واسطے بھلائی وہ پاؤ گے اللہ کے پاس۔

ا۔ امام احمد بن حنبلؒ نے اپنی مسند ۳۲۳۔ ۵/۳۲۴ میں حضرت ابن مسعودؓ کی یہ روایت نقل فرمائی ہے۔ آپؓ بیان کرتے ہیں اللہ کے رسول محترم صلی اللہ علیہ وآلہ وسلم نے فرمایا : تم میں سے ایسا کون ہے جسے اس کے وارث کا مال اپنے مال سے زیادہ پسند ہو؟ صحابہ کرامؓ نے عرض کیا۔ اللہ کے رسول! ہم میں ہر ایک کو اپنا مال اپنے وارث کے مال سے زیادہ پسند ہے۔ جناب رسول اللہ صلی اللہ علیہ وآلہ وسلم نے فرمایا خوب جان لو تم میں ایسا کوئی نہیں جسے اس کے وارث کا مال اپنے مال سے زیادہ پسند نہ ہو۔ دیکھو تمہارے مال میں سے تمہارا صرف وہی ہے جو تم

راہ خدا میں خرچ کر کے آگے بھیج رہے ہو اور جو کچھ تم بچا رہے ہو یہ تو تمہارے وارث کا مال ہے۔

وَلِلَّهِ الْمَشْرِقُ وَالْمَغْرِبُ فَأَيْنَمَا تُوَلُّوا فَثَمَّ وَجْهُ اللَّهِ

اور اللہ ہی کی ہے مشرق اور مغرب سو جس طرف تم منہ کرو وہاں ہی متوجہ ہے اللہ)۔

ا۔ سیوطی نے الدر ۱۰۸/۱۰۹/ ا میں لکھا ہے کہ ابن المنذر نے حضرت ابن مسعودؓ اور دیگر کئی صحابہ کرامؓ سے اس آیت مبارکہ کی تفسیر یوں روایت کی ہے کہ ہجرت نبوی ﷺ کے بعد سولہ ماہ تک صحابہ کرامؓ بیت المقدس کو منہ کر کے نماز پڑھتے رہے۔ اس دوران آپ ﷺ جب بھی نماز پڑھتے تو اپنا سر مبارک آسمان کی طرف کر کے دیکھتے کہ آپ ﷺ کو کیا حکم دیا جائے گا چنانچہ کعبۃ اللہ شریف کی طرف منہ کرنے کے حکم سے یہ بیت المقدس والا حکم ختم کر دیا گیا۔

الَّذِينَ آتَيْنَاهُمُ الْكِتَابَ يَتْلُونَهُ حَقَّ تِلَاوَتِهِ

جن کو ہم نے دی ہے کتاب وہ اس کو پڑھتے ہیں جو حق ہے پڑھنے کا۔

ا۔ طبری نے جامع ۵۶۶۔ ۵۶۷/ ۲ میں لکھا ہے حضرت ابن مسعودؓ اللہ جل جلالہ کے اس فرمان یتلونہ حق تلاوتہ کا ترجمہ یوں فرماتے تھے کہ وہ اس کتاب کی بات ایسے مانتے ہیں جیسے بات ماننے کا حق ہے۔

۲۔ ۲۔ طبری نے جامع ۲/۵۶۷ میں لکھا ہے حضرت ابن مسعودؓ نے فرمایا قسم ہے اس ذات کی جس کے ہاتھ میں میری جان ہے کتاب اللہ کی تلاوت کا حق یوں ادا ہوتا ہے کہ کتاب اللہ کی حلال کی ہوئی چیزوں کو حلال سمجھا جائے اور کتاب اللہ کی حرام کی ہوئی چیزوں کو حرام سمجھا جائے اور اسے یوں پڑھا جائے، جیسے اللہ جل جلالہ نے اسے اتارا ہے، اس کے کلمات کو ان کی جگھوں سے بدلا نہ جائے اور اس کا کوئی مفہوم ایسا بیان نہ کیا جائے جو درحقیقت اس کا مفہوم نہ ہو۔

وَإِذْ جَعَلْنَا الْبَيْتَ مَثَابَةً لِلنَّاسِ وَأَمْنًا وَاتَّخِذُوا مِنْ مَقَامِ إِبْرَاهِيمَ مُصَلًّى

اور جب ٹھہرایا یہ گھر کعبہ اجتماع کی جگہ لوگوں کی اور پناہ اور کر رکھو جہاں کھڑا ہوا ابراہیم نماز کی جگہ۔

۱۔ ابن جوزی نے زاد ۱/۱۴۲ میں لکھا ہے اور سدی نے اسے حضرت ابن مسعودؓ اور حضرت ابن عباسؓ کے حوالے سے ذکر کیا ہے کہ پتھر پر حضرت ابراہیمؑ کے کھڑے ہونے کا واقعہ یوں پیش آیا کہ حضرت ابراہیمؑ اپنے فرزند حضرت اسماعیل کو تلاش کر رہے تھے وہ نہ ملے تو آپ کی زوجہ محترمہ نے عرض کیا سواری سے نیچے اتریں۔ آپؑ نے اترنے سے ان کا فرمایا تو کہنے لگیں آئیے میں آپ کا سر مبارک دھودوں۔ یہ کہہ کر وہ ایک پتھر لے آئیں آپؑ نے سواری پر رہتے ہوئے ہی اپنا ایک پاؤں مبارک اس پتھر پر رکھا تو انہوں نے سر کا ایک حصہ دھودیا۔ زوجہ محترمہ نے پتھر سواری کی دوسری جانب رکھنے کے لیے اٹھایا تو دیکھا کہ

آپؑ کے مبارک پاؤں کا نقش اس پتھر پر ثبت ہو چکا تھا زوجہ محترمہ نے پتھر دوسری جانب رکھا اور وہ حصہ بھی دھو دیا۔ آپؑ کا اس طرف والا پاؤں بھی پتھر پر اپنا نقش بنا چکا تھا۔ پس اللہ جل جلالہ نے اس پتھر کو اپنی معزز نشانیوں میں سے بنا لیا۔

وَعَهِدْنَا إِلَى إِبْرَاهِيمَ وَإِسْمَاعِيلَ أَنْ طَهِّرَا بَيْتِيَ لِلطَّائِفِينَ وَالْعَاكِفِينَ وَالرُّكَّعِ السُّجُودِ

اور کہہ دیا ہم نے ابراہیم اور اسماعیل کو کہ پاک رکھو گھر میرا واسطے طواف والوں کے اور اعتکاف والوں کے اور رکوع اور سجدے والوں کے۔

ا۔ سیوطی نے الدر ۱۳۶/ ا میں لکھا ہے جندی نے حضرت ابن مسعودؓ کا یہ فرمان نقل کیا ہے۔ لوگو! اس سے پہلے کہ بیت اللہ شریف اٹھا لیا جائے اور لوگ اس کی جگہ بھی بھول جائیں، کثرت سے اس کا طواف کیا کرو۔

سَيَقُولُ السُّفَهَاءُ مِنَ النَّاسِ مَا وَلاهُمْ عَنْ قِبْلَتِهِمُ الَّتِي كَانُوا عَلَيْهَا

اب کہیں گے بیوقوف لوگ کا ہے پر پھر گئے مسلمان لوگ اپنے قبلہ سے جس پر تھے۔

ا۔ ابن الجوزی نے زاد ۱۵۳/ ا لکھا ہے السفہاء سے مراد منافق ہیں۔ سدی نے یہ تفسیر حضرت ابن مسعودؓ اور حضرت ابن عباسؓ کے حوالے سے ذکر کی ہے۔

وَمِنْ حَيْثُ خَرَجْتَ فَوَلِّ وَجْهَكَ شَطْرَ الْمَسْجِدِ الْحَرَامِ وَحَيْثُمَا كُنْتُمْ فَوَلُّوا وُجُوهَكُمْ شَطْرَهُ لِئَلا يَكُونَ لِلنَّاسِ عَلَيْكُمْ حُجَّةٌ إِلا الَّذِينَ ظَلَمُوا مِنْهُمْ فَلا تَخْشَوْهُمْ وَاخْشَوْنِي۔

اور جہاں سے تو نکلے منہ کر طرف مسجد حرام کے اور جس جگہ تم ہوا کرو منہ کرو اسی کی طرف کہ نہ رہے لوگوں کو تم سے جھگڑنے کی جگہ مگر جو ان میں بے انصاف ہیں سو ان سے مت ڈرو اور مجھ سے ڈرو۔

ا۔ طبری نے جامع ۲۰۳/۳ میں حضرت ابن عباس، حضرت ابن مسعودؓ اور چند دیگر صحابہ کرامؓ سے روایت کی ہے جب آپ ﷺ کا قبلہ بیت المقدس سے تبدیل کر کے بیت اللہ شریف کی طرف کیا گیا تو مکہ مکرمہ کے مشرک آپس میں کہنے لگے محمد ﷺ کا دل اپنے دین سے پھر گیا ہے اسی لیے وہ تمہارے قبلہ کی طرف منہ کرنے لگے ہیں اور انہیں علم ہو گیا ہے کہ تم ان سے زیادہ سیدھے راستے پر ہو۔ عنقریب وہ تمہارے دین میں داخل ہو جائیں گے۔ تو اللہ جل جلالہ نے ان کے متعلق یہ آیت مبارکہ اتاری (وَمِنْ حَيْثُ خَرَجْتَ فَوَلِّ الخ)

فَاذْكُرُونِي أَذْكُرْكُمْ

تو تم یاد رکھو مجھے میں یاد رکھوں تم کو۔

ا۔ چار اشیاء: سیوطی نے الدر ۱۴۹/۱ میں لکھا ہے طبرانی، ابن مردویہ اور امام بیہقی نے حضرت ابن مسعودؓ سے یہ روایت نقل کی ہے۔ آپؓ فرماتے ہیں اللہ کے رسول ﷺ نے فرمایا: جو چار چیزیں دے گا اسے چار چیزیں ملیں گی۔ اس کی وضاحت قرآن مجید میں ہے جو ذکر کرے گا اللہ تعالیٰ اسے یاد رکھے گا کیونکہ اللہ تعالیٰ فرماتے ہیں (تم مجھے یاد کرو میں تمہیں یاد

کروں) جو دعا کرے گا اس کی دعا قبول کی جائے گی کیونکہ اللہ تعالیٰ فرماتے ہیں (مجھ کو پکارو کہ پہنچوں تمہاری پکار کو) (غافر/۶۰) جو شکر بجالائے گا اس کی نعمتوں میں اضافہ کیا جائے گا کیونکہ اللہ جل شانہ فرماتے ہیں (اگر حق مانو گے تو اور دوں گا) (ابراہیم/۷) اور جو اللہ تعالیٰ سے بخشش طلب کرے گا اسے بخش دیا جائے گا کیونکہ فرمان حق تعالیٰ شانہ ہے (گناہ بخشواؤ اپنے رب سے بیشک وہ ہے بخشنے والا) نوح/۱۰)

الَّذِينَ إِذَا أَصَابَتْهُمْ مُصِيبَةٌ قَالُوا إِنَّا لِلَّهِ وَإِنَّا إِلَيْهِ رَاجِعُونَ

کہ جب ان کو پہنچے کچھ مصیبت کہیں ہم اللہ کا مال ہیں اور ہم کو اسی طرف پھر جانا ہے۔

۱۔ سیوطی نے الدر ۱/۱۵۷ میں لکھا ہے۔ ابن ابی شیبہ اور ابن ابی دنیا نے حضرت عوف بن عبداللہؓ سے یہ روایت بیان کی ہے وہ فرماتے ہیں حضرت ابن مسعودؓ چل رہے تھے کہ آپ کے جوتے کا تسمہ ٹوٹ گیا آپ نے انا للہ وانا الیہ راجعون پڑھا۔ عرض کیا گیا ایسی چھوٹی سی چیز پر بھی انا للہ پڑھا جاتا ہے؟ آپؓ نے فرمایا ہاں۔ یہ بھی تو ایک مصیبت ہی ہے۔

أُولَئِكَ عَلَيْهِمْ لَعْنَةُ اللَّهِ وَالْمَلَائِكَةِ وَالنَّاسِ أَجْمَعِينَ۔

انہیں پر ہے لعنت اللہ کی اور فرشتوں کی اور لوگوں کی سب کی۔

۱۔ ابن جوزی نے زاد ۱/۱۶۷ میں حضرت ابن مسعودؓ اور حضرت قتادہ و حضرت مقاتل کے حوالے سے لکھا ہے کہ یہاں الناس سے مراد مومن لوگ ہیں۔

خَالِدِينَ فِيهَا لا يُخَفَّفُ عَنْهُمُ الْعَذَابُ وَلا هُمْ يُنْظَرُونَ

رہ پڑے اس میں نہ ہلکا ہوگا ان سے عذاب اور نہ ان کو فرصت ملے گی۔

ا۔ ابن جوزی نے زاد ۱/۱۶۷ میں حضرت ابن مسعودؓ اور حضرت مقاتل کے حوالے سے لکھا ہے خالدین فیھا میں ھا سے مراد لعنت ہے۔

إِنَّ فِي خَلْقِ السَّمَاوَاتِ وَالأَرْضِ وَاخْتِلافِ اللَّيْلِ وَالنَّهَارِ وَالْفُلْكِ الَّتِي تَجْرِي فِي الْبَحْرِ بِمَا يَنْفَعُ النَّاسَ وَمَا أَنْزَلَ اللَّهُ مِنَ السَّمَاءِ مِنْ مَاءٍ فَأَحْيَا بِهِ الأَرْضَ بَعْدَ مَوْتِهَا وَبَثَّ فِيهَا مِنْ كُلِّ دَابَّةٍ وَتَصْرِيفِ الرِّيَاحِ وَالسَّحَابِ الْمُسَخَّرِ بَيْنَ السَّمَاءِ وَالأَرْضِ لآيَاتٍ لِقَوْمٍ يَعْقِلُونَ

آسمان اور زمین کا بنانا اور رات اور دن کا بدلتے آنا اور کشتی جو لے کر چلتی ہے دریا میں جو چیزیں کام آویں لوگوں کے اور جو اللہ نے اتارا آسمان سے پانی پھر جلایا اس سے زمین کو مر گئے پیچھے اور بکھیرے اس میں سب قسم کے جانور اور پھیرنا پاؤں کا اور ابر جو حکم کے تابع ہے درمیان آسمان اور زمین کے ان میں نمونے ہیں عقلمند لوگوں کو۔

ا۔ ابن جوزی نے زاد ۱/۱۶۷ میں ذکر کیا ہے کہ اس آیت مبارکہ کا شان نزول یہ ہے مشرکوں نے ایک دفعہ آپ ﷺ سے کہا اگر آپ سچے ہیں تو یہ کوہ صفا سونے کا بنا دیں تب یہ آیت مبارکہ نازل ہوئی۔

سعدی نے حضرت ابن مسعودؓ اور حضرت ابن عباسؓ کے حوالے سے یہ بات ذکر کی ہے۔

إِذْ تَبَرَّأَ الَّذِينَ اتُّبِعُوا مِنَ الَّذِينَ اتَّبَعُوا وَرَأَوُا الْعَذَابَ وَتَقَطَّعَتْ بِهِمُ الأَسْبَابُ

جب الگ ہو جاویں جن کے ساتھ ہوئے تھے اپنے ساتھ والوں سے اور دیکھیں عذاب اور ٹوٹ جاویں ان کے سب طرف کے علاقے۔

ا۔ ابن الجوزی نے زاد ۱/ ۱۷ا میں لکھا ہے اسباب سے مراد اعمال ہیں۔ سدی نے اسے حضرت ابن مسعودؓ اور حضرت ابن عباسؓ کے حوالے سے ذکر کیا ہے۔

آیت ۱٦۷

كَذَٰلِكَ يُرِيهِمُ اللَّهُ أَعْمَالَهُمْ حَسَرَاتٍ عَلَيْهِمْ وَمَا هُمْ بِخَارِجِينَ مِنَ النَّارِ

اس طرح دکھاتا ہے اللہ ان کو ان کے کام افسوس دلانے کو۔

ا۔ قرطبی نے احکام ۲/ ۱۹۰ا میں لکھا ہے۔ حضرت ابن مسعودؓ اور سدی نے فرمایا اعمال سے مراد وہ نیک عمل ہیں جو یہ لوگ کر نہ سکے اور جنت سے محروم رہ گئے۔

۲۔ طبری نے جامع ۳/ ۲۹۷ میں لکھا ہے حضرت ابن مسعودؓ نے ایک طویل قصہ ذکر فرمایا۔ اس میں آپؓ نے یہ بھی ارشاد فرمایا: ہر آدمی جنت کے ایک گھر اور جہنم کے ایک گھر کی طرف دیکھے گا۔ اور یہی حسرت کا دن ہوگا۔ آپؓ نے فرمایا جہنمی جنتیوں کو دیکھیں گے تو ان سے کہا جائے گا کاش تم نے عمل کیے ہوتے! تب انہیں حسرت ہوگی۔ آپؓ نے مزید فرمایا جنتی جہنم والا گھر کو دیکھیں گے تو آواز آئے گی۔ اگر اللہ تعالیٰ نے تم پر احسان نہ فرمایا ہوتا تو تم بھی اس گھر میں ہوتے۔

آیت ۱٦۸ : يَا أَيُّهَا النَّاسُ كُلُوا مِمَّا فِي الأَرْضِ حَلالا طَيِّبًا وَلا تَتَّبِعُوا خُطُوَاتِ الشَّيْطَانِ

اے لوگوں کھاؤ زمین کی چیزوں میں سے جو حلال ہے ستھرا اور نہ چلو قدموں پر شیطان کے۔

۱۔ حاکم نے مستدرک ۲/۳۱۳۔۳۱۴ میں لکھا ہے۔ حضرت عبداللہ بن مسعودؓ کی خدمت میں پیش کیا گیا آپؓ نے لوگوں سے فرمایا قریب آجاؤ۔ لوگ اسے کھانے لگے۔ ان میں سے ایک آدمی ایک طرف بیٹھا رہا۔ آپؓ نے اسے فرمایا قریب آجاؤ۔ اس نے عرض کیا میں اسے کھانے کا ارادہ نہیں رکھتا۔ آپؓ نے پوچھا کیوں؟ اس نے کہا میں نے اسے اپنے اوپر حرام کر لیا ہے تو حضرت ابن مسعودؓ نے فرمایا یہی کام تو شیطان کے قدموں میں سے ہے۔ پھر آپ صلی اللہ علیہ وآلہ وسلم نے یہ آیت مبارکہ تلاوت فرمائی۔ یا ایہا الذین امنوا لاتحرموا طیبات ما احل اللہ لکم ولا تعتدوا ان اللہ لا یحب المعتدین (المائدہ/۸۷)

پھر آپؓ نے اسے فرمایا قریب آجاؤ کھاؤ اور اپنی قسم کا کفارہ ادا کر دینا۔ یہ کسی چیز کو خود سے حرام قرار دے لینا شیطان کے قدموں میں سے ہے۔

إِنَّمَا حَرَّمَ عَلَيْكُمُ الْمَيْتَةَ

یہی حرام کیا ہے تم پر مردہ اور لہو۔

۱۔ امام رازی نے مفاتیح ۲/۸۵ میں لکھا ہے کہ علماء کرام نے کسی جانور کے ذبح ہو جانے کے بعد اس کے پیٹ سے مردہ حالت میں نکلنے والے نامکمل بچے کے کھانے کے بارے میں اختلاف کیا ہے۔ امام شافعیؒ وغیرہ فرماتے ہیں ایسا بچہ کھایا جا سکتا ہے۔ حضرت علی، حضرت ابن مسعودؓ اور حضرت ابن عمرؓ سے بھی ایسا ہی مروی ہے۔

وَآتَى الْمَالَ عَلَى حُبِّهِ ذَوِي الْقُرْبَى وَالْيَتَامَى وَالْمَسَاكِين

اور دے دے مال اس کی حجت پر ناتے والوں کو اور یتیموں کو اور محتاجوں کو۔

ا۔ طبری نے جامع ۳/ ۳۴۰ میں حضرت ابن مسعودؓ سے اس آیت مبارکہ کی تفسیر یہ نقل کی ہے کہ آدمی مال اللہ تعالیٰ کے راستہ میں ایسی حالت میں دے کہ خود ٹھیک ٹھاک ہو مال کی آرزو ہو۔ فراخ دستی کی امید پیدا ہونے لگی ہو اور مال کے چلے جانے سے غربت کا اندیشہ ہو۔

وَالصَّابِرِينَ فِي الْبَأْسَاءِ وَالضَّرَّاءِ وَحِينَ الْبَأْسِ

اور ٹھہرنے والے سختی میں اور تکلیف میں اور وقت لڑائی کے۔

ا۔ طبری نے جامع ۳/ ۳۴۹ میں لکھا ہے حضرت ابن مسعودؓ نے فرمایا۔ البأساء سے مراد غربت اور و تنگدستی ہے اور الضراء سے مراد بیماری ہے۔

۲۔ طبری نے جامع ۳/ ۳۵۵ میں لکھا ہے حضرت ابن مسعودؓ نے فرمایا حین الباس سے مراد لڑائی کا وقت ہے۔

كُتِبَ عَلَيْكُمُ الْقِصَاصُ فِي الْقَتْلَى الْحُرُّ بِالْحُرِّ وَالْعَبْدُ بِالْعَبْدِ وَالأُنْثَى بِالأُنْثَى

حکم ہوا تم پر بدلہ برابر مارے گیوں میں صاحب کے بدلے صاحب اور غلام کے بدلے غلام اور عورت کے بدلے عورت۔

۱۔ علامہ قرطبی نے احکام ۲/۲۲۸ میں لکھا ہے کہ امام اعظم ابو حنیفہ، امام ثوری، ابن ابی لیلی اوران کے ساتھیوں کا اس بات پر اتفاق ہے کہ آزاد آدمی کو غلام کے قتل میں قتل کیا جائے گا جیسا کہ غلام کو آزاد کے بدلے میں قتل کیا جائے گا۔

یہ حکم حضرت علی المرتضیٰؓ اور حضرت ابن مسعودؓ سے مروی ہے۔

۲۔ قرطبی نے احکام ۲/۲۲۹ میں لکھا ہے کہ حکم نے حضرت علی المرتضیٰؓ اور حضرت ابن مسعودؓ کا یہ فرمان نقل کیا ہے اگر کسی آدمی نے جان بوجھ کر عورت کو قتل کیا تو اسے اس کے بدلہ میں قتل کیا جائے گا۔

كُتِبَ عَلَيْكُمْ إِذَا حَضَرَ أَحَدَكُمُ الْمَوْتُ إِنْ تَرَكَ خَيْرًا الْوَصِيَّةُ لِلْوَالِدَيْنِ وَالأَقْرَبِينَ

حکم ہوا تم پر جب حاضر ہو کسی کو تم میں موت اگر کچھ مال چھوڑے کہ دلوا مرے ماں باپ کو اور ناتے والوں کو۔

۱۔ علامہ بغوی نے معالم ۱/۱۲۷ میں لکھا ہے حضرت ابن مسعودؓ نے فرمایا وصیت پر عمل یوں ہو گا کہ پہلے سب سے زیادہ محتاج کو دیا جائے گا پھر اس کے بعد اسے جو اس پہلے سے کم محتاج ہو۔

كُتِبَ عَلَيْكُمُ الصِّيَامُ كَمَا كُتِبَ عَلَى الَّذِينَ مِنْ قَبْلِكُمْ

حکم ہوا تم پر روزے کا جیسے حکم ہوا تھا تم سے اگلوں پر۔

۱۔ علامہ ابن کثیر نے اپنی تفسیر ۱/۳۰۶ میں لکھا ہے حضرت معاذ اور حضرت ابن مسعودؓ اور کئی اور صحابہ کرامؓ سے مروی ہے۔

شروع شروع میں روزہ ایسے فرض تھا جیسے پہلی امتوں پر فرض تھا یعنی ہر مہینہ کے تین دن روزہ ہوا کرتا تھا۔

۲۔ امام احمد بن حنبلؒ نے مسند احمد ۵/۳۲۹ میں حضرت ابن مسعودؓ سے یہ روایت بیان فرمائی ہے اللہ کے رسول ﷺ ہر چاند کی ابتدا میں تین دن روزہ رکھا کرتے تھے اور ایسا بہت کم ہوا ہے کہ آپ ﷺ نے جمعۃ المبارک کا روزہ نہ رکھا ہو۔

۳۔ امام نسائی نے اپنی سنن ۴/۱۶۱ میں حضرت ابن مسعودؓ سے یہ روایت بیان کی ہے اللہ تعالیٰ نے فرمایا ہے روزہ میرے لیے ہے اور میں ہی اس کا اجر دوں گا اور روزہ دار کے لیے دو خوشیاں ہیں۔ ایک خوشی اسے اس وقت ملے گی جب اپنے پروردگار سے ملے گا۔ اور ایک خوشی اسے افطار کے وقت ملتی ہے، روزہ دار کے منہ کی بو اللہ تعالیٰ کو عمدہ ترین کو شبو سے زیادہ پسند ہے۔

أَيَّامًا مَعْدُودَاتٍ فَمَنْ كَانَ مِنْكُمْ مَرِيضًا أَوْ عَلَى سَفَرٍ فَعِدَّةٌ مِنْ أَيَّامٍ أُخَرَ وَعَلَى الَّذِينَ يُطِيقُونَهُ فِدْيَةٌ طَعَامُ مِسْكِينٍ فَمَنْ تَطَوَّعَ خَيْرًا فَهُوَ خَيْرٌ لَهُ وَأَنْ تَصُومُوا خَيْرٌ لَكُمْ

کئی دن ہیں گنتی کے پھر جو کوئی تم میں بیمار ہو یا سفر میں تو گنتی چاہیے اور دنوں سے اور جن کو طاقت ہے تو بدلہ چاہیے ایک فقیر کا کھانا پھر جو کوئی کرے شوق سے نیکی تو اس کو بہتر ہے اور روزہ رکھو تو تمہارا بھلا ہے۔

۱۔ علامہ ابن کثیر نے اپنی تفسیر ۱/۳۰۶ میں حضرت ابن مسعود، حضرت ابن عباس اور دیگر صحابہ کرامؓ کے حوالے سے اس آیت مبارکہ کی تفسیر یوں فرمائی ہے۔
بیمار اور مسافر حالت مرض اور حالت سفر میں روزہ نہیں رکھیں گے کیونکہ انہیں تکلیف اٹھانا پڑے گی دوسرے دنوں میں ان چھوڑے ہوئے روزوں کی قضا کریں گے۔ اور جو تندرست ہو، سفر بھی نہ کر رہا ہو اور روزہ بھی رکھ سکتا ہو اسے روزہ رکھنے اور کھانا کھلا دینے میں اختیار ہے چاہے تو روزہ رکھ لے چاہے تو روزہ نہ رکھے اور ہر ایک روزہ کے بدلہ میں ایک مسکین کو کھانا کھلا دے۔ اگر اس نے ایک روزہ کے بدلہ میں ایک سے زیادہ مسکینوں کو کھانا کھلایا تو یہ اس کی نیکی ہوگی۔ اور اگر روزہ رکھے تو یہ کھانا کھلانے سے بہتر ہے۔
۲۔ ابن الجوزی نے زاد ۱/۱۸۶ میں لکھا ہے حضرت ابن مسعودؓ آیت مبارکہ و علی الذین یطیقونہ فدیۃ طعام مسکین کی تفسیر یوں فرمایا کرتے تھے کہ یطیقونہ سے مراد ہے جو لوگ روزہ کی مشقت برداشت کر سکتے ہیں، حضرت ابن مسعودؓ فرماتے ہیں پہلے یہی ہوا کرتا تھا جس نے چاہا روزہ رکھ لیا جس نے چاہا روزہ نہ رکھا اور ایک مسکین کو کھانا کھلا دیا فمن تطوع خیرا کا مطلب یہی ہے کہ جس نے کسی مسکین کو کھانا کھلا دیا تو یہ اس کے لیے بہتر ہے اور تم روزہ رکھو تو یہ تمہارے لیے زیادہ بہتر ہے (یہ اس آیت مبارکہ کا ترجمہ ہے۔ فھو خیر لہ وان تصوموا خیر لکم۔ آپؓ فرماتے ہیں لوگ ایسے ہی کیا کرتے تھے۔ یہاں تک کہ یہ آیت مبارکہ فمن شھد منکم الشہر فلیصمہ (البقرہ/۱۸۵) نازل ہوئی اور اس نے کھانا کھلانے والا حکم منسوخ کر دیا۔

۳۔ امام احمد بن حنبلؒ نے مسند احمد ۵/ ۳۱۱ میں حضرت ابن مسعودؓ سے یہ حدیث مبارکہ بیان کی ہے اللہ کے رسول ﷺ حالت سفر میں روزہ بھی رکھتے تھے اور کبھی روزہ نہیں بھی رکھتے تھے دو رکعت فرض ضرور پڑھا کرتے تھے۔

شَهْرُ رَمَضَانَ الَّذِي أُنْزِلَ فِيهِ الْقُرْآنُ هُدًى لِلنَّاسِ وَبَيِّنَاتٍ مِنَ الْهُدَى وَالْفُرْقَانِ فَمَنْ شَهِدَ مِنْكُمُ الشَّهْرَ فَلْيَصُمْهُ وَمَنْ كَانَ مَرِيضًا أَوْ عَلَى سَفَرٍ فَعِدَّةٌ مِنْ أَيَّامٍ أُخَرَ

مہینہ رمضان کا جس میں نازل ہوا قرآن ہدایت واسطے لوگوں کے اور کھلی نشانیاں راہ کی اور فیصلہ پھر جو کوئی پاوے تم میں یہ مہینہ تو اس کو چاہیے روزہ رکھے اور جو کوئی ہو بیمار یا سفر میں تو گنتی چاہیے اور دنوں سے۔

ا۔ سیوطی نے الدر ا/ ۱۸۶ میں لکھا ہے حضرت ابن مسعودؓ نے فرمایا۔ مہینوں کا سردار رمضان المبارک کا مہینہ ہے اور دنوں کا سردار جمعۃ المبارک کا دن ہے۔

۲۔ سیوطی نے الدر ا/ ۱۸۴ میں لکھا ہے بیہقی نے حضرت ابن مسعودؓ سے یہ روایت بیان فرمائی ہے۔ حضرت ابن مسعودؓ فرماتے ہیں آقا و مولی جناب رسول اللہ ﷺ نے فرمایا۔ جب رمضان المبارک کی پہلی رات ہوتی ہے تو جنت کے دروازے کھول دئیے جاتے ہیں پھر پورا مہینہ ان میں سے ایک دروازہ بھی بند نہیں کیا جاتا۔ اور جہنم کے دروازے بند کر دئیے جاتے ہیں پھر پورا مہینہ ان میں سے ایک دروازہ بھی کھولا نہیں جاتا اور سرکش شیاطین جکڑ دئیے جاتے ہیں۔

اور آسمان اسے ایک پکارنے والا ہر رات پَو پھوٹنے تک یہ ندا لگاتا رہتا ہے اے بھلائی کے طلبگار بھلائی کو پورا کر اور خوش ہو جا اور اے شر کے طلبگار باز آجا اور ہوش کر۔ کوئی ہے جو بخشش مانگے تو ہم اسے بخش دیں؟ کوئی ہے جو توبہ کرے تو ہم اس کی توبہ قبول فرما لیں؟ کوئی ہے جو ہمیں پکارے تو ہم اس کی پکار کا جواب دیں؟ کوئی ہے جو مانگے تو ہم اسے عطا کریں؟

اور اللہ تعالیٰ رمضان المبارک کی ہر رات افطار کے وقت ساٹھ ہزار آدمیوں کو جہنم سے خلاصی عطا فرماتے ہیں۔ اور مہینہ بھر جتنے لوگوں کو آگ سے آزادی ملتی ہے عید کے دن اتنے لوگوں کو جہنم سے آزادی بخشی جاتی ہے۔

۳۔ حضرت امام احمد بن حنبلؒ مسند احمد ۶/۴۹ میں حدیث بیان فرمائی ہے حضرت اشعث بن قیس حضرت ابن مسعودؓ کے پاس حاضر ہوئے تو آپؓ نے ان سے پوچھا آپ جانتے ہیں عاشورہ کیا ہے؟ بات یہ ہے کہ اللہ کے رسول ﷺ رمضان المبارک کے روزے فرض ہونے سے پہلے اس دن کا روزہ رکھا کرتے تھے۔ جب رمضان المبارک کے روزے فرض ہو گئے تو اس دن کا روزہ چھوڑ دیا گیا۔

۴۔ سیوطی نے الدر ۱/۱۸۳ میں لکھا ہے ابن ابی شیبہ نے حضرت ابن مسعودؓ سے یہ حدیث بیان کی ہے آپؓ نے فرمایا: جس آدمی نے جان بوجھ کر رمضان المبارک کا ایک روزہ چھوڑا کہ نہ وہ سفر پر تھا نہ مریض تھا تو وہ اگرچہ زمانہ بھر روزے رکھے رمضان المبارک کے چھوڑے ہوئے روزے جتنا ثواب نہیں پا سکتا۔

۵۔ امام بخاریؒ نے بخاری ۳/۳۰ میں حضرت ابن مسعودؓ کی حدیث بیان فرمائی ہے۔ آپؐ نے فرمایا۔ جب کوئی روزہ رکھے تو داڑھی اور سر کے بالوں کو تیل لگائے اور بال سنوار کر رکھے۔

وَلِتُكْمِلُوا الْعِدَّةَ وَلِتُكَبِّرُوا اللَّهَ عَلَى مَا هَدَاكُمْ وَلَعَلَّكُمْ تَشْكُرُونَ

اور اس واسطے کہ پوری کرو گنتی اور بڑائی کرو اللہ کی اس پر کہ تم کو راہ بتائی اور شاید تم احسان مانو۔

۱۔ قرطبی نے احکام ۲/ ۲۸۲۔ ۲۸۳ میں لکھا ہے دار قطنی نے حضرت عمرؓ سے روایت بیان کی ہے آپؐ نے فرمایا پہلی رات کے چاند ایک دوسرے سے بڑے ہوتے رہتے ہیں۔ پس جب تم پہلی کا چاند دن کے وقت دیکھو تو اسی وقت تک روزہ نہ توڑنا جب تک دو گواہ یہ گواہی نہ دیں کہ انھوں نے اسے کل دیکھا تھا۔

حضرت ابن مسعود، حضرت ابن عمر اور حضرت انس بن مالکؓ کا فرمان بھی یوں ہی ہے۔

۲۔ امام احمد بن حنبلؒ نے مسند احمد ۵/ ۲۹۲ میں لکھا ہے کہ راوی حدیث عمرو بن الحارث الخزاعی کہتے ہیں میں نے حضرت ابن مسعودؓ کو یہ فرماتے ہوئے سنا کہ میں نے آپ صلی اللہ علیہ وآلہ وسلم کے ساتھ جتنے رمضان المبارک گزارے ہیں ان میں سے انتیس روزہ والے رمضان المبارک تیس روزوں والے رمضان المبارک سے زیادہ نہیں تھے۔

۳۔ سیوطی نے الدر ا/۱۹۴ میں لکھا ہے سعید بن منصور، ابن ابی شیبہ اور مروزی نے حضرت ابن مسعودؓ کے حوالے سے لکھا ہے آپؓ عید کے روزیوں تکبیریں کہا کرتے تھے۔ اللہ اکبر اللہ اکبر۔ لا الہ الا اللہ واللہ اکبر وللہ الحمد۔

وَكُلُوا وَاشْرَبُوا حَتَّى يَتَبَيَّنَ لَكُمُ الْخَيْطُ الأَبْيَضُ مِنَ الْخَيْطِ الأَسْوَدِ مِنَ الْفَجْرِ ثُمَّ أَتِمُّوا الصِّيَامَ إِلَى اللَّيْلِ

اور کھاؤ اور پیو جب تک کہ صاف نظر آوے تم کو دھاری سفید دھاری سیاہ سے فجر کی پھر پورا رکو روزہ رات تک۔

ا۔ امام نسائیؒ نے اپنی سنن ا/۱۴۰ میں حضرت ابن مسعودؓ سے یہ حدیث بیان کی ہے آقائے دوجہاں صلی اللہ علیہ وآلہ وسلم نے فرمایا سحری کیا کرو کیونکہ سحری میں برکت ہے۔

۲۔ امام احمد بن حنبلؒ نے مسند احمد ۵/۲۳۸ میں حضرت ابن مسعودؓ سے یہ حدیث بیان فرمائی ہے۔

آپ صلی اللہ علیہ وآلہ وسلم نے فرمایا حضرت بلالؓ کی اذان کی وجہ سے سحری کھانے سے نہ رک جایا کرو کیونکہ وہ تو نماز میں کھڑے آدمی کو سحری کی طرف لوٹ جانے کے لیے پکار رہے ہوتے ہیں اور سوئے ہوئے کو بیدار کرنے کے لیے نداء لگا رہے ہوتے ہیں۔ وہ یوں نہیں کہہ رہے ہوتے (یہ فرما کر آپ صلی اللہ علیہ وآلہ وسلم نے اپنا ہاتھ بند کرلیا اور اسے اوپر کو اٹھا دیا بلکہ وہ یوں کہیں تو سحری سے رک جاؤ) راوی حدیث حضرت یحییٰ نے ہاتھ کی پہلی دو انگلیاں مٹھی سے الگ کر کے اس ارشاد کی وضاحت فرمائی۔

۳۔ طبری نے جامع ۳/۵۲۵ میں لکھا ہے کہ عامر بن مطر کہتے ہیں حضرت عبداللہ بن مسعودؓ کے گھر حاضر ہوا آپؓ نے سحری ہمارے سامنے رکھی ہم نے سحری کا کھانا کھایا پھر نماز کھڑی ہوگئی تو ہم گھر سے نکلے اور نماز پڑھی۔

۴۔ امام نسائیؒ نے اپنی سنن ۳/ ۱۴۳۔ ۱۴۴ میں روایت بیان فرمائی ہے حضرت ابو عطیہؒ فرماتے ہیں میں نے ام المومنین حضرت عائشہؓ کی خدمت میں عرض کیا دو صحابی رسول ہیں۔ ایک افطار میں جلدی کرتا ہے اور سحری میں تاخیر کرتا ہے جبکہ دوسرا افطار میں تاخیر کرتا ہے اور سحری میں جلدی۔ ام المومنینؓ نے دریافت فرمایا ان میں سے جو افطار میں جلدی اور سحری میں تاخیر کرتا ہے وہ کون ہے تو میں نے عرض کیا وہ حضرت ابن مسعودؓ ہیں۔ ام المومنینؓ نے فرمایا اللہ کے رسول ﷺ بھی یوں ہی کیا کرتے تھے۔

ولا تباشروهن وانتم عاكفون فى المساجد

اور نہ لگو ان سے جب اعتکاف بیٹھے ہو مسجدوں میں۔۔

۱۔ ابن کثیر نے اپنی تفسیر میں ۱/۳۲۴ میں لکھا ہے حضرت ابن مسعودؓ اور محمد بن کعب وغیرہ مفسرین کرام اس آیت مبارکہ کی تفسیر یوں فرماتے تھے کہ اعتکاف کرنے والا حالت اعتکاف میں اپنی بیوی کے قریب نہ جائے۔

۲۔ سیوطی نے الدر ۱/۲۰۲ میں لکھا ہے حضرت علی المرتضیٰؓ اور حضرت ابن مسعودؓ نے فرمایا (نفلی) اعتکاف کرنے والے یہ روزہ رکھنا لازم نہیں ہاں اگر وہ خود سے روزہ رکھنا لازم کر لے تو الگ بات ہے۔

۳۔ قرطبی نے احکام ۲/۳۱۲ میں لکھا ہے حضرت علی المرتضیٰ اور حضرت ابن مسعودؓ سے مروی ہے اعتکاف صرف اسی مسجد میں ہو سکتا ہے جس میں جماعت ہوتی ہو۔'

وَلا تَأْكُلُوا أَمْوَالَكُمْ بَيْنَكُمْ بِالْبَاطِلِ وَتُدْلُوا بِهَا إِلَى الْحُكَّامِ لِتَأْكُلُوا فَرِيقًا مِنْ أَمْوَالِ النَّاسِ بِالإِثْمِ وَأَنْتُمْ تَعْلَمُونَ

اور نہ کھاؤ مال ایک دوسرے کے آپس میں ناحق اور نہ پہنچاؤ ان کو حاکموں تک کہ کھا جاؤ کاٹ کر لوگوں کے مال سے مارے گناہ کے اور تم کو معلوم ہے۔

۱۔ حضرت امام احمد بن حنبل کے صاحبزادے حضرت عبداللہ فرماتے ہیں کہ میں نے اپنے والد محترم سے حضرت عبداللہ بن مسعودؓ کی روایت کردہ یہ حدیث مبارکہ پڑھی ہے۔ اللہ کے رسول صلی اللہ علیہ وآلہ وسلم نے فرمایا مسلمان کا اپنے بھائی کو برا بھلا کہنا گناہ ہے اور اس کا خون بہانا کفر ہے اور بلا اجازت اس کا مال لینا ایسے ہی حرام ہے جیسے بلا وجہ شرعی اس کا خون بہانا حرام ہے یہ حدیث مبارکہ مسند احمد ۲/۱۳۲ پر موجود ہے۔

۲۔ ابن ماجہ نے اپنی سنن ۲/۱۰۱۶ میں حضرت ابن مسعودؓ سے یہ حدیث مبارکہ روایت فرمائی ہے کہ آقائے دوجہاں صلی اللہ علیہ وآلہ وسلم عرفات کے میدان میں اپنی اونٹنی پر سوار خطبہ ارشاد فرما رہے تھے تو اثنائے خطبہ میں آپ صلی اللہ علیہ وآلہ وسلم نے صحابہ سے پوچھا جانتے ہو آج کونسا دن ہے یہ

کونسا مہینہ ہے اور یہ کون سا شہر ہے؟ صحابہ نے عرض کیا یہ حرمت والا شہر ہے یہ حرمت والا مہینہ ہے اور آج حرمت والا دن ہے۔ تو اللہ کے رسول ﷺ نے فرمایا سن رکھو بلاشبہ تمہارے مال اور خون کی ایک دوسرے پر ایسے ہی حرام ہیں جیسے اس مہینہ کی حرمت ہے اس شہر کی حرمت ہے اور آج کے دن کی حرمت ہے۔

۳۔ حضرت ربیع نے مسند 3/4 میں حضرت عبداللہ بن مسعودؓ سے یہ حدیث مبارکہ نقل فرمائی ہے کہ رحمت دو عالم ﷺ نے فرمایا رشوت لے کر فیصلہ کرنا کفر ہے۔

والفتنۃ اشد من القتل

دین سے بچلانا مارنے سے زیادہ ہے۔

۱۔ ابن جوزی نے زاد ۱/۱۹۸ میں حضرت عبداللہ بن مسعود اور حضرت عبداللہ بن عباسؓ وغیرہ مفسرین کرام کے حوالے سے لکھا ہے کہ فتنہ سے مراد شرک ہے۔

وَأَتِمُّوا الْحَجَّ وَالْعُمْرَةَ لِلَّهِ

اور پورا کرو حج اور عمرہ اللہ کے واسطے۔

۱۔ طبری نے جامع ۴/۱۳ میں حضرت عبداللہ بن مسعودؓ سے اس آیت مبارکہ کی تفسیر یوں نقل کی ہے حضرت عبداللہ بن مسعودؓ فرماتے تھے قسم بخدا ار مسلمانوں پر تنگی کا اندیشہ نہ ہوتا اور اگر میں نے رحمت دو عالم ﷺ سے اس بارے میں کچھ سنا ہوا نہ ہوتا تو میں فتوی دیتا کہ بلاشبہ عمرہ بھی حج کی طرح فرض ہے۔

۲۔ سیوطی نے الدر ا/۲۰۸ میں حضرت ابن مسعودؓ کا یہ فرمان نقل کیا ہے کہ مسلمانو! تمہیں چار چیزیں قائم کرنے کا حکم دیا گیا ہے فرمان الٰہی ہے اقیموا السلوۃ واتوا الزکوۃ۔ اس کے علاوہ کئی اور مقامات پر بھی یہ آیت موجود ہے۔ اور دوسرا فرمان الٰہی ہے واتموا الحج والعمرۃ للہ۔ حج کو حج اکبر کہتے ہیں اور عمرہ کو حج اصغر سے تعبیر کیا جاتا ہے۔

۳۔ امام احمد بن حنبل نے مسند ۵/۲۴۴۔ ۲۴۵ میں حضرت عبداللہ بن مسعودؓ سے یہ حدیث مبارکہ روایت فرمائی ہے رحمت دو عالم ﷺ نے فرمایا حج اور عمرہ ایک ساتھ کیا کرو کیونکہ یہ دونوں غربت اور گناہوں کو ایسے ختم کر دیتے ہیں جیسے چٹی، لوہے، سونے اور چاندی کی کھوٹ ختم کر دیتی ہے اور مقبول حج کا ثواب جنت ہی ہے۔

۵۔ علامہ بغوی نے معالم ا/۱۴۵ میں لکھا ہے کہ حضرت علی المرتضیٰؓ سے فرمان الٰہی واتموا الحج والعمرۃ للہ کی تفسیر دریافت کی گئی تو آپؓ نے فرمایا حج و عمرہ کی تکمیل و اتمام یہ ہے کہ تو اپنے گھر کی دہلیز سے دونوں کا احرام باندھے۔ حضرت ابن مسعودؓ سے بھی ایسے ہی منقول ہے۔

فَإِنْ أُحْصِرْتُمْ فَمَا اسْتَيْسَرَ مِنَ الْهَدْيِ وَلَا تَحْلِقُوا رُءُوسَكُمْ حَتَّى يَبْلُغَ الْهَدْيُ مَحِلَّهُ۔

اگر تم روکے گئے تو جو میسر ہو قربانی بھیجو اور حجامت نہ کرو سر کی جب تک پہنچ نہ چکے قربانی اپنے ٹھکانہ۔

۱۔ علامہ بغوی نے اپنی تفسیر معالم ۱/۱۴۸ میں لکھا ہے کہ علماء کی ایک بڑی جماعت کا مسلک یہ ہے کہ جو چیز بھی عازم حج کے بیت اللہ شریک تک پہنچنے میں اور احرام باندھے رکھنے میں رکاوٹ بنے چاہے وہ دشمن ہو، بیماری ہو، زخم ہو، زادراہ ختم ہو گیا ہو یا سواری گم ہو گئی تو اس کی وجہ سے احرام کھولنا جائز ہو گا۔ حضرت ابن مسعودؓ کا مسلک بھی یہی ہے۔

۲۔ علامہ طبری نے جامع ۴/ ۱۴ میں عبدالرحمن ابن یزید کے حوالے سے ایک واقعہ لکھا ہے کہ حضرت عمر بن سعید النخعی نے عمر کا آغاز کیا۔ جب آپ ذات شلقوق نامی جگہ پر پہنچے تو آپ کو بچھو کاٹ گیا آپ کے ساتھی اہل علم لوگوں کی تلاش میں باہر راستے پر نکل ائے۔ انہیں حضرت ابن مسعودؓ مل گئے۔ انہوں نے ساری صورت حال اپ کے سامنے رکھی۔ حضرت ابن مسعودؓ نے فرمایا حضرت عمر بن سعید ہدی مکہ مکرمہ کی جانب روانہ کر دیں اور تم آپس میں یہ طے کر لو کہ اسے فلاں دن ذبح کیا جائے گا چنانچہ جب وہ ذبح ہو جائے تو یہ احرام کھول دیں البتہ ان پر عمرہ کی قضا لازم رہے گی۔

۳۔ ابن جوزی نے حضرت ابن مسعودؓ اور حضرت حسن وغیرہ مفسرین کے حوالے سے لکھا ہے کہ ان کے نزدیک المحل سے مراد وہ علاقہ ہے جس پر حرم کا اطلاق ہوتا ہے۔

فَمَنْ كَانَ مِنْكُمْ مَرِيضًا أَوْ بِهِ أَذًى مِنْ رَأْسِهِ فَفِدْيَةٌ مِنْ صِيَامٍ أَوْ صَدَقَةٍ أَوْ نُسُكٍ فَإِذَا أَمِنْتُمْ فَمَنْ تَمَتَّعَ بِالْعُمْرَةِ إِلَى الْحَجِّ فَمَا اسْتَيْسَرَ مِنَ الْهَدْيِ فَمَنْ لَمْ يَجِدْ فَصِيَامُ ثَلَاثَةِ أَيَّامٍ فِي الْحَجِّ وَسَبْعَةٍ إِذَا رَجَعْتُمْ

پھر جو کوئی تم میں مریض ہو یا اس کو دکھ دیا ہو اس کے سر نے تو بدلہ لیوے روزے یا خیرات یا ذبح کرنا پھر جب تم کو خاطر جمع ہو تو جو کوئی فائدہ لیوے عمرہ ملا کر حج کے ساتھ تو جو میسر ہو قربانی پہنچا دے پھر جس کو پیدا نہ ہو روزے تین دن کے حج کے وقت میں اور سات دن جب پھر کر جاؤ۔

ا۔ سیوطی نے الدر ا/۲۱۲۔ ۲۱۳ میں لکھا ہے کہ حضرت ابن مسعودؓ کے فرمان فان احصرتم کی تفسیر یوں فرمایا کرتے تھے جب آدمی حج کا احرام باندھ لے پھر رکاوٹ پیش آئے اور حج کو جا نہ سکے تو جو ہدی میسر ہو بھیج دے۔ پھر اگر اس نے ہدی کے اپنے مقام تک پہنچنے سے پہلے جلد بازی کی اور سر منڈوا لیا یا خوشبو لگا لی یا کوئی دوائی استعمال کر لی تو اس پر روزہ یا صدقہ یا قربانی کی صورت میں فدیہ لازم ہو جائے گا روزے تین ہوں گے اور صدقہ میں چھ مسکینوں کو تین صاع دینے ہوں گے ہر مسکین کو آدھا صاع ملے گا (صاع ایک وزن ہے) اور قربانی ایک بکری کی دینی ہوگی۔

اسی طرح اللہ جل جلالہ کے فرمان فاذا امنتم کی تفسیر آپؓ یوں فرمایا کرتے تھے جب عازم حج بیماری سے شفا پا گیا اور اسی حالت میں بیت اللہ شریف کو چلا گیا تو وہاں عمرہ ادا کرے اور حج والا احرام کھول دے۔ اب اگلے سال حج کرنا اس پر لازم ہو گیا۔ لیکن اگر یہ بیت اللہ شریف نہیں گیا اور وہیں سے واپس لوٹ آیا تو اب حج اور عمرہ دونوں اس کے ذمہ ہوں گے۔ اور اگر یہ لوٹا حج کے مہینوں میں یوں کہ حج تمتع کا ارادہ تھا مگر کر نہ سکا تو اب ایک بکری

بطور ہدی دینا اس پر لازم ہوگیا پس اگر بکری دینے کی طاقت نہ رکھتا ہو تو تین روزے ایام حج میں ہی رکھے اور سات واپس آکر رکھے۔

۲۔ قرطبی نے احکام ۲/۳۶۹ میں لکھا ہے کہ حج اور عمرہ اکٹھا ادا کرنے کے مختلف طریقوں میں سے ایک طریقہ ہے حج قرآن کا اس کی صورت یہ ہوگی کہ جب عازم حج مکہ مکرمہ میں وارد ہو تو حج اور عمرہ کا ایک ہی طواف اور ایک ہی سعی کرے۔ یا طواف بھی دو کرے اور سعی بھی دو کرے جیسا کہ امام اعظم ابو حنیفہؒ کا مذہب ہے اور حضرت علی المرتضیٰؓ و حضرت ابن مسعودؓ سے بھی یوں ہی منقول ہے۔

۳۔ علامہ قرطبی نے احکام ۲/۳۷۲۔۳۷۳ میں لکھا ہے کہ حج تمتع کرنے والوں کو متمتع اس لیے کہتے کیونکہ اس نے ایک ہی سفر میں دو سفروں کا فائدہ لے لیا ہے۔

اور ابن قاسم نے وجہ تسمیہ یہ بیان کی ہے۔ اسے متمتع اس لیے کہتے ہیں کیونکہ اس نے جب عمرہ ادا کر کے احرام کھول لیا تو حج کے شروع ہونے تک اس نے ان کاموں سے فائدہ اٹھا لیا جو محرم کے لیے جائز نہیں ہوتے۔ وجہ تسمیہ میں عمومیت زیادہ ہے۔

یہی وہ صورت ہے جسے حضرت عمر اور حضرت ابن مسعودؓ ناپسند فرمایا کرتے تھے۔ ان دونوں کا فرمان ہے یا ان میں سے کسی ایک شیخ کا فرمان ہے۔ کیا تم میں سے کوئی منیٰ میں یوں آئے گا کہ وہ حالت جنابت میں ہو؟

الْحَجُّ أَشْهُرٌ مَعْلُومَاتٌ

حج کے کئی مہینے ہیں معلوم۔

۱۔ طبری نے جامع ۴/۱۱۵ میں حضرت عبداللہ بن مسعودؓ کا فرمان لکھا ہے کہ الحج اشھر معلومات سے شوال، ذیقعدہ اور ذی الحجہ کے دس دن مراد ہیں۔

۲۔ طبری نے جامع ۴/۱۱۹ میں لکھا ہے کہ طارق بن شہاب کہتے ہیں میں نے حضرت ابن مسعودؓ سے اپنی ایک عورت کے بارے میں پوچھا کہ وہ حج کے ساتھ عمرہ بھی ادا کرنا چاہتی ہے تو حضرت ابن مسعودؓ نے فرمایا میں اللہ جل جلالہ کا یہ فرمان سن رہا ہوں الحج اشھر معلومات میں ان مہینوں کو سرف حج کی دائے گی کے مہینے سمجھتا ہوں۔

فَمَنْ فَرَضَ فِيهِنَّ الْحَجَّ فَلا رَفَثَ وَلا فُسُوقَ وَلا جِدَالَ فِي الْحَجِّ

پھر جس نے لازم کرلیا ان میں حج تو بے پردہ ہونا نہیں عورت سے نہ گناہ کرنا اور نہ جھگڑا کرنا حج میں۔

۱۔ ابن الجوزی نے زاد ۱/۲۱۰ میں لکھا ہے کہ حضرت ابن مسعودؓ نے فرمایا کہ فرض سے مراد ہے حج کا تلبیہ کہنا اور حج کا احرام باندھنا۔

۲۔ سیوطی نے الدر ۱/۲۲۳ میں لکھا ہے کہ ابن ابی شیبہ نے حضرت ابن مسعودؓ سے روایت کی ہے کہ فمن فرض فیھن الحج سے مراد تلبیہ ہے۔

۳۔ امام احمد بن حنبلؒ نے مسند احمد ۵/۳۴۳ میں حضرت ابن مسعودؓ کی وساطت سے لکھا ہے کہ آقائے دوجہاں ﷺ تلبیہ یوں پڑھا کرتے تھے۔ لبیک اللھم لبیک۔ لبیک لا شریک لک۔ لبیک ان الحمد والنعمۃ لک۔

۳۔ ابن کثیر نے اپنی تفسیر ۱/۳۴۴ میں لکھا ہے کہ حضرت ابن عباسؓ فمن فرض فیھن الحج کی تفسیر یوں فرماتے تھے کہ جب کوئی حج کا تلبیہ کہہ لے تو پھر اس کے لیے مناسب نہیں کہ وہ کسی علاقے میں ٹھہر جائے۔

ابن ابی حاتم نے فرمایا ہے کہ حضرت ابن مسعودؓ اور حضرت ابن زبیرؓ وغیرہ سے ایسے ہی منقول ہے۔

۴۔ طبری نے جامع ۴/۱۳۰ میں لکھا ہے کہ حضرت عبداللہ بن مسعودؓ ولا جدال فی الحج کی تفسیر یوں فرماتے تھے کہ جدال سے مراد یہ ہے تو اپنے ساتھی سے اتنا جھگڑے کہ اسے غضبناک کر دے۔

فَإِذَا أَفَضْتُمْ مِنْ عَرَفَاتٍ فَاذْكُرُوا اللَّهَ عِنْدَ الْمَشْعَرِ الْحَرَامِ وَاذْكُرُوهُ كَمَا هَدَاكُمْ

پھر جب طواف کر چلو عرفات سے تو یاد کرو اللہ کو نزدیک مشعر حرام کے اور اس کو یاد کرو جس طرح تم کو سکھایا۔

۱۔ حضرت امام احمد بن حنبلؒ نے مسند ۵/۲۳۰ میں حضرت عبداللہ مسعودؓ کی یہ روایت نقل فرمائی ہے کہ حضرت ابن مسعودؓ فرماتے ہیں میں نے ہمیشہ دیکھا کہ آقائے دوجہاں ﷺ نے نماز کے اس وقت پر ادا فرمائی سوائے دو نمازوں کے۔ ایک نماز مغرب اور عشاء مزدلفہ میں اکٹھا ادا فرمائیں اور دوسری اسی دن کی نماز فجر بھی اس کے وقت سے پہلے ادا فرمائی۔

۲۔ حضرت امام احمد بن حنبلؒ نے مسند احمد ۵/ ۳۴۲ میں حضرت عبدالرحمن بن یزید کی روایت نقل فرمائی ہے، وہ فرماتے ہیں ہم نے حضرت عثمانؓ کے دور خلافت میں حضرت ابن مسعودؓ کے ہمراہ حج ادا کیا۔ جب ہم میدان عرفات میں ٹھہرے ہوئے تھے تو سورج غروب ہونے پر حضرت ابن مسعودؓ فرمانے لگے اگر امیر المومنینؓ یہاں سے کوچ فرمائیں تو آپؓ کا یہ فیصلہ بالکل درست ہوگا۔ راوی حدیث حضرت عبدالرحمن بن یزید کہتے ہیں میں نہیں جانتا حضرت ابن مسعودؓ کی بات جلدی مکمل ہوئی یا حضرت عثمانؓ نے کوچ کرنے کا حکم جلدی دیا۔ راوی حدیث کہتے ہیں لوگوں نے اپنے اونٹوں کو تیز دوڑا دیا مگر حضرت ابن مسعودؓ اتنا زیادہ تیز نہیں دوڑایا یہاں تک کہ ہم مزدلفہ پہنچ گئے۔ یہاں حضرت ابن مسعودؓ نے ہمیں نماز مغرب پڑھائی پھر رات کا کھانا منگوا کر کھایا پھر عشاء کی نماز ادا فرمائی اور سو گئے جب فجر کا بالکل ابتدائی وقت ہوا تو آپؓ اٹھے اور نماز فجر ادا فرمائی۔ راوی کہتے ہیں میں نے آپؓ سے عرض کیا آپ تو فجر کی نماز اس وقت ادا نہیں فرمایا کرتے (راوی کہتے ہیں آپؓ نماز فجر اچھی خاصی روشنی ہو جانے پر ادا فرمایا کرتے تھے) تو آپؓ نے فرمایا میں نے اس دن اس جگہ پر جناب رسول اللہ ﷺ کو نماز فجر اسی گھڑی ادا فرماتے دیکھا ہے۔

۳۔ امام نسائی نے اپنی سنن ۵/ ۲۶۰ میں حضرت عبداللہ بن مسعودؓ کی یہ حدیث نقل فرمائی ہے۔ آپؓ فرماتے ہیں بلاشبہ جناب نبی کریم ﷺ نے مزدلفہ میں نماز مغرب اور عشاء ایک ہی اقامت کے ساتھ ادا فرمائی۔ آپ ﷺ نے ان دونوں نمازوں کے درمیان کوئی نفل ادا فرمائے نہ ان کے بعد۔

ثُمَّ أَفِيضُوا مِنْ حَيْثُ أَفَاضَ النَّاسُ۔

پھر طواف کر چلو جہاں سے سب لوگ چلیں۔

ا۔ حضرت امام احمد بن حنبلؒ نے اپنی مسند ۶/۶۲ میں حضرت محمد بن عبدالرحمن بن یزید کی روایت نقل فرمائی ہے حضرت محمد بن عبدالرحمن کہتے ہیں میرے والد محترم نے بتایا کہ میں حضرت ابن مسعودؓ کے ہمراہ تھا ہم جب جمرہ عقبہ کے پہنچے تو آپؓ نے فرمایا مجھے کچھ کنکریاں پکڑانا، میں نے سات کنکریاں آپؓ جمرہ کی طرف آئے اور بطنی الوادی کی جانب سے آپؓ نے جمرہ کو سات کنکریاں ماریں۔ اس دوران آپؓ اونٹنی پر سوار رہے۔ آپؓ ہر کنکری کے ساتھ تکبیر کہتے رہے اور یہ دعا مانگتے رہے اللہ ! یہ حج قبول فرمالے اور گناہ معاف فرمادے۔ پھر آپؓ نے فرمایا۔ یہیں کھری ہوا کرتی تھی وہ مقدس و مطہر ہستی جس پر سورۃ البقرہ نازل ہوئی۔

فَإِذَا قَضَيْتُم مَّنَاسِكَكُمْ فَاذْكُرُوا اللَّهَ

پھر جب پورے کر چکو اپنے حج کے کام تو یاد کرو اللہ کو۔

ا۔ علامہ سیوطی نے الدر ۱/ ۲۱۱ میں لکھا ہے کہ کچھ حجاج مدینہ منورہ کی نواحی بستی ربذہ میں رہائش پذیر حضرت ابوذر غفاریؓ کے پاس سے گذرے تو آپؓ نے ان سے فرمایا تم حج ادا کرنے کے لیے ہی اٹھ کھڑے ہوئے اب از سر نو اعمال شروع کرو۔

ابن ابی شیبہ نے یہ روایت نقل کی ہے کہ حضرت ابن مسعودؓ نے بھی کچھ لوگوں سے یہی بات ارشاد فرمائی تھی۔

وَاذْكُرُوا اللَّهَ فِي أَيَّامٍ مَعْدُودَاتٍ فَمَنْ تَعَجَّلَ فِي يَوْمَيْنِ فَلا إِثْمَ عَلَيْهِ وَمَنْ تَأَخَّرَ فَلا إِثْمَ عَلَيْهِ لِمَنِ اتَّقَى

اور یاد کرو اللہ کو کئی دن گنتی کے پھر جو کوئی جلدی چلا گیا دو دن میں اس پر نہیں گناہ اور جو رہ گیا اس پر نہیں گناہ جو کوئی ڈرتا ہے۔

۱۔ حاکم نے مستدرک ۱/۲۹۹۔ ۳۰۰ میں تحریر کیا ہے کہ حضرت عمیر بن سعید فرماتے ہیں حضرت عبداللہ بن مسعودؓ ہمارے ہاں تشریف لائے۔ آپؓ تکبیرات تشریق کی ابتدا یوم عرفہ کی نماز فجر سے کرتے اور ایام تشریق کے آخری دن کی نماز عصر پر اختتام فرماتے۔

۲۔ علامہ بغوی نے معالم ۱/۱۶۰ میں لکھا ہے اہل عراق کے نزدیک تکبیر تشریق یہ ہے کہ دو مرتبہ اللہ اکبر اللہ اکبر کہہ لیا جائے۔

۳۔ طبری نے جامع ۴/۲۱۷۔۲۱۸ میں لکھا ہے کہ حضرت ابن مسعودؓ فمن تعجل فی یومین فلا اثم علیہ کی تفسیر میں یہی فرماتے تھے کہ ایسا آدمی بخش دیا گیا اور آپؓ ومن تاخر فلا اثم علیہ کی تفسیر بھی یوں ہی فرماتے کہ ایسا آدمی بخش دیا گیا۔

۵۔ طبری نے جامع ۴/۲۲۱۔ ۲۲۲ میں لکھا ہے حضرت ابن مسعودؓ اللہ جل جلالہ کے فرمان لمن اتقی کی تفسیر یوں فرماتے تھے جس نے حج کی ادائیگی کے دوران تقویٰ کا دامن

تھامے رکھا اس کے پہلے یا آپ نے فرمایا اس کے گزرے ہوئے تمام گناہ معاف کردیئے گئے۔

٦۔ علامہ بغوی نے معالم ١/ ١٦١ میں لکھا ہے حضرت ابن مسعودؓ نے فرمایا گناہوں سے معافی اسی کے لیے ہے جو حج اکرنے کے دوران اللہ تعالیٰ سے ڈرتا رہا۔

٧۔ قرطبی نے احکام ٣/ ١٤ میں لکھا ہے کہ ہمیں یہ بتایا گیا کہ حضرت ابن مسعودؓ نے فرمایا بخشش تو اس کے لیے ہے جو حج سے واپس آکر تمام گناہوں سے بچتا رہا۔

وَإِذَا قِيلَ لَهُ اتَّقِ اللَّهَ أَخَذَتْهُ الْعِزَّةُ بِالإِثْمِ فَحَسْبُهُ جَهَنَّمُ وَلَبِئْسَ الْمِهَادُ

اور جو کہیے اس کو اللہ سے ڈر تو کھینچ لاوے اس کو غرور گناہ پر پھر بس ہے اس کو دوزخ اور بری تیاری ہے۔

١۔ علامہ بغوی نے معالم ١/ ١٦٢ میں لکھا ہے حضرت ابن مسعودؓ سے روایت ہے کہ سب سے بڑے گناہوں میں سے یہ بھی ہے کہ کسی کو کہا جائے اے بندے اللہ سے ڈر تو جواب میں وہ کہے کہ تو اپنا کام کر۔

هَلْ يَنْظُرُونَ إِلا أَنْ يَأْتِيَهُمُ اللَّهُ فِي ظُلَلٍ مِنَ الْغَمَامِ وَالْمَلائِكَةُ

کیا لوگ یہی انتظار رکھتے ہیں کہ آوے اللہ ان پر ابر کے سائبانوں میں اور فرشتے)۔

١۔ علامہ ابن کثیر نے ١/ ٣٦٣ میں لکھا ہے کہ حافظ ابو بکر بن مردویہ نے حضرت ابن مسعودؓ کی یہ روایت نقل کی ہے آپ فرماتے ہیں جناب رسول اللہ ﷺ نے فرمایا اللہ تعالیٰ قیامت

کے دن سب اولین و آخرین کو جمع فرمائیں گے ۔ لوگ یوں کھڑے ہوں گے کہ ان کی آنکھیں آسمانوں کی طرف لگی ہوں گی، اپنے فیصلے کے منتظر ہوں گے ۔ اسی اثنا میں اللہ تبارک و تعالیٰ بادل کے سائے عرش سے کرسی کی جانب نزول فرمائیں گے ۔

وَأَنْزَلَ مَعَهُمُ الْكِتَابَ بِالْحَقِّ لِيَحْكُمَ بَيْنَ النَّاسِ فِيمَا اخْتَلَفُوا فِيهِ وَمَا اخْتَلَفَ فِيهِ إِلا الَّذِينَ أُوتُوهُ مِنْ بَعْدِ مَا جَاءَتْهُمُ الْبَيِّنَاتُ بَغْيًا بَيْنَهُمْ فَهَدَى اللَّهُ الَّذِينَ آمَنُوا لِمَا اخْتَلَفُوا فِيهِ مِنَ الْحَقِّ بِإِذْنِهِ

اور اتاری ان کے ساتھ کتاب سچی کہ فیصلہ کرے لوگوں میں جس بات میں جھگڑا کریں اور کتاب میں جھگڑا ڈالا انہیں مگر انہوں نے جن کو ملی تھی بعد اس کے کہ ان کو پہنچ چکے صاف آپس کی ضد سے پھر اب راہ دی اللہ نے ایمان والوں کو سچی بات کی جس میں وہ جھگڑتے تھے اپنے حکم سے ۔

ا ۔ ابن الجوزی نے لکھا ہے کہ حضرت ابن مسعودؓ فرماتے ہیں فیہ میں موجودہ ضمیر سے مراد رحمت دو عالم ﷺ کی ذات اطہر ہے ۔

مستہم الْبَأْسَاءُ وَالضَّرَّاءُ وَزُلْزِلُوا حَتَّى يَقُولَ الرَّسُولُ وَالَّذِينَ آمَنُوا مَعَهُ مَتَى نَصْرُ اللَّهِ

پہنچی ان کو سختی اور تکلیف اور جھڑجھڑائے گئے یہاں تک کہ کہنے لگا رسول اور جو اس کے ساتھ ایمان لائے کب آوے گی مدد اللہ کی ۔

ا۔ حضرت ابن کثیر نے اپنی تفسیر ۱/۳۶۶میں لکھا ہے حضرت ابن مسعودؓاور حضرت ابن عباسؓ و دیگر مفسرین فرماتے ہیں الباساء سے مراد غربت ہے اور الضراء سے مراد بیماری ہے۔ وزلزلوا کا معنی ہے انہیں دشمنوں کی طرف سے سخت خوف میں بتلا کیا گیا اور ان کے بڑے بڑے امتحان لیے گئے۔

يَسْأَلُونَكَ مَاذَا يُنْفِقُونَ ۔ تجھ سے پوچھتے ہیں کیا چیز خرچ کریں۔

ا۔ ابن الجوزی نے زاد ا/۲۳۴میں لکھا ہے اکثر مفسرین اس بات کے قائل ہیں کہ بلاشبہ یہ آیت مبارکہ منسوخ ہو چکی ہے۔

حضرت ابن مسعودؓ نے فرمایا ہے اسے زکوٰۃ والی آیت مبارکہ نے منسوخ کر دیا ہے۔

ویسالونک ماذا ینفقون قل العفوا

اور پوچھتے ہیں تجھ سے کیا خرچ کریں تو کہہ جو افزود ہو۔

ا۔ طبری نے جامع الاحکام القران ۴/۳۴۲میں حضرت ابن مسعودؓ کی یہ حدیث نقل فرمائی ہے کہ۔ سرکار دو عالم ﷺ نے ارشاد فرمایا ضرورت سے زائد مال میں سے سخاوت کیا کرو، اپنے زیر کفالت افراد سے ابتدا کیا کرو اور گزارہ کے مطابق روزی پر تمہیں ملامت نہ کی جائے گی۔

كُتِبَ عَلَيْكُمُ الْقِتَالُ وَهُوَ كُرْهٌ لَكُمْ

حکم ہوا تم پر لڑائی کا اور وہ بری لگتی ہے تم کو۔

۱۔ حضرت امام احمد بن حنبلؒ نے اپنی مسند ۶/ ۴۱ میں حضرت ابن مسعودؓ سے مروی یہ حدیث مبارکہ نقل فرمائی ہے۔

حضرت ابن مسعودؓ فرماتے ہیں میں آقا صلی اللہ علیہ وآلہ وسلم سے عرض کیا اللہ کے رسول! اللہ تعالیٰ کو سب سے زیادہ پسند کون سا عمل ہے؟ آپ صلی اللہ علیہ وآلہ وسلم نے فرمایا نماز اپنے وقت پر ادا کرو۔ میں نے عرض کیا پھر اس کے بعد کون سا عمل زیادہ پسند ہے؟ آپ صلی اللہ علیہ وآلہ وسلم نے فرمایا والدین سے حسن سلوک! میں نے عرض کیا پھر اس کے بعد کون سا عمل زیادہ پسند ہے؟ آقا صلی اللہ علیہ وآلہ وسلم نے فرمایا اللہ جل جلالہ کے راستے میں جہاد کرنا، حضرت ابن مسعودؓ فرماتے ہیں اگر میں اور پوچھتا تو آپ صلی اللہ علیہ وآلہ وسلم یقیناً اور جواب دیتے جاتے۔

يَسْأَلُونَكَ عَنِ الشَّهْرِ الْحَرَامِ قِتَالٍ فِيهِ قُلْ قِتَالٌ فِيهِ كَبِيرٌ وَصَدٌّ عَنْ سَبِيلِ اللَّهِ وَكُفْرٌ بِهِ وَالْمَسْجِدِ الْحَرَامِ وَإِخْرَاجُ أَهْلِهِ مِنْهُ أَكْبَرُ عِنْدَ اللَّهِ وَالْفِتْنَةُ أَكْبَرُ مِنَ الْقَتْلِ

تجھ سے پوچھتے ہیں حرام کے مہینے کو اس میں لڑائی کرنی تو کہہ اس میں لڑائی بڑا گناہ ہے اور روکنا اللہ کی راہ سے اور اس کو نہ ماننا اور مسجدِ حرام سے روکنا اور نکال دینا اس کے لوگوں کو وہاں سے اس سے زیادہ گناہ ہے اللہ کے ہاں اور دین سے بچلانا مار ڈالنے سے زیادہ۔

۱۔ علامہ ابن کثیر نے اپنی تفسیر ۱/ ۳۶۸۔ ۳۶۹ میں لکھا ہے کہ سدی نے کہا کہ حضرت ابن عباس اور حضرت ابن مسعودؓ نے آیت مبارکہ یسالونک عن الشھر الحرام قتال فیہ قل قتال فیہ کبیر وصد عن سبیل اللہ کی تفسیر میں ایک طویل واقعہ ذکر کیا ہے۔ واقعہ یہ ہے کہ جناب رسول اللہ صلی اللہ علیہ وآلہ وسلم نے سات افراد پر مشتمل ایک جماعت لڑائی کے لیے بھیجی۔

حضرت عبداللہ بن جحشؓ کو ان کا امیر مقرر فرمایا۔ اس جماعت میں حضرت عمار بن یاسر، حضرت ابوحذیفہ بن عتبہ بن ربیعہ، حضرت سعد بن ابی وقاص، بنی نوفل کے حلیف، حضرت عتبہ بن غزوان، حضرت سہیل بن بیضاء، حضرت عامر بن فہیرہ، اور حضرت عمر بن خطابؓ کے حلیف حضرت واقد بن عبداللہ الیربوعیؓ جیسی شخصیات موجود تھیں۔

آپ ﷺ نے امیر جماعت حضرت عبداللہ بن جحشؓ کو ایک خط دیا اور فرمایا بطن ملل پر پہنچنے سے پہلے اسے پڑھنا نہیں ہے۔ جب آپؓ بطن ملل پر پہنچے تو خط کھولا اس میں لکھا تھا بطن نخلہ تک سفر جاری رکھو چنانچہ آپؓ اپنے ساتھیوں سے فرمایا جو موت کی تمنا رکھتا وہ ساتھ چلے اور وصیت کر لے۔ پس میں وصیت کر رہا ہوں اور اپنے آقا ﷺ کے فرمان پر عمل پیرا ہوں۔ چنانچہ آپ چل دیئے۔ دو صحابی حضرت سعد بن ابی وقاص اور حضرت عتبہ بن غزوانؓ آپؓ کے ساتھ نہ جا سکے کیونکہ ان کے اونٹ گم ہو گئے تھے یہ ان کی تلاش میں بحران چلے گئے۔

حضرت عبداللہ بن جحشؓ جب بطن نخلہ پہنچے تو وہاں حکم بن کیسان، مغیرہ بن عثمان، عمرو بن حضرمی اور عبداللہ بن مغیرہ موجود تھے، مسلمان ان سے لڑے اور حکم بن کیسان اور عبداللہ بن مغیرہ کو قید کر لیا جبکہ مغیرہ بھاگ گیا۔ عمرو بن حضرمی قتل ہو گیا۔ حضرت داؤد بن عبداللہؓ نے اسے مارا تھا۔

یہ پہلا موقع ہے کہ سرکار دو عالم ﷺ کے صحابہ کرام کو مال غنیمت ملا۔

جب یہ حضرات دونوں قیدیوں اور ہاتھ لگنے والا مال لے کر مدینہ منورہ پہنچے تو اہل مکہ نے چاہا فدیہ دے کر قیدی چھڑا لیے جائیں۔ آپ ﷺ نے فرمایا پہلے ہمیں یہ دیکھنے دو کہ ہمارے ان دو ساتھیوں پر کیا بیتی۔ جب حضرت سعد بن ابی وقاص اور ان کے ساتھی صحیح سلامت لوٹ آئے تو آپ ﷺ نے فدیہ لے کر قیدی چھوڑ دیئے۔

اب مشرکین مکہ نے آپ ﷺ پر طعنہ زنی کی اور کہا (حضرت) محمد ﷺ کا خیال یہ ہے کہ وہ اللہ جل جلالہ کی فرمانبرداری کرتے ہیں حالانکہ سب سے پہلے انہوں نے ہی حرمت والے مہینے کی حرمت ختم کی ہے۔ یعنی ہمارے ساتھی کو انہوں نے رجب کے مہینہ میں قتل کیا ہے۔ مسلمانوں نے اس کے جواب میں کہا کہ ہم نے انہیں جمادی الثانی میں مارا ہے۔

بعض لوگوں کا خیال ہے کہ یہ رجب کی پہلی رات تھی اور جمادی الثانیہ اپنے اختتام کو پہنچ چکا تھا۔ جب رجب کا آغاز ہوا تو مسلمانوں نے اپنی تلواریں نیام میں کرلیں۔

اس واقعہ پر اللہ جل جلالہ نے اہل مکہ کو عار دلانے کے لیے یہ آیت مبارکہ اتاری۔ یسالونک عن الشھر الحرام قتال فیہ قل قتال فیہ کبیر۔ یعنی اس ماہ محترم میں قتال حلال نہیں مگر اے اہل مکہ جو کرتوت تم نے کیے ہیں وہ حرمت والے مہینے میں قتل کرنے سے بڑے جرم ہیں۔ تم نے اللہ جل جلالہ کا انکار کیا ہے، تم نے جناب محمد رسول اللہ ﷺ اور آپ کے صحابہ کرامؓ کو اللہ جل جلالہ کے راستہ سے روکنے کی کوشش کی ہے ہم نے انہیں مسجد حرام سے دور کر دیا ہے، تمہارے یہ کرتوت اللہ جل جلالہ کے نزدیک حرمت والے مہینہ میں قتل سے بدتر برا جرم ہے۔ اللہ تعالیٰ نے اس بات کی طرف یوں اشارہ فرمایا ہے۔

وصد عن سبیل اللہ وکفر بہ والمسجد الحرام واخراج اھلہ منہ اکبر عنداللہ والفتنۃ اکبر من القتل۔

وَيَسْأَلُونَكَ عَنِ الْيَتَامَى قُلْ إِصْلَاحٌ لَهُمْ خَيْرٌ وَإِنْ تُخَالِطُوهُمْ فَإِخْوَانُكُمْ

اور پوچھتے ہیں تجھ سے یتیموں کا حکم تو کہہ سنوارنا ان کا بہتر اور اگر خرچ ملا رکھو ان کا تو تمہارے بھائی ہیں۔

۱۔ علامہ ابن کثیر نے اپنی تفسیر ۱/۳۷۴۔۳۷۵ میں لکھا ہے کہ ابن جریر نے حضرت ابن عباسؓ کے حوالے سے اس آیت مبارکہ کی تفسیر یوں نقل کی ہے۔ حضرت ابن عباسؓ فرماتے ہیں جب یہ دو آیات مبارکہ اتریں۔ ولا تقربوا مال الیتیم الا بالتی ہی احسن (الانعام۔ ۱۵۲) اور پاس نہ جاؤ یتیم کے مال کے مگر جس طرح بہتر ہو۔ اوران الزین یاکلوان اموال الیتامی ظلما انما یاکلوان فی بطونہم نارا و سیسلون سعیرا (النساء ۱۰) جو لوگ کھاتے ہیں مال یتیموں کا ناحق وہ یہی کھاتے ہیں اپنے پیٹ میں آگ اور اب بیٹھیں گے آگ میں۔

تو جن جن لوگوں کے زیر کفالت یتیم تھے انہوں نے اپنا کھانا پینا یتیموں کے کھانے پینے سے الگ کر لیا۔ اب صورتحال یہ ہو گئی کہ اگر کوئی کھانے کی چیز بچ جاتی تو اسے رکھ چھوڑتے کسی کو دیتے نہیں تھے پھر حسب ضرورت یا تو اسے خود کھا لیتے یا پھر خراب ہو کر ضائع ہو جاتی۔ اس صورتحال سے بڑی مشکلات پیش آنے لگیں تو صحابہ کرامؓ نے اس کا ذکر جناب رسول اللہ صلی اللہ علیہ وآلہ وسلم سے کیا۔ اس موقع پر یہ آیت مبارکہ نازل ہوئی۔ یسالونک عن الیتامی قل

اسلاح لهم خیر ان تخالطوهم فاخوانکم (پوچھتے ہیں تجھ سے یتیموں کا حکم تو کہہ سنوارنا ان کا بہتر ہے اور اگر خرچ ملا رکھو ان کا تو تمہارے بھائی ہیں) اس آیت مبارکہ کے نازل ہونے صحابہ کرامؓ نے اپنا مال زیر کفالت یتیموں کے مال کے ساتھ ملا لیا۔

سدی نے حضرت ابن عباس اور حضرت ابن مسعودؓ سے یوں ہی روایت نقل کی ہے۔

وَيَسْأَلُونَكَ عَنِ الْمَحِيضِ قُلْ هُوَ أَذًى فَاعْتَزِلُوا النِّسَاءَ فِي الْمَحِيضِ

اور پوچھتے ہیں تجھ سے حکم حیض کا تو کہہ وہ گندگی ہے تو تم پڑے رہو عورتوں سے حیض کے وقت۔

ا۔ علامہ سیوطی نے الدر ا/۲۵۸ میں لکھا ہے کہ امام دار قطنی نے حضرت ابن مسعودؓ کا یہ فرمان نقل کیا ہے آپؓ نے فرمایا۔

عورتوں کی ماہواری کی مدت تین دن سے دس دن تک ہے۔ پس اگر دس دن سے بڑھ جائے تو وہ حیض نہیں استحاصہ ہے۔

نِسَاؤُكُمْ حَرْثٌ لَكُمْ فَأْتُوا حَرْثَكُمْ أَنَّى شِئْتُمْ وَقَدِّمُوا لأَنْفُسِكُمْ وَاتَّقُوا اللَّهَ

عورتیں تمہاری کھیتی ہیں تمہاری سو جاؤ اپنی کھیتی میں جہاں سے چاہو اور آگے کی تدبیر کرو اپنے واسطے اور ڈرتے رہو اللہ سے۔

۱۔ علامہ سیوطی نے الدر ا/ ۲۶۳ میں لکھا ہے کہ سعید بن منصور، ابن حمید، دارمی اور بیہقی رحمہم اللہ نے ابوالقعقاع الحرمی کے حوالے سے حضرت ابن مسعودؓ کا یہ واقعہ اپنی کتب میں نقل کیا ہے۔

ایک آدمی نے حضرت ابن مسعودؓ کی خدمت میں حاضر ہو کر پوچھا حضرت! میں اپنی بیوی سے جیسے چاہوں صحبت کر لوں؟ اپؓ نے فرمایا ہاں۔ اس نے پوچھا میں جس حصہ جسم میں چاہوں صحبت کرلوں؟ آپؓ نے فرمایا ہاں! وہاں موجود ایک آدمی اس کے سوال کا مقصد سمجھ گیا۔ اس نے حضرت ابن مسعودؓ سے عرض کیا حضرت یہ چاہتا ہے کہ یہ اپنی بیوی سے اس کی مقعد میں صحبت کرے۔ اب آپؓ نے فرمایا نہیں کر سکتا کیونکہ بیوی کی مقعد اس کے خاوند پر حرام ہے۔

۲۔ علامہ سیوطی نے الدر ا/۶۲۸ میں لکھا ہے کہ مشہور محدث عبدالرزاق اور ابن ابی شیبہ نے حضرت ابووائل کے حوالے سے حضرت ابن مسعودؓ کا ایک واقعہ نقل کیا ہے۔

ایک آدمی نے حضرت ابن مسعودؓ کی خدمت میں حاضر ہو کر عرض کیا کہ میں نے ایک کنواری لونڈی سے شادی کی ہے مگر مجھے اندیشہ ہے کہ وہ مجھے پسند نہیں کرتی۔

آپؓ نے فرمایا بلاشبہ محبت والفت اللہ جل جلالہ کی جانب سے ہوتی ہے اور ناپسندیدگی کے بیج شیطان بوتا ہے تاکہ اللہ تعالیٰ کا حلال کردہ کام لوگوں کی نظروں میں ناپسند ٹھہرا سکے تم ایسا کرنا جب وہ آجائے تو اسے کہنا کہ میرے پیچھے کھڑی ہو کر دو رکعت نماز پڑھو اور یہ دعا کرنا اللھم بارک لی فی اھلی وبارک لہم فی وارزقنی منھم وارزقھم منی اللھم اجمع بیننا ماجمعت و فرق بیننا ازا فرقت الی خیر۔

۳۔ علامہ سیوطی نے الدر ا/۲۶۸ میں لکھا ہے کہ ابن ابی شیبہ اور خرائطی نے مکارم الاخلاق میں حضرت علقمہ کے حوالے سے یہ نقل کیا ہے کہ حضرت ابن مسعودؓ جب اپنی بیوی سے صحبت کرتے تو بوقت انزال یہ دعا پڑھتے۔ اللهم لا تجعل للشيطان فيها رزقتنا نسيبا۔

لِلَّذِينَ يُؤْلُونَ مِنْ نِسَائِهِمْ تَرَبُّصُ أَرْبَعَةِ أَشْهُرٍ

جو لوگ قسم کھا رہتے ہیں اپنی عورتوں سے ان کو فرصت ہے چار مہینے۔

ا۔ طبری نے جامع ۴/۴۷۹ میں لکھا ہے کہ حضرت عبداللہ بن مسعودؓ ایلاء کے بارے میں فرمایا کرتے تھے کہ جب چار ماہ گزر جائیں تو عورت کو طلاق بائنہ ہو جاتی ہے۔

۲۔ طبری نے جامع ۴/۴۸۰ میں لکھا ہے حضرت عبداللہ بن انیس نے اپنی عورت سے ایلاء کیا اور کہیں چلے گئے چھ ماہ تک واپس نہیں آئے۔ پھر جب واپس آئے تو اس عورت کے پاس گئے کسی نے کہا اسے آپ کی طرف سے طلاق بائنہ ہو چکی ہے، اب یہ حضرت ابن مسعودؓ کی خدمت میں حاضر ہوئے اور صورتحال کا تذکرہ کیا آپؓ نے فرمایا کوئی شک نہیں اسے طلاق بائنہ ہو چکی ہے پس تم اسے جا کر بتا دو اور اسے پیغام نکاح دو۔ انہوں نے جا کر اسے بتایا کہ تجھے طلاق بائن ہو چکی ہے اور ساتھ ہی پیغام نکاح بھی دے دیا۔ انہوں نے ملک شام میں رائج وزن کے حساب سے پانچ پاؤنڈ سونا بطور مہر اسے دیا۔

۳۔ قرطبی نے احکام ۳/۱۰۶ میں لکھا ہے ابن سیرین نے فرمایا قسم غصہ میں اٹھائی جائے یا خوشی میں وہ ایلاء ہی ہے۔

حضرت ابن مسعودؓ اور امام ثوری نے بھی یوں ہی ارشاد فرمایا ہے۔

فَإِنْ فَاءُوا فَإِنَّ اللَّهَ غَفُورٌ رَحِيمٌ

پھر اگر مل گئے تو اللہ بخشنے والا مہربانی۔

۱۔ علامہ سیوطی نے الدر ا / ۲۷۱ میں لکھا ہے حضرت ابن مسعودؓ نے فرمایا فئی سے مراد رضا مندی ہے۔

۲۔ سیوطی نے الدر ا / ۲۷۱ میں حضرت ابن مسعودؓ کا یہ ارشاد بھی نقل کیا ہے کہ فئی سے مراد صحبت کرنا ہے۔

۳۔ علامہ سیوطی نے الدر ا / ۲۷۱ پر ہی حضرت ابن مسعودؓ کا یہ فرمان بھی تحریر کیا ہے کہ جب میاں بیوی کسی بیماری، سفر، قید یا کسی اور عذر کی وجہ سے ملاقات نہ کر سکتے ہوں تو خاوند رجوع پر کسی کو گواہ بنا لے تو یہی اس کا رجوع سمجھا جائے گا۔

وَالْمُطَلَّقَاتُ يَتَرَبَّصْنَ بِأَنْفُسِهِنَّ ثَلَاثَةَ قُرُوءٍ

اور طلاق والی عورتیں انتظار کروائیں اپنے تئیں تین حیض تک۔

۱۔ علامہ بغوی نے معالم ۱/۱۸۸ میں تحریر فرمایا ہے کہ علماء کی ایک جماعت اس بات کی قائل ہے کہ القرء سے مراد حیض ہے۔ حضرت عمر اور حضرت ابن مسعودؓ وغیرہ کا موقف بھی یہی ہے۔

۲۔ علامہ طبری نے جامع ۴/۲۶۰ میں لکھا ہے حضرت ابن مسعودؓ نے ایلاء کا شکار ہو جانے والی عورت بارے میں فرمایا جب چار ماہ گزر جائیں تو اسے طلاق بائن ہو جائے گی اب وہ تین قروء یعنی تین حیض عدت گزارے گی۔

وَبُعُولَتُهُنَّ أَحَقُّ بِرَدِّهِنَّ فِي ذَٰلِكَ إِنْ أَرَادُوا إِصْلَاحًا

اور ان کے خاوندوں کو پہنچتا ہے پھیر لینا ان کا اتنی دیر میں اگر چاہیں صلح کرنی۔

۱۔ طبری نے جامع ۴/۵۰۲۔۵۰۳ میں حضرت علقمہ کے حوالے سے لکھا ہے وہ فرماتے ہیں ہم حضرت عمرؓ کی خدمت میں حاضر تھے کہ ایک عورت نے آکر پوچھا حضرت! میرے خاوند نے مجھے ایک یا دو طلاقیں دیں پھر وہ رجوع کے لیے ایسے وقت میرے پاس آیا کہ میں حیض سے پاک ہو کر غسل کی تیاری کر رہی تھی میں نے غسل کے لیے پانی بھی رکھ لیا تھا دروازہ بھی بند کر لیا تھا حتی کہ کپڑے بھی اتار دیئے تھے تو اب میرے بارے میں کیا فیصلہ ہے؟ حضرت عمرؓ نے پاس بیٹھے حضرت ابن مسعودؓ دریافت فرمایا کہ آپ کی رائے کیا ہے؟ حضرت ابن مسعودؓ نے فرمایا جب تک اس کے لیے نماز نہ پڑھنا جائز نہیں ہوا تھا تب تک رجوع کرنا ٹھیک تھا لہذا میرا خیال ہے کہ یہ اس کی بیوی ہے نکاح ختم نہیں ہوا۔ حضرت عمرؓ نے فرمایا میری رائے بھی یہی ہے۔

۲۔ طبری نے جامع ۴/۵۰۴ میں حضرت نخعی کے حوالے سے لکھا ہے کہ حضرت عمرؓ نے حضرت ابن مسعودؓ سے اس آدمی کے بارے میں مشورہ طلب کیا جس نے اپنی بیوی کو ایک

یا دو طلاقیں دی تھیں اور تیسرے حیض کے وقت رجوع کرنا چاہتا تھا، حضرت ابن مسعودؓ نے فرمایا جب تک وہ غسل نہیں کرلیتی یہ خاوند اس کا زیادہ حقدار ہے حضرت عمرؓ نے فرمایا میرے دل میں جو بات تھی آپ نے بھی اس کی موافقت کی ہے چنانچہ اس عورت کو اس کے خاوند کے حوالے کر دیا۔

الطَّلَاقُ مَرَّتَانِ فَإِمْسَاكٌ بِمَعْرُوفٍ أَوْ تَسْرِيحٌ بِإِحْسَانٍ

طلاق ہے دو بار تک پھر رکھنا موافق دستور کے یا رخصت کرنا نیکی سے۔

۱۔ طبری نے جامع ۴/۵۴۲ میں لکھا ہے کہ حضرت ابن مسعودؓ اللہ جل جلالہ کے فرمان الطلاق مرتان فامساک بمعروف او تسریح باحسان کی تفسیر یوں فرمایا کرتے تھے کہ مرد ایسے وقت اپنی عورت کو طلاق دے جب وہ حیض سے پاک ہو چکی ہو اور ابھی صحبت بھی اس سے نہ کی ہو۔ اب اسے یوں ہی رہنے دے یہاں ن تک کہ وہ اگلے حیض سے پاک ہو جائے تو دوسری طلاق دینا چاہے تو دے دے۔ دو طلاقیں دینے کے بعد اگر رجوع کرنا چاہتا ہے تو رجوع کر لے اگر ایک اور طلاق دینا چاہتا ہے تو طلاق دے لے ورنہ اسے یوں ہی رہنے دے۔ یہاں تک کہ وہ تین حیض مکمل کرے اور اپنے خاوند سے بائن ہو جائے۔

۲۔ قرطبی نے ۳/۱۲۶ میں تحریر کیا ہے کہ حضرت ابن مسعودؓ اور حضرت ابن عباسؓ نیز حضرت مجاہد وغیرہ دیگر کئی مفسرین کرام نے فرمایا ہے کہ اس آیت مبارکہ میں طلاق دینے کس سنت طریقہ بتایا جا رہا ہے۔ مطلب یہ ہے کہ جو آدمی دو طلاقیں دے لے وہ

تیسری طلاق دینے میں اللہ تعالیٰ سے ڈرے۔ اب عورت کا کوئی حق مارے بغیر اسے چھوڑ دے یا پھر اس کے ساتھ خوشگوار تعلقات قائم رکھتے ہوئے اسے اپنے پاس رکھ لے۔

۳۔ علامہ سیوطی نے الدر ا/۲۷۸ میں لکھا ہے کہ امام بیہقی نے حضرت ابن عباس، حضرت ابن مسعودؓ اور دیگر کئی صحابہ کرامؓ کے حوالے سے روایت کی ہے۔ یہ تمام حضرات فرماتے ہیں۔ اللہ تعالیٰ کے اس فرمان الطلاق مرتان میں وہ مدت بتائی جا رہی ہے جس میں رجوع ہو سکتا ہے جب کسی نے ایک طلاق دے لی ہے یا دو دے لی ہیں تو اب تیا تو اسے اپنے پاس رکھے اور رجوع کر لے یا پھر اس کے حوالے سے زبان بند رکھے۔ یہاں تک کہ وہ اپنی عدت گزارے پھر وہ جانے اور اس کا کام جانے۔

۴۔ علامہ قرطبی نے احکام ۳/۱۳۲ میں لکھا ہے یکمشت تین طلاقیں دینا طلاق بدعت ہے۔ حضرت علی المرتضیٰؓ اور حضرت ابن مسعودؓ نے فرمایا ایسا کرنے سے ایک ہی طلاق ہوگی۔

۵۔ حضرت امام مالکؒ نے موطا ۲/۵۵۰ میں لکھا ہے کہ انہیں یہ قصہ پہنچا ہے ایک آدمی نے حضرت ابن مسعودؓ کی خدمت میں حاضر ہو کر کہا میں نے اپنی بیوی کو آٹھ طلاقیں دی ہیں۔ حضرت نے اس سے پوچھا پھر تجھے کیا بتایا گیا؟ اس نے کہا مجھے بتایا گیا کہ اب وہ میری بیوی نہیں رہی حضرت ابن مسعودؓ نے فرمایا لوگوں نے سچی بات کی ہے۔ آپ نے مزید فرمایا جس آدمی نے اس طریقہ کے مطابق طلاق دی جو طریقہ اللہ تعالیٰ نے بتایا ہے تو طلاق ہو گئی کیونکہ اللہ تعالیٰ یہ معاملات واضح فرما چکے ہیں۔ اور آپ نے فرمایا جو اپنا معاملہ اپنے اپ پر مشتبہ بنائے گا ہم بھی اسے اسی پر چمٹا دیں گے، اپنے معاملات خود پر مشتبہ نہ بنایا کرو۔

فَإِنْ خِفْتُمْ أَلَّا يُقِيمَا حُدُودَ اللَّهِ فَلَا جُنَاحَ عَلَيْهِمَا فِيمَا افْتَدَتْ بِهِ

پھر اگر تم لوگ ڈرو کہ وہ ٹھیک نہ رکھیں گے قاعدے اللہ کے تو نہیں گناہ دونوں پر جو بدلہ دے کر چھوٹے عورت۔

ا۔ علامہ بغوی نے معالم /۱۹۳ میں لکھا ہے اہل علم کی خلع کے حوالے سے آراء مختلف ہیں۔ ان کی اکثریت اس بات کی قائل ہے کہ خلع طلاق بائن ہے اس سے طلاق کی تعداد کم ہو جاتی ہے۔

حضرت عمر، حضرت ابن مسعودؓ اور دیگر کئی صحابہ کرامؓ کی یہی رائے ہے۔

فَإِنْ طَلَّقَهَا فَلَا تَحِلُّ لَهُ مِنْ بَعْدُ حَتَّى تَنْكِحَ زَوْجًا غَيْرَهُ فَإِنْ طَلَّقَهَا فَلَا جُنَاحَ عَلَيْهِمَا أَنْ يَتَرَاجَعَا إِنْ ظَنَّا أَنْ يُقِيمَا حُدُودَ اللَّهِ۔

پھر اگر اس کو طلاق دی تو اب حلال نہیں اس کو وہ عورت اس کے بعد جب نکاح نہ کرے کسی خاوند سے اس کے سوائے پھر اگر وہ شخص اس کو طلاق دے تب گیا وہ نہیں ان دونوں پر کہ پھر مل جائیں اگر خیال کریں تو ٹھیک رکھیں قاعدے اللہ کے۔

ا۔ علامہ سیوطی نے الدر ا/۲۸۴ میں لکھا ہے کہ ابن ابی شیبہ نے حضرت ابن مسعودؓ کا یہ فرمان مبارک نقل کیا ہے۔

عورت اپنے پہلے خاوند کے لیے اس وقت تک حلال نہیں ہوتی جب تک دوسرا خاوند اسے خود سے الگ نہ کر دے۔

۲۔ حضرت امام احمد بن حنبلؒ نے اپنی مسند ۶/ ۱۴۹۔ ۱۵۰ میں حضرت ابن مسعودؓ کی یہ روایت نقل کی ہے۔ آپ فرماتے ہیں سرکار دو عالم ﷺ نے فرمایا۔ حلالہ کرنے والا اور حلالہ کروانے والا دونوں ملعون ہیں۔

۳۔ علامہ سیوطی نے الدر ۱/ ۲۸۵ میں لکھا ہے کہ محدث کبیر امام عبدالرزاق نے حضرت ابن مسعودؓ کا یہ فرمان نقل کیا ہے کہ۔ طلاق یافتہ لونڈی کا آقا اگر اس سے صحبت کرے تو بھی وہ اپنے پہلے خاوند کے لیے اس وقت تک حلال نہ ہوگی جب تک کسی اور سے نکاح نہ کر لے۔

وَإِذَا طَلَّقْتُمُ النِّسَاءَ فَبَلَغْنَ أَجَلَهُنَّ فَأَمْسِكُوهُنَّ بِمَعْرُوفٍ أَوْ سَرِّحُوهُنَّ بِمَعْرُوفٍ وَلَا تُمْسِكُوهُنَّ ضِرَارًا لِتَعْتَدُوا وَمَنْ يَفْعَلْ ذَٰلِكَ فَقَدْ ظَلَمَ نَفْسَهُ وَلَا تَتَّخِذُوا آيَاتِ اللَّهِ هُزُوًا

اور جب طلاق دی تم نے عورتوں کو پھر پہنچیں اپنی عدت تک تو رکھ لو ان کو دستور سے یا رخصت کردو ان کو دستور سے اور مت بند کرو ان کے ستانے کو تو زیادتی کرو اور جو کوئی یہ کام کرے اس نے برا کیا اپنا اور مت ٹھہراؤ حکم اللہ کے ہنسی۔

۱۔ علامہ قرطبی نے نے احکام ۳/ ۱۵۷ میں تحریر کیا ہے کہ حضرت علی المرتضیٰؓ، حضرت ابن مسعودؓ اور حضرت ابو دردراءؓ کا فرمان ہے کہ۔

تین چیزوں میں مذاق نہیں چلتا۔ ان میں مزاق کرنے والا بھی سنجیدہ ہی سمجھا جائے گا۔ تین چیزیں یہ ہیں نکاح، طلاق، اور غلام آزاد کرنا۔

وَالْوَالِدَاتُ يُرْضِعْنَ أَوْلَادَهُنَّ حَوْلَيْنِ كَامِلَيْنِ لِمَنْ أَرَادَ أَنْ يُتِمَّ الرَّضَاعَةَ

لڑکے والیاں دودھ پلاویں اپنے لڑکے کو دو برس پورے جو کوئی چاہے کہ پوری کرے مدت دودھ کی۔

ا۔ طبری نے جامع ۵/۳۶ میں حضرت ابن مسعودؓ کا یہ فرمان نقل کیا ہے کہ دو سال مکمل ہو جانے کے بعد رضاعت نہیں ہوتی اسی طرح اگر دو برس کے مکمل ہونے سے پہلے دودھ چھڑا دیا تو اب اس کے بعد بھی رضاعت نہیں ہوگی۔

وَالَّذِينَ يُتَوَفَّوْنَ مِنْكُمْ وَيَذَرُونَ أَزْوَاجًا يَتَرَبَّصْنَ بِأَنْفُسِهِنَّ أَرْبَعَةَ أَشْهُرٍ وَعَشْرًا

اور جو لوگ مر جائیں تم میں اور چھور جائیں عورتیں وہ انتظار کروائیں اپنے تئیں چار مہینے اور دس دن۔

ا۔ قرطبی نے احکام ۳/۱۸۲ میں لکھا ہے علماء کی ایک جماعت اس بات کی قائل ہے کہ طلاق اور وفات کی عدت کا آغاز اسی دن سے ہو جائے گا جس دن طلاق یا وفات ہوئی ہے۔
حضرت ابن عمر اور حضرت ابن مسعودؓ وغیرہ مفسرین کا فرمان بھی یہی ہے۔

۲۔ علامہ قرطبی نے احکام ۳/۱۸۴ میں لکھا ہے کہ ایسی لونڈی کی عدت کے بارے میں علماء کرام کی آراء مختلف ہیں جس نے اپنے آقا کا بچہ جنا ہو اور یہ آقا فوت ہو گیا ہو۔ حضرت علی المرتضیٰؓ اور حضرت ابن مسعودؓ کی رائے گرامی یہ ہے کہ اس کی عدت تین ماہواریاں ہیں۔

۳۔ حضرت امام احمد بن حنبلؒ نے مسند احمد ۶/ ۴۷۔۵ میں حضرت عبد اللہ بن عتبہ کے حوالے سے یہ قصہ لکھا ہے کہ حضرت ابن مسعودؓ سے ایک بار ایسے آدمی کے بارے پوچھا گیا جس نے ایک عورت سے نکاح کیا مہر مقرر نہیں کیا اور صحبت کرنے سے پہلے وفات پا گیا تو حضرت ابن مسعودؓ نے کوئی جواب نہیں دیا۔ لوگوں نے پھر پوچھا تو آپ نے فرمایا میں یہ مسئلہ تمہیں اپنے اجتہاد سے بتاؤں گا۔ اگر مسئلہ درست ہوا تو سمجھنا اللہ جل جلالہ نے مجھے اس کی توفیق عطا فرمائی ہے اور اگر مجھ سے غلطی ہو گئی تو اس غلطی کی نسبت میری طرف کرنا۔ مسئلہ یہ ہے کہ ایسی عورت کو اس کی ہم عمر عورتوں جتنا مہر دیا جائے اسے وراثت میں سے حصہ بھی ملے گا اور یہ عدت بھی گزارے گی۔

قبیلہ اشجع کا ایک آدمی کھڑا ہو کر کہنے لگا میں سرکار دو عالم صلی اللہ علیہ وآلہ وسلم کے بارے میں گواہی دیتا ہوں کہ آپ صلی اللہ علیہ وآلہ وسلم نے یہ مسئلہ یوں ہی بتایا تھا حضرت ابن مسعودؓ نے اس سے فرمایا اس بات کے گواہ لاؤ۔ حضرت ابو الجراح نے اس بات کی گواہی دی۔

ولا تعزموا عقدة النكاح حتى يبلغ الكتاب اجله۔

اور نہ باندھو گرہ نکاح کی جب تک پہنچ چکے حکم اللہ کا اپنی مدت کو۔

۱۔ قرطبی نے احکام ۳/ ۲۷ میں تحریر کیا ہے کہ اہل علم کی ایک بڑی تعداد کی رائے ہے کہ عورت کے وارث کی اجازت کے بغیر نکاح نہیں ہو سکتا۔

حضرت عمر بن الخطاب اور حضرت ابن مسعودؓ و دیگر نے یہ روایت بیان فرمائی ہے۔

۲۔ قرطبی نے احکام ۳/۱۹۳۔۱۹۴ میں لکھا ہے کہ اگر کسی نے نکاح کر کے عدت کے دوران بیوی سے صحبت کرلی توان کے درمیان تفریق کرادی جائے گی لیکن اس سے یہ نہیں ہوگا کہ یہ ہمیشہ کے لیے ایک دوسرے پر حرام ہو گئے ہیں بلکہ یہ موجودہ نکاح ختم ہو جائے گا اب عورت اس کی عدت بھی گزارے گی۔ عدت کے بعد یہی خاوند دوبارہ پیغام نکاح دے سکتا ہے۔ حضرت امام سفیان ثوری، اہل کوفہ اور امام شافعی رحمہم اللہ تعالیٰ کا یہی مذہب ہے۔ ان کی دلیل یہ ہے کہ علماء کرام کا اس بات پر اجماع ہے اگر کسی نے زنا کیا تو اس زنا کی وجہ سے ان دونوں کا نکاح حرام نہیں ہو جاتا۔ تو ایسے ہی اگر کسی نے عدت کے دوران اپنی بیوی سے صحبت کرلی تو یہ دوبارہ نکاح کر سکتے ہیں۔ علماء کرام نے فرمایا کہ حضرت علی المرتضیٰؓ کا یہی فرمان ہے محدث شہر امام عبدالرزاق نے اسے نقل کیا ہے۔ حضرت ابن مسعودؓ کا بھی ایسا ہی فرمان منقول ہے۔

وَإِنْ طَلَّقْتُمُوهُنَّ مِنْ قَبْلِ أَنْ تَمَسُّوهُنَّ وَقَدْ فَرَضْتُمْ لَهُنَّ فَرِيضَةً فَنِصْفُ مَا فَرَضْتُمْ

اور اگر طلاق دو ان کو ہاتھ لگانے سے پہلے اور ٹھیرا چکے ہو ان کا حق تو لازم ہو آدھا جو کچھ ٹھیرایا تھا۔

۱۔ علامہ بغوی ۱/۲۰۵ میں نقل کیا ہے علماء کرام کی ایک جماعت کا مذہب یہ ہے اگر کسی نے اپنی نئی نویلی دلہن کے ساتھ تنہائی تو اختیار کی مگر صحبت سے پہلے ہی اسے طلاق دے

دی تو اس پر واجب ہے کہ اسے آدھا حصہ مہر دے مگر عورت پر لازم نہیں کہ وہ عدت گزارے۔

حَافِظُوا عَلَى الصَّلَوَاتِ

خبردار رہو نمازوں سے۔

۱۔ حضرت امام احمد بن حنبلؒ نے مسند احمد ۶/ ۴۱ میں حضرت ابن مسعودؓ کے حوالے سے یہ حدیث بیان فرمائی ہے۔ حضرت ابن مسعودؓ فرماتے ہیں میں نے آقا صلی اللہ علیہ وآلہ وسلم سے عرض کیا کون سا عمل اللہ جل جلالہ کو بہت زیادہ پسند ہے؟ آقا علیہ الصلوٰۃ والتسلیم نے فرمایا نمازیں اپنے وقت ادا کیا کرو۔

۲۔ حضرت امام احمد بن حنبلؒ نے ۶/ ۱۷۔ ۱۸ میں حضرت ابن مسعودؓ کی یہ روایت بیان فرمائی ہے۔ حضرت ابن مسعودؓ فرماتے ہیں۔

جسے یہ بات بھلی لگتی ہے کہ وہ کل قیامت کے دن اللہ تعالیٰ کے حضور مسلمان کی حالت میں پیش ہو اسے چاہیے کہ یہ نمازیں پورے ذوق و شوق سے اسی وقت ادا کرے جب ان کی اذان دی جائے۔ کیونکہ اللہ تعالیٰ تمہارے آقا علیہ الصلوٰۃ والتسلیم کے لیے ہدایت کے تمام طریقے واضح فرما دیئے ہیں۔ یہ نمازیں بھی ان میں سے ہی ہیں۔

۳۔ علامہ سیوطی نے الدر ۱/ ۲۸۹ میں لکھا ہے حضرت ابن مسعودؓ نے فرمایا: جس نے نماز ترک کر دی اس کا دین سے کوئی لینا دینا نہیں۔

والصلاۃ الوسطٰی

اور بیچ والی نماز سے۔

ا۔ امام ترمذیؒ نے ترمذی ۲۹۳/۱ میں حضرت ابن مسعودؓ کے حوالے سے حدیث مبارکہ بیان فرمائی ہے آقائے دوجہاں ﷺ نے فرمایا صلاۃ الوسطی سے مراد عصر کی نماز ہے۔

۲۔ حضرت امام احمد بن حنبلؒ نے مسند ۳۱۸/۵ میں حضرت ابن مسعودؓ کی یہ روایت بیان فرمائی ہے حضرت ابن مسعودؓ فرماتے ہیں۔

مشرکوں نے آقا علیہ الصلوٰۃ والتسلیم نے فرمایا اللہ تعالیٰ کے پیٹ اور خبریں آگ سے بھرے انہوں نے ہمیں صلاۃ الوسطی سے روکے رکھا۔

وقوموا لله قانتين

اور کھڑے رہو اللہ کے آگے ادب سے۔

ا۔ حضرت امام شافعیؒ نے مسند ۱۱۹/۲ میں حضرت ابن مسعودؓ کے حوالے سے یہ حدیث بیان فرمائی ہے۔ حضرت ابن مسعودؓ فرماتے ہیں۔

حبشہ کی ہجرت سے پہلے ہم لوگ سرکار دوعالم ﷺ کو حالت نماز میں سلام کیا کرتے تو آقا ﷺ حالت نماز میں ہی ہمارے سلام کا جواب مرحمت فرمادیا کرتے۔ حبشہ سے واپسی پر میں سلام کی غرض سے حاضر خدمت ہوا تو آقا علیہ الصلوٰۃ والتسلیم نماز ادا فرمارہے تھے میں نے سلام کیا مگر آقائے دوجہاں ﷺ نے جواب نہ دیا مجھے وسوسوں نے آگھیرا۔ چنانچہ

میں وہیں بیٹھ گیا۔ جب آقائے دوجہاں ﷺ نماز مکمل فرما چکے تو فرمایا اللہ تعالیٰ جو چاہتے ہیں نیا حکم اتارتے ہیں، نیا حکم یہ آیا ہے کہ نماز میں باتیں مت کرو۔

۲۔ سیوطی نے الدر ۳۰۶ میں لکھا ہے حضرت ابن مسعودؓ نے فرمایا قانت وہ ہے جو اللہ تعالیٰ اور اس کے رسول ﷺ کا فرمانبردار ہو۔

۳۔ علامہ سیوطی نے الدر ا/۳۰۸ میں لکھا ہے طبرانی نے الاوسط میں یہ حدیچ شریف بیان کی ہے حضرت ابن مسعودؓ فرماتے ہیں سرکار دوعالم ﷺ وتر کے علاوہ کسی نماز میں دعائے قنوت نہیں پڑھا کرتے تھے البتہ جب جنگ جاری ہوتی تو آپ ﷺ تمام نمازوں میں قنوت نازلہ پڑھتے اور مشرکین کے لیے بددعا فرماتے۔

۴۔ امام ترمذی نے ۱۳/۳۱۲۔ ۳۱۳ میں یہ حیث نقل فرمائی ہے حضرت ابن مسعودؓ فرماتے ہیں رحمت کائنات ﷺ نماز وتر میں رکوع کرنے سے پہلے دعائے قنوت پڑھا کرتے تھے۔ حضرت سفیان ثوری نے بھی ابان بن ابی عیاش سے یوں ہی روایت بیان فرمائی ہے۔

مَنْ ذَا الَّذِي يُقْرِضُ اللَّهَ قَرْضًا حَسَنًا فَيُضَاعِفَهُ لَهُ

کون شخص ہے ایسا کہ قرض دے اللہ کو اچھا قرض کہ وہ اس کو دونا کر دے۔

ا۔ علامہ طبری نے جامع ۲۸۴/۵۔ ۲۸۵ میں لکھا ہے۔ حضرت ابن مسعودؓ بیان فرماتے ہیں جب آیت کریمہ من ذا الذی یقرض اللہ قرضا حسنا نازل ہوئی تو صحابی رسول حضرت

ابوالد حداحؓ نے عرض کیا اے اللہ کے رسول! کیا واقعی اللہ تعالیٰ ہم سے قرض لینا چاہتا ہے؟ سرکار دو عالم ﷺ نے فرمایا ہاں! ابو دحداح۔

حضرت ابو دحداحؓ نے عرض کیا جناب اپنا دست مبارک آگے بڑھائیے۔ سرکار دو عالم ﷺ نے اپنا دست مبارک انہیں پکڑا دیا تو انہوں نے عرض کیا میں نے کھجور کے چھ سو درختوں والا اپنا باغ اپنے رب کو قرض دیا۔

اس کے بعد آپؓ اپنے باغ کو چل دیے۔ آپؓ کی زوجہ محترمہ حضرت ام دحداح وہاں اپنے بچوں میں موجود تھیں انہیں آواز دی۔ اے ام دحداح! حضرت ام دحداح نے کہا جی! آپؓ نے فرمایا اس باغ سے باہر نکل آؤ چھ سو درختوں کا یہ باغ میں نے اپنے پروردگار کو قرض دے دیا ہے۔

وَلَوْلَا دَفْعُ اللّٰهِ النَّاسَ بَعْضَهُمْ بِبَعْضٍ لَفَسَدَتِ الْأَرْضُ

اور اگر دفع نہ کروے اللہ لوگوں کو ایک کو ایک سے تو خراب ہو جاوے ملک۔

۱۔ علامہ قرطبی نے احکام ۲۶۰/۳ میں لکھا ہے (ابو بکر الخطیب نے یہ حدیث مبارکہ نقل کی ہے) حضرت عبد اللہ بن مسعودؓ بیان فرماتے ہیں۔ امام الانبیاء ﷺ نے فرمایا: اگر تم میں چند عاجز لوگ چرنے والے جانور اور دودھ پیتے بچے نہ ہوتے تو ایمان والوں پر عذاب کب کا آ چکا ہوگا۔

۲۔ علامہ سیوطی نے الدر ۱/ ۳۲۰ میں لکھا ہے طبرانی نے یہ حدیث بیان کی ہے۔ حضرت عبد اللہ بن مسعودؓ نے فرمایا کہ آقائے دوجہاں ﷺ نے فرمایا! میری امت میں چالیس ایسے مرد ہمیشہ رہیں گے جن کے دل حضرت ابراہیمؑ کے دل جیسے ہوں گے، اللہ تعالیٰ ان کی وجہ سے اہل زمین سے مصائب دور فرماتے رہیں گے۔ ان لوگوں کو ابدال کہا جائے گا۔ انہوں نے یہ مقام نماز، روزے اور صدقہ کے ذریعے حاصل نہیں کیا ہوگا۔ صحابہ کرامؓ نے عرض اللہ کے رسول ! ﷺ انہیں یہ مقام کسی وجہ سے ملا ہوگا۔ آقا علیہ الصلوٰۃ والتسلیم نے فرمایا دریا دلی اور مسلمانوں کی خیر خواہی کی وجہ سے۔

۳۔ علامہ سیوطی نے الدر ۱/ ۳۲۰ میں لکھا ہے کہ ابو نعیم نے حلیہ میں اور ابن عساکر نے بھی یہ حدیث بیان کی ہے۔ حضرت عبداللہ بن مسعودؓ بیان فرماتے ہیں کہ امام الانبیاء ﷺ نے فرمایا:

مخلوق میں اللہ تعالیٰ کے تین سو بندے ایسے ہیں جن کے دل حضرت آدمؑ کے دل جیسے ہیں، اور مخلوق میں اللہ جل جلالہ کے چالیس بندے ایسے ہیں جن کے دل حضرت موسیٰؑ کے دل جیسے ہیں۔ اور مخلوق میں اللہ عزوجل کے سات بندے ایسے ہیں جن کے دل حضرت ابراہیمؑ کے دل جیسے ہیں، مخلوق میں اللہ کریم کے پانچ بندے ایسے ہیں جن کے دل حضرت جبرائیلؑ کے دل جیسے ہیں مخلوق میں اللہ کریم کے تین بندے ایسے ہیں جن کے دل حضرت میکائیلؑ کے دل جیسے ہیں اور مخلوق میں اللہ سبحانہ وتعالیٰ کا ایک بندہ ایسا ہے جس کا دل حضرت اسرافیلؑ کے دل جیسا ہے۔

جب یہ ایک بندہ وفات پاتا ہے تو اللہ تعالیٰ تین میں سے کسی کو اس کی جگہ پر لے آتے ہیں، اور جب ان تین میں سے کوئی وفات پاتا ہے تو اللہ تعالیٰ پانچ میں سے کسی کو اس کی جگہ لے آتے ہیں اور جب ان پانچ میں سے کوئی وصال فرماتا ہے کہ تو اللہ تعالیٰ سات میں سے کسی کو اس کی جگہ پر لے آتے ہیں اور جب ان سات میں سے کوئی انتقال فرماتا ہے تو اللہ تعالیٰ چالیس میں سے کسی کو اس کی جگہ پر لے آتے ہیں اور جب چالیس میں سے کوئی رحلت فرماتا ہے تو اللہ تعالیٰ تین سو میں سے کسی کو اس کی جگہ پر لے آتے ہیں۔ اور جب تین سو میں سے کوئی اس جہان فانی کو الوداع کہتا ہے تو اللہ تعالیٰ عوام میں سے کسی اس کی جگہ پر لے آتے ہیں۔

اللہ تعالیٰ ان کی وجہ سے زندہ کرتے ہیں مارتے ہیں، بارش برساتے ہیں، کھیتی اگاتے ہیں مصیبتیں دور فرماتے ہیں۔

لوگوں نے عرض کیا ان کی وجہ سے کیسے زندہ کرتے اور مارتے ہیں؟ حضرت ابن مسعودؓ نے فرمایا۔

وہ یوں کہ یہ نیک لوگ اللہ تعالیٰ سے لوگوں کی کثرت کا سوال کرتے ہیں تو لوگ کثیر ہو جاتے ہیں۔ یہ لوگ ظالموں کے لیے بد دعا کرتے ہیں تو ان کا قلع قمع کر دیا جاتا ہے، یہ لوگ بارش مانگتے ہیں تو لوگوں کو بارش عطاء ہوتی ہے، یہ لوگ دعا کرتے ہیں تو کھیتی پھل پھول لاتی ہے اور یہ لوگ دست دعا بلند کرتے ہیں تو آنے والی قسما قسم کی مصیبتیں ٹال دی جاتی ہیں۔

اللَّهُ لا إِلَهَ إِلا هُوَ الْحَيُّ الْقَيُّومُ لا تَأْخُذُهُ سِنَةٌ وَلا نَوْمٌ لَهُ مَا فِي السَّمَاوَاتِ وَمَا فِي الأَرْضِ مَنْ ذَا الَّذِي يَشْفَعُ عِنْدَهُ إِلا بِإِذْنِهِ يَعْلَمُ مَا بَيْنَ أَيْدِيهِمْ وَمَا خَلْفَهُمْ وَلا يُحِيطُونَ بِشَيْءٍ مِنْ عِلْمِهِ إِلا بِمَا شَاءَ وَسِعَ كُرْسِيُّهُ السَّمَاوَاتِ وَالأَرْضَ وَلا يَئُودُهُ حِفْظُهُمَا وَهُوَ الْعَلِيُّ الْعَظِيمُ

اللہ اس کے سوائے کسی کی بندگی نہیں۔ جیتا ہے، سب کا تھامنے والا نہیں پکڑتی اس کو اونگھ اور نہ نیند اسی کا ہے جو کچھ آسمان اور زمین میں ہے کون ایسا ہے کہ سفارش کرے اس کے پاس مگر اس کے اذن سے جانتا ہے جو خلق کے روبرو ہے اور پیٹھ پیچھے اور یہ نہیں گھیر سکتے اس کے علم میں سے کچھ مگر ہو وہ چاہے گنجائش ہے اس کی کرسی میں اسمان اور زمین کو اور تھکتا نہیں ان کے تھامنے سے اور وہی ہے اوپر سب سے بڑا۔

علامہ ابن کثیر نے اپنی تفسیر ۱/۴۵۴ میں لکھا ہے ابن مردویہ نے حضرت ابن عمرؓ کی روایت بیان کی ہے وہ فرماتے ہیں حضرت عمر بن خطابؓ ایک دن لوگوں کے پاس تشریف لائے، لوگ خاموش بیٹھے تھے آپؓ نے فرمایا تم میں سے کون بتائے گا کہ قرآن مجید کی سب سے عظیم آیت کریمہ کونسی ہے؟ حضرت ابن مسعودؓ نے عرض کیا آپ باخبر آدمی سے آملے ہیں۔ میں اللہ کے رسول ﷺ کو فرماتے ہوئے سنا ہے کہ قرآن مجید کی عظیم ترین آیت مبارکہ یہ ہے اللہ لا الہ الا هو الحی القیوم۔

۲۔ امام ترمذی نے اپنی صحیح ۱۱/۱۵۔۱۶ امیں لکھا ہے حضرت امام سفیان ثوری نے حضرت عبداللہ بن مسعودؓ کی حدیث کی وضاحت میں فرمایا۔ اللہ تعالیٰ نے آسمان و زمین میں کوئی چیز آیت الکرسی سے عظیم پیدا نہیں فرمائی۔

۳۔ علامہ سیوطی نے الدر ۱/۳۲۳ میں لکھا ہے علامہ محاملی نے فوائد میں حضرت ابن مسعودؓ کے حوالے سے یہ حدیث بیان فرمائی حضرت ابن مسعودؓ فرماتے ہیں کسی آدمی نے عرض کیا اے اللہ کے رسول ﷺ مجھے کوئی ایسی چیز سکھا دیجیے۔ جس کے ذریعے اللہ تعالیٰ مجھے نفع بخشے۔ آقا علیہ الصلوٰۃ والتسلیم نے فرمایا:

آیت الکرسی پڑھا کر۔ یہ تیری، تیری اولاد کی، تیرے گھر کی اور تیرے گھر کے ارد گرد گھروں کی حفاظت کرے گی۔

۴۔ ابن کثیر نے اپنی تفسیر ۱/۴۵۳ میں لکھا ہے کہ ابو عبید نے کتاب الغریب میں کہا کہا کہ حضرت ابن مسعودؓ نے فرمایا۔ ایک آدمی گھر سے باہر نکلا تو اسے ایک جن ملا۔ جن نے اسے کہا کیا تو مجھے پچھاڑ سکتا ہے؟ اگر تو مجھے پچھاڑ لے تو میں تجھے ایک ایسی آیت سکھاؤں گا اگر تو گھر داخل ہوتے وقت اسے پڑھے گا تو شیطان اس میں داخل نہیں ہو گا۔

چنانچہ انسان نے جن سے کشتی کی تو اس نے پچھاڑ ڈالا۔ پھر اسے کہا مجھے تم بڑے لاغر اور کمزور نظر آتے ہو تمہارے بازو ایسے ہیں جیسے کتے کی ٹانگیں ہوتی ہیں کیا تم سب جن ایسے ہی ہوتے ہو یا تم ان میں سے ایسے ہو؟ جن نے کہا میں تو ان میں سے سب سے طاقتور ہوں۔ تم دوبارہ مجھ سے کشتی کرو۔ چنانچہ انہوں نے دوبارہ کشتی کی تو انسان نے اسے پچھاڑ ڈالا۔ اب جن کہنے لگا آیت الکرسی پڑھا کرو کیونکہ جب بھی کوئی گھر داخل ہوتے ہوئے اسے پڑھتا ہے شیطان گدھے کی طرح گوز مارتے ہوئے اس کے گھر سے نکل جاتا ہے۔

۵۔ علامہ سیوطی نے الدر ا/۳۲۸میں تحریر کیا ہے کہ امام بیہقی نے اسماء صفات میں حضرت ابن عباس، حضرت ابن مسعودؓاور چند دیگر صحابہ کرامؓ سے اس آیت مبارکہ اللہ لا الہ الا هو الحی القیوم کی تفسیر یوں نقل فرمائی ہے۔

القیوم سے مراد قائم رکھنے والا ہے۔

البینہ سے مراد نیند کی وہ ہلکی سی مہک ہے جو چہرے کو چھوتی ہے تو انسان او نگھنے لگتا ہے۔

مابین ایدیھم سے مراد دنیا ہے اور ماخلفہم سے مراد آخرت ہے۔ لا یحیطون بشیئ من علمہ کا مطلب یہ ہے کہ لوگوں کو اللہ تعالیٰ کے علم میں سے صرف اتنا ہی معلوم ہوتا ہے جتنا اللہ تعالیٰ چاہتے ہیں۔۔

وسع کرسیہ السموات والارض کا مطلب یہ ہے کہ تمام آسمان اور زمین کرسی کے وسط میں ہیں اور کرسی عرش کے سامنے رکھی ہے۔ جبکہ عرش اللہ تعالیٰ کے قدم رکھنے کی جگہ ہے۔

اور لا یؤودہ سے مراد یہ ہے کہ اس پر یہ حفاظت والا کام بوجھل نہیں ہے۔

۶۔ علامہ سیوطی نے الدر ا/۳۲۸میں لکھا ہے ابن المنذر اور ابو شیخ نے یہ حدیث بیان فرمائی ہے۔ حضرت ابن مسعودؓ نے فرمایا:

ایک آدمی نے عرض کیا اے اللہ کے رسول ! صلی اللہ علیہ وآلہ وسلم مقام محمود کیا ہے؟ آقا علیہ الصلوٰۃ و التسلیم نے فرمایا یہ اس دن ملے گا جس دن اللہ جل جلالہ کرسی پر نزول فرمائیں گے۔ کرسی

سے ایسی آوازیں آرہی ہوں گی جیسی تنگ ہونے کی وجہ سے نئے کجاوہ سے آتی ہیں۔ حالانکہ آسمان وزمین کے درمیان جتنی وسعت ہے اتنی اس کی وسعت ہوگی۔

۷۔ قرطبی نے احکام ۳/۲۷۷ میں تحریر کیا کہ علامہ بیہقی نے حضرت ابن مسعودؓ اور حضرت ابن عباسؓ کے حوالے سے فرمایا وسع کرسیہ سے مراد اللہ جل جلالہ کا علم ہے۔

لَا إِكْرَاهَ فِي الدِّينِ قَدْ تَبَيَّنَ الرُّشْدُ مِنَ الْغَيِّ

زور نہیں دین کی بات میں کھل چکی ہے صلاحیت بے راہی سے۔

۱۔ علامہ بغوی نے ۳/۲۲۸ میں لکھا ہے کچھ لوگوں کا کہنا کہ یہ بات ابتداء اسلام کی جبکہ ابھی قتال کا حکم نہیں آیا تھا پھر بعد میں قتال والی آیت کریمہ کی وجہ سے یہ آیت منسوخ ہوگئی تھی۔

حضرت ابن مسعودؓ کا فرمان بھی یہی ہے۔

أَوْ كَالَّذِي مَرَّ عَلَى قَرْيَةٍ وَهِيَ خَاوِيَةٌ عَلَى عُرُوشِهَا قَالَ أَنَّى يُحْيِي هَذِهِ اللَّهُ بَعْدَ مَوْتِهَا فَأَمَاتَهُ اللَّهُ مِائَةَ عَامٍ ثُمَّ بَعَثَهُ قَالَ كَمْ لَبِثْتَ قَالَ لَبِثْتُ يَوْمًا أَوْ بَعْضَ يَوْمٍ قَالَ بَلْ لَبِثْتَ مِائَةَ عَامٍ فَانْظُرْ إِلَى طَعَامِكَ وَشَرَابِكَ لَمْ يَتَسَنَّهْ وَانْظُرْ إِلَى حِمَارِكَ وَلِنَجْعَلَكَ آيَةً لِلنَّاسِ

یا جیسے وہ شخص کہ گزرا ایک شہر پر اور وہ گرا پڑا تھا اپنی چھتوں پر بولا کہاں جلاوے گا اس کو اللہ مر گئے پیچھے پھر مار رکھا اس شخص کو اللہ نے سو برس پھر اٹھایا کہا تو کتنی دیر رہا بولا میں رہا ایک

دن یا دن سے کچھ کم کہا بلکہ تو رہا سو برس اب دیکھ اپنا کھانا اور پینا سڑ نہیں گیا اور دیکھ اپنے گدھے کو اور تجھ کو ہم نے نمونہ کیا چاہیں لوگوں کے واسطے۔

ا۔ علامی سیوطی نے الدر ا/ ۳۳۳ میں حضرت عکرمہ کے حوالے سے لکھا ہے ولنجعلک ایۃ اللناس۔ کی تفسیر یہ ہے جب حضرت عزیر کو دوبارہ زندہ کیا گیا تو ان کی عمر ایک سو چالیس سال تھی۔ مگر تھے بالکل جوان جبکہ ان کی اولاد کی عمر سو سال تھی مگر وہ بوڑھے ہو چکے تھے۔ ابن ابی حاتم نے حضرت ابن مسعودؓ سے ایسی ہی تفسیر نقل کی ہے۔

اور جب کہا ابراہیم نے اے رب دکھا مجھے کیونکر جلائے گا تو مردے۔

ا۔ ابن جوزی نے زاد ا/ ۳۱۳ میں اس آیت کریمہ کا سبب نزول لکھا ہے اس میں یہ ہے کہ جب حضرات ابراہیمؑ کو یہ خوشخبری دی گئی کہ اللہ تعالیٰ نے انہیں اپنا خلیل بنا لیا ہے تب انہوں نے یہ سوال کیا تھا تاکہ معلوم کرلیں یہ خوشخبری بالکل صیح ہے۔

سدی نے حضرت ابن مسعودؓ اور حضرت ابن عباسؓ کے حوالے سے یہ بات ذکر کی ہے۔

مَثَلُ الَّذِينَ يُنْفِقُونَ أَمْوَالَهُمْ فِي سَبِيلِ اللَّهِ كَمَثَلِ حَبَّةٍ أَنْبَتَتْ سَبْعَ سَنَابِلَ فِي كُلِّ سُنْبُلَةٍ مِائَةُ حَبَّةٍ وَاللَّهُ يُضَاعِفُ لِمَنْ يَشَاءُ

مثال ان کی جو خرچ کرتے ہیں اپنے مال اللہ کی راہ میں جیسے ایک دانہ اس سے اگیں سات بالیں ہر بال میں سو سو دانے اور اللہ بڑھاتا ہے جس کے واسطے چاہے۔

ا۔ حضرت امام احمد بن حنبل کے فرزند حضرت عبداللہ نے فرمایا ہمیں حضرت ابن مسعودؓ کی یہ روایت پہنچی ہے۔ حضرت ابن مسعودؓ فرماتے ہیں آقا علیہ الصلوٰۃ والتسلیم نے فرمایا۔ بلا

شبہ اللہ تعالیٰ انسان کی ایک نیکی کا بدلہ دس نیکیوں جتنا دیتے ہیں۔ یہاں تک کہ سات سو گنا تک بھی عطا فرماتے ہیں۔

يَا أَيُّهَا الَّذِينَ آمَنُوا أَنْفِقُوا مِنْ طَيِّبَاتِ مَا كَسَبْتُمْ وَمِمَّا أَخْرَجْنَا لَكُمْ مِنَ الْأَرْضِ وَلَا تَيَمَّمُوا الْخَبِيثَ مِنْهُ تُنْفِقُونَ

اے ایمان والو خرچ کرو ستھری چیزیں اپنی کمائی میں سے اور جو ہم نے نکال دیا تم کو زمین میں سے اور نیت نہ رکھو گندی چیز پر کہ خرچ کرو۔

ا۔ امام رازیؒ نے مفاتیح ۲/۳۴۴ میں لکھا ہے حضرت ابن مسعودؓ اور حضرت مجاہد نے فرمایا الطیب سے مراد حلال ہے اور الخبیث سے حرام مراد ہے۔

۲۔ حضرت امام احمد بن حنبلؒ نے اپنی مسند ۵/۲۴۶۔۲۴۷ میں لکھا ہے حضرت ابن مسعودؓ نے فرمایا: کوئی آدمی اگر حرام کمائے اور اس میں سے راہ خدا میں خرچ کرے تو اس کے مال میں کوئی برکت نہ ہوگی اور اگر صدقہ کرے تو قبول نہ ہوگا اور اگر یہ مال چھوڑ کر مر گیا تو یہی مال اسے جہنم تک لے جانے کا ذریعہ بن جائے گا۔ بیشک اللہ تعالیٰ برائی، برائی سے نہیں مٹاتے بلکہ اچھائی کے ذریعے برائی مٹاتے ہیں اور بلاشبہ برائی، برائی مٹانے کے کام آ ہی نہیں سکتی۔

۳۔ علامہ سیوطی نے الدر ا/۳۰۶ میں لکھا ہے حضرت عبداللہ بن مسعودؓ نے فرمایا۔ پاکیزہ مال زکوٰۃ نہ دینے سے گندہ ہو جاتا ہے اور گندہ مال زکوٰۃ کی دائے گی کے باوجود پاکیزہ نہیں ہوتا۔

الشَّيْطَانُ يَعِدُكُمُ الْفَقْرَ وَيَأْمُرُكُمْ بِالْفَحْشَاءِ وَاللَّهُ يَعِدُكُمْ مَغْفِرَةً مِنْهُ وَفَضْلا

شیطان وعدہ دیتا ہے تم کو تنگی کا اور حکم کرتا ہے بے حیائی کا اور اللہ وعدہ دیتا ہے اپنی بخشش کا۔

ا۔ علامہ سیوطی نے الدر ا/۳۴۸ میں لکھا ہے حضرت ابن مسعودؓ نے فرمایا۔

انسان کی مثال اس چیز کی مانند ہے جو اللہ تعالیٰ اور شیطان مردود کے درمیان پڑی ہو۔ اگر اللہ جل جلالہ کو اس چیز سے کوئی کام ہوگا تو اللہ تعالیٰ اسے شیطان سے محفوظ رکھیں گے اور اگر اللہ تعالیٰ کو اس چیز سے کوئی کام نہ ہوگا تو اللہ تعالیٰ شیطان کو اس چیز تک جانے سے نہیں روکیں گے۔

۲۔ امام ترمذیؒ نے اپنی صحیح ا/۱۰۹۔۱۱۰ میں حضرت ابن مسعودؓ کی یہ حدیث مبارکہ بیان فرمائی ہے۔ حضرت ابن مسعودؓ فرماتے ہیں آقا علیہ الصلوٰۃ والتسلیم نے فرمایا: بلاشبہ شیطان بھی انسان کو چھوتا ہے اور رحمان کی بھی انسان سے ملاقات رہتی ہے۔ شیطان کا چھونا یہ ہے کہ وہ اسے بربادی کا خوف دلائے گا اور سچ کی تکذیب پر ابھارے گا جبکہ رحمٰن کی ملاقات یہ ہے کہ وہ اسے اچھائی کا یقین دلائے گا اور سچ کی تصدیق کرنے کو کہے گا۔ تو جو بندہ اپنے دل میں یہ بات محسوس کرے اسے سمجھ لینا چاہیے کہ یہ اللہ جل جلالہ کی طرف سے ہے اور اللہ تعالیٰ کی تعریف کرنی چاہیے۔ اور جو بندہ اوپر والی بات اپنے دل میں محسوس کرے تو وہ شیطان مردود سے اللہ جل جلالہ کی پناہ مانگے۔ یہ باتیں بیان فرما کر بعد میں آپ ﷺ نے

قرآن مجید کی یہ آیت مبارکہ تلاوت فرمائی الشیطان یعدکم انفقوہ ویامرکم بالفحشاء (شیطان وعدہ دیتا ہے تم کو تنگی کا اور حکم کرتا ہے بے حیائی کا۔)

يُؤْتِي الْحِكْمَةَ مَنْ يَشَاءُ وَمَنْ يُؤْتَ الْحِكْمَةَ فَقَدْ أُوتِيَ خَيْرًا كَثِيرًا

دیتا ہے سمجھ جس کو چاہے اور جس کو کچھ ملی بہت خوب ملی۔

۱۔ حضرت امام احمد بن حنبلؒ نے مسند ۵/۲۳۷ اور ۶/۷۸۔۷۹ میں حضرت ابن مسعودؓ کے حوالے سے یہ حدیث مبارکہ بیان فرمائی ہے۔ آپؓ فرماتے ہیں رحمۃ للعلمین صلی اللہ علیہ وآلہ وسلم نے فرمایا:

دو آدمیوں کے سوا کسی اور پر حسد کرنا جائز نہیں۔ ایک وہ آدمی جسے اللہ تعالیٰ نے مال عطا فرمایا تو وہ اسے راہ حق میں لٹا دے اور دوسرا وہ آدمی جسے اللہ جل جلالہ نے دانائی سے مالا مال کیا تو وہ اس کے ذریعے فیصلے کرتا ہے اور لوگوں کو یہ دانائی سکھاتا ہے۔

۲۔ ابن جوزیؒ نے زاد المعاد ۱/۳۲۴ میں حضرت ابن مسعودؓ کا فرمان تحریر کیا ہے کہ حکمت سے مراد، قرآن مجید ہے۔

۳۔ علامہ ابن کثیر نے اپنی تفسیر ۱/۴۷۶ میں لکھا ہے کہ ابن مردویہ نے حضرت ابن مسعودؓ کی یہ مرفوع حدیث نقل فرمائی ہے۔ اللہ جل جلالہ سے ڈرتے رہنا ہی اصل دانائی ہے۔

وَمَا لِلظَّالِمِينَ مِنْ أَنْصَارٍ

اور گنہگاروں کا کوئی مددگار نہیں۔

ا۔ علامہ سیوطی نے الدر ا/۳۵۲ میں لکھا ہے کہ طبرانی نے حضرت ابن مسعودؓ کی یہ حدیث بیان فرمائی ہے۔ آپؓ فرماتے ہیں رحمت دو عالم ﷺ نے فرمایا: لوگو! ظلم مت کرو ورنہ تم دعائیں کرو گے تو قبول نہ ہوں گی بارش مانگو گے تو بارش نہیں ہوگی اور مدد مانگو گے تو تمہاری مدد نہیں کی جائے گی۔

إِنْ تُبْدُوا الصَّدَقَاتِ فَنِعِمَّا هِيَ وَإِنْ تُخْفُوهَا وَتُؤْتُوهَا الْفُقَرَاءَ فَهُوَ خَيْرٌ لَكُمْ وَيُكَفِّرُ عَنْكُمْ مِنْ سَيِّئَاتِكُمْ

اگر کھل کر دو خیرات تو کیا اچھی اور اگر چھپاؤ اور فقیروں کو پہنچاؤ تو تم کو بہتر ہے اور اتارتا ہے کچھ گناہ تمہارے۔

ا۔ امام احمد بن حنبلؒ نے اپنی مسند ۵/۲۵۰۔ ۲۵۱ میں حضرت ابن مسعودؓ کی یہ روایت بیان فرمائی ہے، آپؓ فرماتے ہیں رسالت مآب ﷺ نے فرمایا!

اپنا چہرہ آگ سے بچاؤ اگرچہ کھجور کے ایک ٹکڑے کے ذریعے ہو۔

۲۔ علامہ سیوطی نے الدر ا/۳۵۵ میں لکھا ہے کہ ابن ابی شیبہ اور امام بیہقی نے حضرت عبد اللہ بن مسعودؓ سے یہ روایت بیان کی ہے آپؓ فرماتے ہیں۔

ایک راہب نے کسی گرجے میں ساٹھ سال اللہ تعالیٰ کی عبادت کی۔ ایک دن ایک عورت وہاں آ نکلی۔ دونوں ایک دوسرے کی جانب مائل ہوئے۔ یہ راہب چھ راتیں اس سے منہ کالا کرتا رہا پھر شرمندہ ہوا تو بھاگ کر ایک مسجد میں چلا گیا وہاں تین دن ایسے رہا کہ کچھ کھایا پیا

نہیں۔ کہیں سے ایک روٹی ملی تو اسے دو ٹکڑے کر کے ایک ٹکڑا اپنے داہنی جانب والے آدمی کو دے دیا اور دوسرا اپنی بائیں جانب بیٹھے آدمی کو تھما دیا۔

اب اللہ جل جلالہ نے موت کا فرشتہ اس کی طرف بھیجا اس نے اس کی روح نکال لی۔ پھر اس کی ساٹھ سالہ عبادت ایک پلڑے میں رکھی گئی اور چھ راتوں کا گناہ دوسرے پلڑے میں رکھا گیا۔ چھ راتوں والا پلڑا بھاری ہو گیا۔ پھر دوسری جانب وہ روٹی رکھی گئی تو وہ پلڑا بھاری ہو گیا۔

لِلْفُقَرَاءِ الَّذِينَ أُحْصِرُوا فِي سَبِيلِ اللَّهِ لا يَسْتَطِيعُونَ ضَرْبًا فِي الأَرْضِ يَحْسَبُهُمُ الْجَاهِلُ أَغْنِيَاءَ مِنَ التَّعَفُّفِ تَعْرِفُهُمْ بِسِيمَاهُمْ لا يَسْأَلُونَ النَّاسَ إِلْحَافًا

دینا ہے ان مفلسوں کو جو اٹک رہے ہیں اللہ کی راہ میں چل پھر نہیں سکتے ملک میں سمجھے ان کو بیخبر محفوظ ان کے نہ مانگنے سے تو پہچانتا ہے ان کو ان کے چہرے سے نہیں مانگتے لوگوں سے لپٹ کر۔

ا۔ حضرت امام احمد بن حنبلؒ نے اپنی مسند ۵/۲۳۰ میں حضرت ابن مسعودؓ کی یہ روایت بیان فرمائی ہے۔ آپؓ فرماتے ہیں۔ امام الانبیاء ﷺ نے فرمایا۔ مانگنے کے لیے چکر پہ چکر لگانے والا مسکین نہیں ہوتا اور نہ وہ مسکین ہے جو ایک کھجور یا دو کھجوروں یا ایک لقمہ یا دو لقموں کے لیے در در پہ جاتا ہے بلکہ مسکین وہ ہے جو سوال کرنے سے کتراۓ۔ لوگوں سے کچھ بھی نہ مانگے اور نہ ایسا انداز اختیار کرے کہ اسے صدقہ دیا جاۓ۔

۲۔ امام رازی نے مفاتیح ۲/۳۵۵ میں حضرت ابن مسعودؓ کے حوالے سے یہ روایت لکھی ہے۔ بیشک اللہ تعالیٰ پاکدامن اور سوال سے بچنے والے کو پسند فرماتے ہیں اور گندہ دھن بد گو لپٹ لپٹ کر مانگنے والے کو ناپسند فرماتے ہیں۔ اگر اسے زیادہ دیا جائے تو تعریفوں کے پل باندھ دے اور اگر کم دیا جائے تو مذمت کرنے میں کوئی کسر اٹھا نہ رکھے۔

۳۔ حضرت امام احمد بن حنبلؒ نے اپنی مسند ۶/۲۰۰ میں حضرت ابن مسعودؓ کی یہ حدیث مبارکہ بیان فرمائی ہے۔ آپؓ فرماتے ہیں۔ رحمت دوجہاں ﷺ نے فرمایا: جس نے بلا ضرورت کسی سے کوئی چیز مانگی وہ قیامت کے دن یوں آئے گا کہ اس کے چہرے میں خراش ہوگی۔ اور جس کے پاس پچاس درہم یا ان جتنا سونا ہو اسے صدقہ نہیں دیا جا سکتا۔

الَّذِينَ يَأْكُلُونَ الرِّبَا لا يَقُومُونَ إلا كَمَا يَقُومُ الَّذِي يَتَخَبَّطُهُ الشَّيْطَانُ مِنَ الْمَسِّ ذَلِكَ بِأَنَّهُمْ قَالُوا إِنَّمَا الْبَيْعُ مِثْلُ الرِّبَا وَأَحَلَّ اللَّهُ الْبَيْعَ وَحَرَّمَ الرِّبَا

جو لوگ کھاتے ہیں سود نہ اٹھیں گے قیامت کو مگر جس طرح اٹھتا ہے جس کے حواس کھو دیے جن نے لپٹ کر یہ اس واسطے کہ انہوں نے کہا سودا کرنا بھی تو ویسا ہی ہے جیسے سود لینا اور اللہ نے حلال کیا سودا اور حرام کیا سود۔

۱۔ حضرت امام مالک رحمہ نے الموطا ۲/۶۸۲ میں لکھا ہے حضرت ابن مسعودؓ فرمایا کرتے تھے۔ اگر کوئی کسی کو قرض دے تو کسی قسم کے اضافے کی شرط نہ رکھے اگرچہ مٹھی بھر گھاس ہی کیوں نہ ہو۔ کیونکہ یہ بے سود ہے۔

۲۔ حاکم نے مستدرک ۲/۳۷ میں حضرت ابن مسعودؓ کی یہ روایت بیان کی ہے۔ آپؓ فرماتے ہیں رحمت دو عالم ﷺ نے فرمایا:

سود کی تہتر قسمیں ہیں۔ ہلکی ترین قسم بھی ایسی جیسے بندہ اپنی ماں سے نکاح کر لے اور بلاشبہ سب سے بڑا سود یہ ہے کہ بندہ مسلم کو بے عزت کیا جائے۔

يَمْحَقُ اللَّهُ الرِّبَا وَيُرْبِي الصَّدَقَاتِ

مٹاتا ہے اللہ سود اور بڑھاتا ہے خیرات۔

۱۔ حضرت امام احمد بن حنبلؒ نے مسند ۵/۲۸۳ میں حضرت ابن مسعودؓ کی یہ روایت نقل فرمائی ہے۔ آپؓ فرماتے ہیں شفیع عاصیاں ﷺ نے فرمایا: سود اگرچہ اضافہ کا نام ہے مگر انجام کار یہ قلت کا باعث بنتا ہے۔

يَا أَيُّهَا الَّذِينَ آمَنُوا اتَّقُوا اللَّهَ وَذَرُوا مَا بَقِيَ مِنَ الرِّبَا إِنْ كُنْتُمْ مُؤْمِنِينَ (٢٧٨) فَإِنْ لَمْ تَفْعَلُوا فَأْذَنُوا بِحَرْبٍ مِنَ اللَّهِ وَرَسُولِهِ

اے ایمان والو! ڈرو اللہ سے اور چھوڑ دو جو رہ گیا سود اگر تم کو یقین ہے۔ پھر اگر نہیں کرتے تو خبردار ہو جاؤ لڑنے کو اللہ سے اور اس کے رسول سے۔۔

۱۔ امام احمد بن حنبلؒ نے اپنی مسند ۵/۳۰۹ میں حضرت ابن مسعودؓ کی یہ روایت نقل فرمائی ہے۔ آپؓ فرماتے ہیں شافع محشر ﷺ نے فرمایا! سود کھانے والے پر ل، سودی معاملہ کے نمائندہ پر، اس معاملہ کے دونوں گواہوں پر اور اس کے لکھنے والے پر اللہ تعالیٰ کی لعنت

برستی ہے۔ آپ صلی اللہ علیہ وآلہ وسلم نے مزید فرمایا کہ سود اور زنا جو قوم بھی اختیار کرتی ہے اس پر اللہ جل جلالہ کا عذاب ضرور آتا ہے۔

وَإِنْ كَانَ ذُو عُسْرَةٍ فَنَظِرَةٌ إِلَى مَيْسَرَةٍ وَأَنْ تَصَدَّقُوا خَيْرٌ لَكُمْ

اور اگر ایک شخص ہے تنگی والا تو فرصت دینی چاہیے جب تک کشائش پاوے اور اگر خیرات کر دو تو تمہارا بھلا ہے۔

۱ علامہ ربیع نے مسند ۲/۴۶ میں حضرت ابن مسعودؓ کی یہ روایت نقل کی ہے۔ آپؓ فرماتے ہیں ساقی کوثر صلی اللہ علیہ وآلہ وسلم نے فرمایا۔

فقیر آدمی مانگنے کے لیے کسی کے پیچھے پڑ جانا حرام ہے اور کسی اور کی چیز پر دعوی جتانے والا اور اپنے ذمہ واجب چیز کا انکار کرنے والا دونوں نافرمان اور گنہگار ہیں۔

۲۔ علامہ بغوی نے معالم ۱/۲۵۴ میں حضرت ابن مسعودؓ کی یہ حدیث شریف نقل کی ہے، آپؓ فرماتے ہیں، رسالت مآب صلی اللہ علیہ وآلہ وسلم نے فرمایا:

تم سے پہلے زمانے میں فرشتے ایک آدمی کی روح اوپر لے کر گئے تو اس سے پوچھا تو نے کبھی کوئی نیک کام بھی کیا ہے؟ اس نے کہا نہیں فرشتوں نے اسے کہا یاد کر شاید کبھی کوئی نیک کام کیا ہو۔ اس نے کوئی نیک کام نہیں کیا البتہ ایک ہے کہ میں لوگوں کو جب ادھار دیتا تو اپنے بچوں سے کہتا کہ جو قرض لینے والوں میں سے جو ذرا صاحب حیثیت ہو اسے مہلت دیا

کرواور جو تنگدست ہو اس سے درگزر کا معاملہ کیا کرو، اس کی یہ بات سن کر اللہ جل جلالہ نے فرشتوں سے فرمایا تم بھی اس سے درگزر والا معاملہ کرو۔

وَلا يُضَارَّ كَاتِبٌ وَلا شَهِيدٌ

اور نقصان نہ کرے لکھنے والا نہ شاہد۔

۱۔ علامہ رازی نے مفاتیح ۲/۳۷۵ میں لکھا ہے اس آیت مبارکہ میں نقصان دینے سے جو ممانعت فرمائی گئی ہے ہو سکتا ہے اس سے مراد یہ ہو کہ جس کا حق بن رہا ہے وہ کاتب اور گواہ کو کوئی نقصان نہ دے یا یہ کہ انہیں ان کے کاموں سے نہ روکے۔

یہ حضرت ابن مسعودؓ حضرت عطاء اور حضرت مجاہد کا فرمان ہے۔

وَإِنْ تُبْدُوا مَا فِي أَنْفُسِكُمْ أَوْ تُخْفُوهُ يُحَاسِبْكُمْ بِهِ اللَّهُ فَيَغْفِرُ لِمَنْ يَشَاءُ وَيُعَذِّبُ مَنْ يَشَاءُ

اور اگر تم کھولو گے اپنی جی کی بات یا چھپاؤ گے حساب لے گا تم سے اللہ پھر بخشے گا جس کو چاہے گا اور عذاب کرے گا جس کو چاہے۔

۱۔ طبری نے جامع ۶/۱۱۰ میں لکھا ہے حضرت ضحاک فرماتے ہیں حضرت ابن مسعودؓ آیت مبارکہ وان تبدوا ما فی انفسکم او تخفوہ یحاسبکم بہ اللہ کی تفسیر میں فرمایا کرتے تھے آیت مبارکہ میں مذکور محاسبہ والی بات اس آیت مبارکہ لہا ماکسبت وعلیھا ماکتسبت

کے نازل ہونے سے پہلے کی ہے۔ جب یہ آیت مبارکہ نازل ہوئی تو پہلی آیت منسوخ ہو گئی۔

۲۔ علامہ بغوی نے معالم ۱/ ۲۶۱۔ ۲۶۲ میں لکھا ہے حضرت ابوہریرہؓ فرماتے ہیں جب اللہ تعالیٰ نے یہ آیت مبارکہ اتاری للہ ما فی السموات وما فی الارض وان تبدوا ما فی انفسکم او تخفوہ یحاسبکم بہ اللہ۔ تو صحابہ کرامؓ بڑے پریشان ہوئے۔ چنانچہ وہ سرکاردو عالم صلی اللہ علیہ وآلہ وسلم کی خدمت میں حاضر ہوئے اور گھٹنوں کے بل کھڑے ہو کر عرض کیا اے اللہ کے رسول صلی اللہ علیہ وآلہ وسلم پہلے ہمیں جن کاموں کا حکم دیا گیا مثلاً نماز، روزہ، جہاد، صدقہ ان کی تو ہم طاقت رکھتے ہیں مگر اب جو آیت مبارکہ نازل ہوئی ہے یہ تو ہمارے بس کی بات نہیں۔ سرکردو عالم صلی اللہ علیہ وآلہ وسلم نے فرمایا تم بھی اہل کتاب کی سی بات کہنا چاہتے ہو کہ سمعنا وعصینا۔ یوں نہ کہو بلکہ یوں کہو سمعنا واطعنا غفرانک ربنا الیک المصیر۔

صحابہ کرامؓ نے جب یہ کہہ لیا سمعنا واطعنا تو اللہ تعالیٰ نے پہلی آیت مبارکہ وان تبدوا الخ منسوخ فرما کر یہ آیت مبارکہ نازل فرمائی۔ لا یکلف اللہ نفسا الا وسعہا لا ما کسبت وعلیہا ما کتسبت ربنا لا تؤاخذنا ان نسینا او اخطنا۔ (اس دعا پر اللہ تعالیٰ نے فرمایا میں نے تمہاری یہ دعا قبول کرلی) ربنا ولا تحملنا ما لا طاقۃ لنا بہ) اللہ تعالیٰ نے فرمایا میں نے یہ دعا قبول کی (واعف عنا واغفرلنا وارحمنا۔ انت مولانا فانصرنا علی القوم الکافرین۔ اللہ تعالیٰ نے فرمایا میں نے یہ دعا قبول کی۔

یہ تفسیر حضرت ابن مسعودؓ اور حضرت ابن عباس وغیرہما سے منقول ہے۔

آمَنَ الرَّسُولُ بِمَا أُنْزِلَ إِلَيْهِ مِنْ رَبِّهِ وَالْمُؤْمِنُونَ

مانا رسول نے جو کچھ اترا اس کو اس کے رب کی طرف سے اور مسلمانوں نے۔

۱۔ امام احمد بن حنبلؒ نے اپنی مسند ۲۴۳/۵ میں یہ روایت نقل فرمائی ہے، حضرت ابن مسعودؓ فرماتے ہیں۔ جناب خاتم الانبیاء ﷺ سفر معراج میں جب سدرۃ المنتہی کے پاس پہنچے تو وہاں آپ ﷺ کو تین عمدہ چیزیں عطا کی گئیں۔ ۱۔ پانچ نمازیں۔ ۲۔ سورۃ بقرہ کی آخری آیات۔ ۳۔ ہر اس امتی کی بخشش جس نے اللہ جل جلالہ کے ساتھ شرک نہ کیا۔

۲۔ علامہ سیوطی نے الدر ۳۷۸/۱ میں لکھا کہ فریابی، ابو عبید، طبرانی اور محمد بن نصر نے حضرت ابن مسعودؓ کی یہ روایت نقل کی ہے۔

سورہ بقرہ کی یہ آخری آیات عرش الٰہی کے نیچے پڑے خزانہ سے اتری ہیں۔

۳۔ علامہ سیوطی نے الدر ۳۷۸/۱ میں لکھا ہے خطیب نے تلخیص المتشابہ نامی کتاب میں حضرت ابن مسعودؓ کا یہ فرمان نقل کیا ہے۔ آپؓ نے فرمایا۔ جس نے سورۃ بقرہ کی آخری تین آیات کی تلاوت کی اس نے بہت تلاوت کی اور اچھا کام کیا۔

۴۔ علامہ زمخشری نے کشاف ۱۷۳/۱ میں لکھا ہے جناب رسالت مآب ﷺ نے فرمایا:

اللہ تعالیٰ نے جنت کے خزانوں میں سے دو آیات نازل فرمائی ہیں۔ رحمن و رحیم ذات نے مخلوق کی تخلیق سے دو ہزار برس قبل اپنے دست قدرت سے یہ آیات لکھیں۔ جو بندہ عشاء کے بعد ان کی تلاوت کرے گا اسے رات کے قیام کا ثواب ملے گا۔

***

۳۔ سورۃ آل عمران

۱۔ علامہ قرطبی نے احکام ۴/۲ میں لکھا ہے کہ دارمی نے اپنی سنن میں حضرت ابن مسعودؓ کا یہ فرمان نقل کیا ہے سورۃ آل عمران فقیر آدمی کے لیے کیا خوب خزانہ ہے جسے وہ رات کے آخری پہر تلاوت کرتا ہے۔

۲۔ علامہ سیوطی نے الدر ۲/۲ میں لکھا ہے کہ دارمی، محمد بن نصر اور امام بیہقی نے حضرت عبداللہ بن مسعودؓ کا یہ فرمان نقل کیا ہے: جس نے سورۃ آل عمران کی تلاوت کی وہ مالدار ہے اور سورۃ نساء زینت بخشتی ہے۔

هُوَ الَّذِيُ صَوِّرُكُمْ فِي الأَرْحَامِ كَيْفَ يَشَاءُ۔

وہی تمہارا نقشہ بناتا ہے ماں کے پیٹ میں جس طرح چاہے۔ علامہ سیوطی نے الدر ۴/۲ میں لکھا ہے کہ ابن المنذر نے حضرت ابن مسعودؓ کا اس آیت کریمہ کی تفسیر میں یہ فرمان نقل کیا ہے کہ کیف یشاء کی تفسیر یہ ہے مذکر بنائے یا مونث بنائے۔

۲۔ طبری نے جامع ۱۶۷/۶ میں لکھا ہے کہ حضرت ابن عباس، حضرت ابن مسعودؓ اور چند اور صحابہ کرامؓ سے اس آیت کریمہ کی تفسیر یوں منقول ہے۔

جب نطفہ رحم مادر میں پہنچتا ہے تو چالیس دن تک یوں ہی پڑا رہتا ہے پھر چالیس دن لوتھڑے کی شکل میں رہتا ہے پھر چالیس دن گوشت پوست کی شکل اختیار کیے رہتا ہے۔ جب اسے زندہ کرنے کی نوبت آجاتی ہے تو اللہ تعالیٰ اس کی صورت بنانے کے لیے ایک فرشتہ بھیجتے ہیں۔ فرشتہ اپنی دو انگلیوں میں مٹی لے کر آتا ہے اور اس اسے اس گوشت مین ملا کر گوندھتا ہے پھر جس طرح اللہ تعالیٰ نے حکم دیا ہوتا ہے اس طرح کی شکل و صورت بنا دیتا ہے۔ اس کے بعد عرض کرتا ہے کہ یہ مذکر ہوگا یا مونث ؟ بدبخت ہوگا یا خوش بخت ؟ اس کا رزق کتنا ہے ؟ اس کی زندگی کتنی ہے ؟ اس میں قابلیت و صلاحیت کتنی ہوگی ؟ اسے کتنی مشکلات کا سامنا ہوگا ؟ پس اللہ تعالیٰ جیسا جیسا بتاتے ہیں فرشتہ لکھتا جاتا ہے۔ آدمی جب فوت ہوتا ہے تو وہیں دفن ہوتا ہے

هُوَ الَّذِیٓ اَنْزَلَ عَلَیْكَ الْكِتٰبَ مِنْهُ اٰیٰتٌ مُّحْكَمٰتٌ هُنَّ اُمُّ الْكِتٰبِ وَ اُخَرُ مُتَشٰبِهٰتٌ ۔
وہی ہے جس نے اتاری تجھ پر کتاب اس میں بعض آیتیں پکی ہیں سو جڑ ہے کتاب کی اور دوسری ہیں کئی طرف ملتی۔۔

ا۔ طبری نے جامع ۱/۶۸ میں حضرت ابن مسعودؓ کی یہ روایت بیان کی ہے۔ آپؓ فرماتے ہیں آقا علیہ الصلوٰۃ والتسلیم نے فرمایا :

آسمان سے پہلی کتاب ایک ہی باب میں اتری تھی اور اس کے پڑھنے کا ایک ہی طریقہ تھا مگر قرآن پاک سات ابواب پر مشتمل ہے اور اس مین سات چیزیں بیان کی گئی ہیں۔ زجر و

توبیخ، اوامر، حلال، حرام، محکم، متشابہ اور مثالیں۔ پس تم اس کے حلال کو حلال سمجھو، اس کے حرام کو حرام سمجھو، جن باتوں کا حکم دیا گیا ہے ان پر عمل کرو، جن سے روکا گیا ہے ان سے رک جاؤ۔ اس کی مثالوں سے سبق حاصل کرو، اس کے واضح احکامات پر عمل کرو اور جو واضح نہ ہوں۔ ان پر ایمان لاؤ اور یوں کہو آمنا بہ کل من عند ربنا (ہم اس پر یقین لائے سب کچھ ہمارے رب کی طرف سے ہے)۔

طبری نے اس حدیث کی سند آخر میں ذکر کی ہے۔

۲۔ علامہ سیوطی الدر ۲/۷ میں لکھا ہے حضرت ابن مسعودؓ نے فرمایا:

جیسے کسی راستہ پر روشنی کی جگہ ہوتی ہے ایسے ہی قرآن مجید میں بھی روشنی کی جگہ ہے پس جو تم پر واضح ہو جائے اس پر مضبوطی سے عمل پیرا ہو جاؤ اور واضح نہ ہو اسے یوں ہی رہنے دو۔

۳۔ طبری نے جامع ۶/۱۷۵ میں لکھا حضرت ابن عباس، حضرت ابن مسعودؓ اور چند دیگر صحابہ کرامؓ نے اس آیت کریمہ کی تفسیر میں فرمایا۔ محکم آیات وہ ہیں جو ناسخ ہیں اور جن پر عمل کیا جاتا ہے۔ اور متشابہ آیات وہ ہیں جو منسوخ کر دی گئیں۔

فَاَمَّا الَّذِیْنَ فِیْ قُلُوْبِہِمْ زَیْغٌ فَیَتَّبِعُوْنَ مَا تَشَابَہَ مِنْہُ ابْتِغَآءَ الْفِتْنَۃِ وَ ابْتِغَآءَ تَاْوِیْلِہٖ

سو جن کے دل پھرے ہوئے ہیں وہ لگتے ہیں ان کے ڈھب والیوں سے تلاش کرتے ہیں گمراہی اور تلاش کرتے ہیں ان کی کل بٹھانی۔

۱۔ طبری نے جامع ۶/۱۸۴ میں لکھا ہے حضرت ابن عباس، حضرت ابن مسعودؓاور چند دیگر صحابہ کرامؓ نے فرمایا کہ اس آیت کریمہ میں زیغ سے مراد شک ہے۔

وَ مَا يَعْلَمُ تَأْوِيْلَهٗٓ اِلَّا اللّٰهُ ۘ وَ الرّٰسِخُوْنَ فِی الْعِلْمِ يَقُوْلُوْنَ اٰمَنَّا بِهٖ ۙ كُلٌّ مِّنْ عِنْدِ رَبِّنَا ۚ وَ مَا يَذَّكَّرُ اِلَّآ اُولُوا الْاَلْبَابِ

اور ان کی کل کوئی نہیں جانتا سوائے اللہ کے اور جو مضبوط علم والے ہیں سو کہتے ہیں ہم اس پر یقین لائے سب کچھ ہمارے رب کی طرف سے ہے اور سمجھائے وہی سمجھتے ہیں جن کو عقل ہے۔

۱۔ قرطبی نے احکام ۴/۱۶ میں لکھا ہے کہ اس آیت کریمہ میں وما یعلم تاویلہ الا اللہ پر وقف تام ہے اور والراسکون فی العلم یقولون امنا بہ سے نیا جملہ شروع ہو رہا ہے۔

یہ بات حضرت ابن مسعودؓ اور حضرت ابی بن کعبؓ وغیرہ سے منقول ہے۔

۲۔ ابن جوزی نے زاد ۱/۳۵۴ میں لکھا ہے حضرت ابن عباسؓ نے اس آیت کریمہ کی قرأت یوں فرمائی ہے ویقول الراسخون فی العلم امنا بہ۔

حضرت ابن مسعودؓ اور حضرت ابی بن کعبؓ وغیرہ نے یہ معنی اختیار فرمایا ہے۔

قَدْ كَانَ لَكُمْ اٰيَةٌ فِیْ فِئَتَيْنِ الْتَقَتَا ؕ فِئَةٌ تُقَاتِلُ فِیْ سَبِيْلِ اللّٰهِ وَ اُخْرٰى كَافِرَةٌ يَّرَوْنَهُمْ مِّثْلَيْهِمْ رَاْىَ الْعَيْنِ ؕ وَ اللّٰهُ يُؤَيِّدُ بِنَصْرِهٖ مَنْ يَّشَآءُ

ابھی ہو چکا ہے تم کو ایک نمونہ دو فوجوں میں جو بھڑی تھیں ایک فوج ہے کہ لڑائی ہے اللہ کی راہ میں اور دوسری منکر ہے یہ ان کو دیکھتے ہیں اپنے دو صریح آنکھوں سے اور اللہ زور دیتا ہے اپنی مدد کا جس کو چاہے۔

۱۔ ابن جوزی نے زاد ۱/۳۵۶ میں لکھا ہے اس آیت مبارکہ میں مومنوں کو مخاطب بنایا گیا ہے یہ تفسیری نکتہ حضرت ابن مسعودؓ اور حضرت حسن سے منقول ہے۔

۲۔ طبری نے جامع ۶/۲۴۲ میں لکھا ہے حضرت ابن مسعودؓ نے فرمایا اس آیت کریمہ میں جنگ بدر کی طرف اشارہ ہے۔ آپؓ فرماتے ہیں اس دن جب ہم نے مشرکوں کو دیکھا تو وہ ہمیں اپنے سے کمزور نظر آئے پھر جب ہم نے دوبارہ انہیں دیکھا تو ہمیں نظر آیا کہ صرف ایک آدمی ان کا ہم سے زیادہ ہے۔ اسی حالت کو اللہ جل جلالہ نے اپنے فرمان عالیشان میں بیان فرمایا۔ واذیریکموھم اذ التقیتم فی اعینکم قلیلا و یقللکم فی اعینھم (الانفال/۴۴۹ (اور جب تم کو دکھائی وہ فوج ملاقات کے تمہاری آنکھوں میں تھوڑی)

شَهِدَ اللّٰهُ اَنَّهٗ لَآ اِلٰهَ اِلَّا هُوَ ۙ وَ الْمَلٰٓىِٕكَةُ وَ اُولُوا الْعِلْمِ قَآىِٕمًا بِالْقِسْطِ ؕ لَآ اِلٰهَ اِلَّا هُوَ الْعَزِیْزُ الْحَكِیْمُؕ (۱۸)اِنَّ الدِّیْنَ عِنْدَ اللّٰهِ الْاِسْلَامُ

اللہ نے گواہی دی کہ کسی کی بندگی نہیں اس کے سوا اور فرشتوں نے اور علم والوں نے وہی حاکم انصاف کا کسی کو بندگی نہیں سوائے اس کے زبردست ہے حکمت والا دین جو ہے اللہ کے ہاں سو یہی مسلمانی حکم براری۔

ا۔ ابن کثیرؒ نے اپنی تفسیر ۱۹/۲ میں لکھا ہے کہ حافظ ابوالقاسم الطبرانی نے معجم الکبیر میں حضرت ابن مسعودؓ کی یہ روایت ذکر کی ہے۔ آپؓ فرماتے ہیں رحمت دوعالم صلی اللہ علیہ وآلہ وسلم نے فرمایا۔ اس آیت کریمہ کی تلاوت کرنے والا جب قیامت کے دن حاضر ہوگا تو رب تعالیٰ شانہ فرمائیں گے میرے بندے نے میرے ساتھ عہد کیا تھا، آج میں اپنا وعدہ ضرور پورا کروں گا۔ میرے بندے کو جنت میں داخل کردو۔

اِنَّ الَّذِیْنَ یَکْفُرُوْنَ بِاٰیٰتِ اللّٰہِ وَ یَقْتُلُوْنَ النَّبِیّٖنَ بِغَیْرِ حَقٍّ ۙ وَّ یَقْتُلُوْنَ الَّذِیْنَ یَاْمُرُوْنَ بِالْقِسْطِ مِنَ النَّاسِ فَبَشِّرْھُمْ بِعَذَابٍ اَلِیْمٍ

جو لوگ منکر ہوں اللہ کی آیتوں سے اور مار ڈالتے ہیں نبیوں کو ناحق اور مار ڈالتے جو کوئی کہے انصاف کو لوگوں میں سے سو ان کو خوشخبری سناؤ دکھ والی مار کی۔

ا۔ قرطبی نے احکام ۶۴/۴ میں لکھا ہے حضرت ابن مسعودؓ فرماتے ہیں جناب امام الانبیاء صلی اللہ علیہ وآلہ وسلم نے فرمایا: بہت برے لوگ ہیں وہ جو ایسے لوگوں کو شہید کرتے ہیں جو دوسروں کو انصاف کرنے کا کہتے ہیں۔ بہت برے لوگ ہیں وہ جو نہ نیکی کا کہتے ہیں نہ برائی سے روکتے ہیں بہت برے لوگ ہیں وہ جن کے درمیان مومن بندہ ڈر ڈر کے رہتا ہو۔

تُوْلِجُ الَّیْلَ فِی النَّھَارِ وَ تُوْلِجُ النَّھَارَ فِی الَّیْلِ

تو لے آوے رات کو دن میں اور تو لے آوے دن کو رات میں۔

۱۔ علامہ سیوطی نے الدر ۲/۱۵ا میں لکھا ہے حضرت ابن مسعودؓ نے اس آیت کریمہ کی تفسیر میں فرمایا:

سردیوں کے دن، سردیوں کی راتوں کی لمبائی میں داخل کر کے چھوٹے کر دیئے گئے اور گرمیوں کی راتیں، گرمیوں کے دنوں کی طوالت میں داخل کر کے چھوٹی کر دی گئیں۔

وَ تُخْرِجُ الْحَیَّ مِنَ الْمَیِّتِ وَ تُخْرِجُ الْمَیِّتَ مِنَ الْحَیِّ

اور تو نکالے جیتا مردے سے اور تو نکالے مردہ جیتے سے۔

۱۔ طبری نے جامع ۶/۳۰۴ میں لکھا ہے حضرت ابن مسعودؓ نے اس آیت کریمہ کی تفسیر میں فرمایا:

اس آیت کریمہ میں نطفہ کے بارے میں بیان ہو رہا ہے جو آدمی سے نکلتا ہے تو مردہ ہوتا ہے جبکہ آدمی زندہ ہوتا ہے۔ اسی طرح اس سے جب ایک انسان پیدا ہوتا ہے تو وہ زندہ ہوتا ہے حالانکہ خود یہ نطفہ تو مردہ تھا۔

هُنَالِكَ دَعَا زَكَرِيَّا رَبَّهٗ ۚ قَالَ رَبِّ هَبْ لِيْ مِنْ لَّدُنْكَ ذُرِّيَّةً طَيِّبَةً ۚ اِنَّكَ سَمِيْعُ الدُّعَآءِ
(۳۸) فَنَادَتْهُ الْمَلٰٓئِكَةُ وَ هُوَ قَآئِمٌ يُّصَلِّيْ فِي الْمِحْرَابِ ۙ اَنَّ اللّٰهَ يُبَشِّرُكَ بِيَحْيٰى مُصَدِّقًا
بِكَلِمَةٍ مِّنَ اللّٰهِ وَ سَيِّدًا وَّ حَصُوْرًا وَّ نَبِيًّا مِّنَ الصّٰلِحِيْنَ (۳۹) قَالَ رَبِّ اَنّٰى يَكُوْنُ
لِيْ غُلٰمٌ وَّ قَدْ بَلَغَنِيَ الْكِبَرُ وَ امْرَاَتِيْ عَاقِرٌ ؕ قَالَ كَذٰلِكَ اللّٰهُ يَفْعَلُ مَا يَشَآءُ (۴۰)۔

وہاں دعا کی زکریا نے اپنے رب سے کہا اے رب میرے عطا کر مجھ کو اپنے پاس سے اولاد پاکیزہ بیشک تو سننے والا ہے دعا۔ پھر اس کو آواز دی فرشتوں نے جب وہ کھڑا تھا نماز میں حجرے کے اندر کہ اللہ تجھ کو خوشخبری دیتا ہے یحییٰ کی جو گواہی دے گا اللہ کے ایک حکم کی اور سردار ہوگا اور عورت پاس نہ جاوے گا اور نبی ہوگا نیکوں میں۔ بولا اے رب کہاں سے ہوگا مجھ کو لڑکا اور مجھ پر آیا بڑھاپا اور عورت میری بانجھ ہے فرمایا اسی طرح اللہ کرتا ہے جو چاہے۔

۱۔ حاکم نے مستدرک ۲/۵۹۰ میں لکھا ہے حضرت عبداللہ بن عباس اور حضرت عبداللہ بن مسعودؓ نے فرمایا:

حضرت زکریاؑ نے اپنے پروردگار کو آہستگی سے پکارا اور عرض کیا (بوڑھی میری ہڈیاں اور ڈیک نکلی سر سے بڑھاپے کی اور تجھ سے مانگ کر اے رب میں محروم نہیں رہا اور میں ڈرتا ہوں بھائی بندوں سے اپنے پیچھے۔ (مراد والد محترم کے رشتہ دار ہیں (اور عورت میری بانجھ ہے سو بخش مجھ کو اپنے پاس سے ایک کام اٹھانے والا جو میری جگہ بیٹھے) یعنی وہ میری نبوت کا وارث بنے (اور اس کو اے من بھاتا (مریم۔۴/۶)

۲۔ علامہ سیوطی نے الدر ۲/۲۱ میں لکھا ہے حضرت عبداللہ بن مسعودؓ نے آقا صلی اللہ علیہ وآلہ وسلم کی حدیث پاک بیان فرمائی ہے۔

اللہ تعالیٰ نے فرعون کو اس کی ماں کے پیٹ میں کافر پیدا کیا تھا اور حضرت یحیٰ بن زکریا (علیہما السلام) کو ان کی والدہ کے بطن مبارک میں ہی مومن پیدا فرمایا۔

وَ مَا كُنْتَ لَدَيْهِمْ اِذْ يُلْقُوْنَ اَقْلَامَهُمْ اَيُّهُمْ يَكْفُلُ مَرْيَمَ ۪ وَ مَا كُنْتَ لَدَيْهِمْ اِذْ يَخْتَصِمُوْنَ

اور تو نہ تھا ان کے پاس جب ڈالنے لگے اپنے قلم کہ کون پالے گا مریم کو اور تو نہ تھا ان کے پاس جب وہ جھگڑتے تھے۔

ا۔ علامہ سیوطی نے الدر ۲/ ۲۰ میں لکھا ہے کہ امام بیہقی نے اپنی سنن میں حضرت ابن مسعود، حضرت ابن عباس اور دیگر صحابہ کرامؓ سے روایت بیان کی ہے: جو لوگ توراۃ کی کتابت کرتے تھے جب کوئی آزاد کردہ بچہ ان کے پاس لایا جاتا تو وہ قرعہ ڈالا کرتے تھے کہ کون اسے لے اور اسے تعلیم دے۔ چونکہ حضرت زکریاؑ ان سب سے افضل تھے وہ بھی ان کے ساتھ ہوتے تھے اور حضرت مریم کی ہمشیرہ آپؑ کی زوجیت میں تھیں اس لیے جب حضرت مریم کو لوگ لے کر آئے تو آپ نے فرمایا تم سے زیادہ میرا حق بنتا ہے کہ اس کی پرورش کروں کیونکہ اس کی ہمشیرہ میرے نکاح میں ہے۔

چنانچہ یہ لوگ اردن کی نہر کو چل دیے وہاں انہوں نے توراۃ لکھنے والی قلمیں نہر میں ڈال دیں تاکہ دیکھیں کہ کس کی قلم اوپر کو کھڑی ہوتی ہے اور وہ پرورش کرتا ہے، قلمیں پانی کی رو میں بہنے لگیں۔ حضرت زکریاؑ کی قلم ایسے کھڑی ہو گئی جیسے مٹی میں گاڑ دی گئی چنانچہ آپؑ نے حضرت مریم کو لے لیا۔

وَ يُعَلِّمُهُ الْكِتٰبَ وَ الْحِكْمَةَ وَ التَّوْرٰىةَ وَ الْاِنْجِيْلَ ۚ

اور سکھا دے گا اس کو کتاب اور کام کی باتیں اور توریت اور انجیل۔

۱۔ علامہ سیوطی نے ۲۶/۲ میں لکھا ہے کہ ابن عدی اور ابن عساکر نے حضرت ابن مسعودؓ کی یہ حدیث بیان فرمائی ہے۔

حضرت مریم (علیہما السلام) جب حضرت عیسیٰؑ کو تعلیم کے لیے اساتذہ کے پاس لے گئیں تو استاد نے آپؑ سے فرمایا بسم اللہ لکھو، حضرت عیسیٰؑ نے فرمایا بسم کیا ہے؟ استاذ کہنے لگے میں نہیں جانتا، حضرت عیسیٰؑ نے ان سے فرمایا:

باء سے بہاء اللہ ہے، سین سے اس کی سناء ہے، میم سے اس کی مملکت ہے۔ اور اللہ سب سے بڑا معبود ہے رحمن سے مراد دنیا و آخرت میں رحم فرمانے والا ہے اور رحیم سے مراد آخرت میں رحم فرمانے والا ہے۔

پھر آپ نے حروف تہجی کی تشریح یوں فرمائی:

ابجد: الف سے آلاء اللہ، باء سے بہاء اللہ، جیم سے جلال اللہ، دال سے اللہ الدائم۔

ھوز: ہاء سے ہادیہ، واو سے اہل جہنم کے لیے ویل، یہ جہنم کی ایک وادی ہے، زاء سے اہل دنیا کی زیب و زینت،

حطی: حاء سے اللہ الحکیم، طاء سے یہ کہ اللہ تعالیٰ ہر حق کے لوٹانے تک اس کا طالب ہے یاء سے اہل جہنم کی اَی یعنی یعنی درد۔

کلمن: کاف سے اللہ الکافی، لام سے اللہ القائم، میم سے اللہ المالک، نون سے اللہ البحر،

سعفص: سین سے ستر اللہ، عین سے اللہ العالم، فا سے مراد اللہ۔ یہاں کوئی بات آپ نے ذکر فرمائی مگر وہ اب مذکور نہیں۔ صاد سے اللہ الصمد۔

قرشت: قاف سے مراد ایسا پہاڑ جس نے پوری دنیا کو گھیر رکھا ہے اور آسمان اسی کی وجہ سے شاداب ہے، راء سے مراد لوگوں کی رویت، شین کا تذکرہ کوئی نہیں ہے، اور تا سے مراد ہے تم تم ابداً

فَمَنْ حَآجَّكَ فِيْهِ مِنْۢ بَعْدِ مَا جَآءَكَ مِنَ الْعِلْمِ فَقُلْ تَعَالَوْا نَدْعُ اَبْنَآءَنَا وَ اَبْنَآءَكُمْ وَ نِسَآءَنَا وَ نِسَآءَكُمْ وَ اَنْفُسَنَا وَ اَنْفُسَكُمْ ۟ ثُمَّ نَبْتَهِلْ فَنَجْعَلْ لَّعْنَتَ اللّٰهِ عَلَى الْكٰذِبِيْنَ

پھر جو جھگڑا کرے تجھ سے اس بات میں بعد اس کے کہ پہنچ چکا تجھ کو علم تو تو کہہ آؤ بلاویں ہم اپنے بیٹے اور تمہارے بیٹے اور اپنی عورتیں اور تمہاری عورتیں اور اپنی جان اور تمہاری جان پھر دعا کریں اور لعنت ڈالیں اللہ کی جھوٹوں پر۔

ا۔ امام احمد بن حنبلؒ نے اپنی مسند ۶/۵ا میں حضرت ابن مسعودؓ کا یہ فرمان نقل فرمایا:

کہ وفد نجران کے سربراہ عاقب اور سید جب آپ ﷺ کی خدمت میں مباہلہ کے لیے حاضر ہوئے تو ایک نے دوسرے کہا آپ ﷺ سے مباہلہ نہ کرو قسم بخدا! اگر آپ ﷺ اللہ کے سچے نبی ہوئے اور ہم نے آپ ﷺ سے مباہلہ کرلیا تو نہ ہم کبھی کامیاب ہوں گے نہ ہماری آنے والی نسلیں۔

چنانچہ یہ دونوں حاضر خدمت ہوئے اور عرض کی ہم آپ سے مباہلہ نہیں کریں گے البتہ آپ جو فرمائیں گے ہم وہ پورا کریں گے آپ ایک امانتدار آدمی ہمارے ساتھ کردیجیے۔

اِنَّ اَوْلَى النَّاسِ بِاِبْرٰهِيْمَ لَلَّذِيْنَ اتَّبَعُوْهُ وَ هٰذَا النَّبِيُّ وَ الَّذِيْنَ اٰمَنُوْا ؕ وَ اللّٰهُ وَلِيُّ الْمُؤْمِنِيْنَ

لوگوں میں زیادہ مناسبت ابراہیم سے ان کو تھی جو ساتھ اس کے تھے اور اس نبی کو اور ایمان والوں کو اور اللہ والی ہے مسلمانوں کا۔

ا۔ امام ترمذی نے اپنی صحیح ۱۱/۱۱۹۔ ۱۲۲ میں حضرت عبداللہ بن مسعودؓ کی یہ روایت نقل فرمائی ہے۔ آپؓ فرماتے ہیں آقا علیہ الصلوٰۃ والتسلیم نے فرمایا:

بلاشبہ ہر نبی کے کچھ نبی دوست ہوتے ہیں۔ میرے دوست میرے جد امجد، میرے اور میرے رب کے خلیل حضرت ابراہیمؑ ہیں، یہ فرمانے کے بعد آپؐ نے یہ آیت کریمہ تلاوت فرمائی۔ان اولی الناس بابراہیم للذین اتبعوہ وھذا النبی والذین امنوا واللہ ولی المومنین۔

اِنَّ الَّذِيْنَ يَشْتَرُوْنَ بِعَهْدِ اللهِ وَ اَيْمَانِهِمْ ثَمَنًا قَلِيْلًا اُولٰٓئِكَ لَا خَلَاقَ لَهُمْ فِي الْاٰخِرَةِ: جو لوگ خرید کرتے ہیں اللہ کے اقرار پر اور اپنی قسموں پر تھوڑا مول ان کا کچھ حصہ نہیں آخرت میں۔

ا۔ امام احمد بن حنبلؒ نے اپنی مسند ۱۱۵/۶ میں حضرت ابن مسعودؓ کی یہ روایت نقل فرمائی ہے آپؓ فرماتے ہیں نبی محتشم صلی اللہ علیہ وآلہ وسلم نے فرمایا:

جس نے قسم اٹھا کر کسی مسلمان سے مال لے لیا اور در حقیقت وہ اس میں جھوٹا ہوا تو وہ اللہ جل جلالہ سے ایسے ملے گا کہ اللہ تعالیٰ اس پر غصہ ہوں گے۔

حضرت ابن مسعودؓ نے فرمایا یہ مکمل آیت مبارکہ اس بات کو بیان کرنے کے لیے نازل ہوئی۔

۲۔ طبری نے جامع ۶/۵۳۴ میں لکھا ہے حضرت ابن مسعودؓ فرمایا کرتے تھے کہ ہم جناب رسالت مآب صلی اللہ علیہ وآلہ وسلم کے زمانہ اطہر میں ایسی قسم کو جس سے کوئی مال دینا لازم ہو جاتا ہو اور قسم اٹھانے والا جھوٹا ہو ایسا گناہ شمار کرتے تھے جس کی بخشش نہیں ہوگی۔

۳۔ حاکم نے مستدرک ۴/۲۹۶ میں تحریر کیا ہے حضرت ابن مسعودؓ نے فرمایا ہم یمین غموس کو ایسا گناہ شمار کرتے تھے جس کا کفارہ ادا ہو ہی نہیں سکتا۔ کسی نے عرض کیا۔ یمین غموس کیا ہوتی ہے؟ آپؓ نے فرمایا یہ ہے کہ ادمی قسم کے ذریعے کسی کا مال ہتھیالے۔

وَ لٰکِنْ کُوْنُوْا رَبّٰنِیّٖنَ

لیکن تم ربی ہو جاؤ۔

۱۔ قرطبی نے احکام ۴/۱۲۲ میں لکھا ہے حضرت ابن مسعودؓ نے فرمایا ربانیین سے صاحب حکمت و بصیرت اور علماء مراد ہیں۔

لَنْ تَنَالُوا الْبِرَّ حَتّٰی تُنْفِقُوْا مِمَّا تُحِبُّوْنَ

ہر گز نہ پہنچو گے نیکی کی حد کو جب تک خرچ کرو کچھ ایک جس سے محبت رکھتے ہو۔

۱۔ علامہ بغوی نے معالم ۱/۳۱۷ میں لکھا ہے حضرت ابن عباس، حضرت ابن مسعودؓ اور حضرت مجاہد نے فرمایا البر سے مراد جنت ہے۔

۲۔ حضرت امام مالکؒ نے موطا ۲/۹۸۹ میں نقل فرمایا ہے حضرت ابن مسعودؓ فرمایا کرتے تھے ہمیشہ سچ بولو کیونکہ سچ نیکی تک لے جاتا ہے اور نیکی جنت میں لے جاتی ہے۔

وَ لِلّٰهِ عَلَى النَّاسِ حِجُّ الْبَيْتِ مَنِ اسْتَطَاعَ اِلَيْهِ سَبِيْلًا

اور اللہ کا حق ہے لوگوں پر حج کرنا اس گھر کا جو کوئی پاوے اس تک راہ۔

۱۔ ابن جوزی نے زاد ۱۱/۷، ۳۱ میں لکھا ہے حضرت ابن مسعودؓ اور حضرت ابن عمرؓ وغیرہ سے روایت ہے سرکار دو عالم ﷺ سے دریافت کیا گیا راستہ سے مراد کیا ہے؟ رحمت کائنات ﷺ نے فرمایا مراد یہ ہے جس کے پاس زاد راہ ہو اور سواری ہو۔

۲۔ علامہ زمخشری نے کشاف ۱/۲۰۵ میں لکھا ہے حضرت ابن مسعودؓ فرماتے تھے: لوگو ایسا وقت آنے سے پہلے پہلے اس گھر کا حج کر لو کہ جنگل میں ایسا درخت اگے گا جو جانور بھی اسے کھائے گا مر جائے گا۔

یٰۤاَیُّهَا الَّذِیْنَ اٰمَنُوا اتَّقُوا اللّٰهَ حَقَّ تُقٰتِهٖ وَ لَا تَمُوْتُنَّ اِلَّا وَ اَنْتُمْ مُّسْلِمُوْنَ

اے ایمان والو ڈرتے رہو اللہ سے جیسا چاہیے اس سے ڈرنا اور نہ مریو مگر مسلمان۔

۱۔ طبری نے جامع ۷/۶۵/۶۶ میں لکھا ہے حضرت ابن مسعودؓ نے اس آیت مبارکہ کی تفسیر میں فرمایا کہ اللہ جل جلالہ سے ڈرنے کا حق یہ ہے کہ اس کی فرمانبرداری کی جائے تو پھر نافرمانی نہ کی جائے، اسے یاد کیا جائے تو پھر بھلایا نہ جائے اور اس کا شکر ادا کیا جائے تو پھر ناشکری نہ کی جائے۔

۲۔ علامہ سیوطی نے الدر ۵۹/۲ میں لکھا ہے ابن مردویہ نے حضرت ابن مسعودؓ سے یہ بات نقل کی ہے آپؓ نے فرمایا اس آیت مبارکہ فاتقوا اللہ ما استطعتم (التغابن ۱۶/) نے آیت مبارکہ اتقوا اللہ حق تقاتہ منسوخ کردی ہے۔

وَ اعْتَصِمُوْا بِحَبْلِ اللہِ جَمِیْعًا وَّ لَا تَفَرَّقُوْا

اور مضبوط پکڑو رسی اللہ کی سب مل کر اور پھوٹ نہ ڈالو۔

۱۔ طبری نے جامع ۲/،۷ میں لکھا ہے حضرت ابن مسعودؓ نے فرمایا آیت مبارکہ میں حبل اللہ سے مراد قرآن مجید ہے۔

۲۔ حاکم نے مستدرک ۱/۵۵۵ میں حضرت ابن مسعودؓ کی یہ روایت نقل فرمائی ہے۔ آپؓ فرماتے ہیں خاتم الانبیاء ﷺ نے فرمایا :

بلاشبہ یہ قرآن مجید اللہ تعالیٰ کی طرف سے ایک دعوت ہے سو جتنا ہو سکے اللہ تعالیٰ کی دعوت قبول کرو۔ اور اس میں کوئی شک نہیں کہ یہ قرآن مجید اللہ تعالیٰ کی رسی ہے، واضح کر دینے والی روشنی۔ نفع بخش شفاء ہے، جو اسے مضبوطی سے تھام لے اس کے لیے باعث حفاظت ہے اور جو اس کی پیروی کرے اس کے لیے نجات کا ذریعہ ہے۔

۳۔ طبری نے جامع ۲/،۷ میں لکھا ہے حضرت ابن مسعودؓ نے فرمایا :

بلاشبہ صراط مستقیم کے ارد گرد شیاطین بھی منڈلاتے رہتے ہیں۔ وہ لوگوں کو اللہ کے راستہ سے روکنے کے لیے یہ صدا لگاتے رہتے ہیں لوگو! ادھر آؤ راستہ ادھر ہے۔ لیکن تم اللہ جل جلالہ کی رسی مضبوطی سے پکڑے رہنا اور اللہ کی رسی اللہ کی کتاب ہے۔

۴۔ طبری نے جامع ۷/۱۷ میں لکھا ہے حضرت ابن مسعودؓ نے واعتصموا بحبل اللہ جمیعا کی تفسیر میں فرمایا اللہ کی رسی سے مراد مسلمانوں کی جماعت ہے۔

۵۔ طبری نے جامع ۷/۷۲ میں لکھا ہے حضرت ابن مسعودؓ نے فرمایا:

لوگو! ہمیشہ فرمانبرداری کرو اور جماعت کے ساتھ رہو کیونکہ یہی وہ اللہ کی رسی ہے جس کے بارے میں حکم آیا ہے اور دیکھو جماعت اور فرمانبرداری میں جو چیزیں تمہیں بھلی نہیں لگتیں وہ ان چیزوں سے اچھی ہیں جو تمہیں جداگانہ روش میں بھلی لگتی ہیں۔

وَ لْتَكُنْ مِّنْكُمْ اُمَّةٌ يَّدْعُوْنَ اِلَى الْخَيْرِ وَ يَاْمُرُوْنَ بِالْمَعْرُوْفِ وَ يَنْهَوْنَ عَنِ الْمُنْكَرِ

اور چاہیے کہ رہے تم میں ایک جماعت بلاتی نیک کام کی طرف اور حکم کرتی پسند بات کو اور منع کرتی ناپسند کو۔

۱۔ امام احمد بن حنبلؒ نے اپنی مسند ۵/۲۵۷ میں حضرت عبداللہ بن مسعودؓ کی یہ روایت بیان فرمائی ہے۔ آپؓ فرماتے ہیں رحمت دو عالم صلی اللہ علیہ وآلہ وسلم نے ایک دفعہ ہمیں جمع فرمایا۔ ہم چالیس آدمی جمع ہوئے میں سب سے آخر میں حاضر ہوا۔ اس موقع پر رحمت دو عالم صلی اللہ علیہ وآلہ وسلم نے فرمایا تمہیں مصائب کا سامنا کرنا پڑے گا اور تمہاری مدد کی جائے گی اور تمہیں فتح سے نوازا جائے

گا۔ سو تم میں سے جو ان حالات سے گزرے وہ اللہ سے ڈرتا رہے، نیکی کا کہتا رہے اور برائی سے روکتا رہے، اور جس نے جان بوجھ کر کوئی بات جھوٹ موٹ میری طرف منسوب کی وہ اپنا ٹھکانہ جہنم بنالے۔

كُنْتُمْ خَيْرَ اُمَّةٍ اُخْرِجَتْ لِلنَّاسِ

تم ہو بہتر امتوں سے جو پیدا ہوئی ہیں لوگوں میں۔

ا۔ امام احمد بن حنبلؒ نے اپنی مسند ۵/۳۰۷۔۳۰۸ میں حضرت ابن مسعودؓ کی یہ روایت بیان فرمائی ہے۔ آپؓ فرماتے ہیں ایک رات ہم رحمت کائنات ﷺ کی خدمت اقدس میں بیٹھے کافی دیر تک باتیں کرتے رہے۔ صبح ہوئی تو ہم پھر حاضر خدمت ہوئے اسی موقع پر آپ ﷺ نے فرمایا: گزشتہ رات حضرات انبیاء علیہم الصلوٰۃ والتسلیم اور ان کی امتیں میرے سامنے لائی گئیں۔ کسی نبی کے ساتھ تین آدمی تھے، کسی نبی کے ساتھ قریباً چالیس آدمی تھے، کسی نبی کے ساتھ قریباً دس آدمی تھے، کسی نبی کے ساتھ ایک آدمی بھی نہیں تھا۔

حضرت موسیٰؑ میرے پاس سے گزرے تو آپ کے ساتھ بنی اسرائیل کی ایک بہتر بڑی جامعت تھی۔ میں نے پوچھا یہ کون ہیں؟ مجھے بتایا گیا یہ آپ کے بھائی حضرت موسیٰؑ ہیں، آپ کے ساتھ بنی اسرائیل ہیں۔ آپ ﷺ فرماتے ہیں میں نے کہا میری امت کہاں ہے؟ تو مجھے کہا گیا اپنی دائیں جانب دیکھو۔ میں نے دیکھا چھوٹے مگر کشادہ پہاڑوں میں

لوگ ہی لوگ تھے مجھے پھر کہا گیا اپنی بائیں جانب دیکھو۔ میں نے دیکھا تو تا حد نگاہ لوگ ہی لوگ تھے۔ مجھ سے پوچھا گیا کیا آپ راضی ہیں؟ میں نے کہا میرے پروردگار میں راضی ہوں، میرے پروردگار میں راضی ہوں۔ آپ صلی اللہ علیہ وآلہ وسلم فرماتے ہیں مجھے بتایا گیا کہ ان کے ہمراہ ستر ہزار لوگ بغیر حساب کے جنت میں داخل ہوں گے۔

یہ بتانے کے بعد آپ صلی اللہ علیہ وآلہ وسلم نے فرمایا خدا تمہارا بھلا کرے اگر ہو سکے تو ان ستر ہزار میں سے ہو جاؤ، اگر اس سے قاصر رہو تو اس گروہ سے ہو جاؤ جس نے پہاڑوں کا دامن بھر دیا تھا اور اگر اس سے بھی قاصر رہو تو ان میں سے ہو جاؤ جو تا حد نگاہ پھیلے ہوئے تھے کیونکہ میں نے وہاں لوگوں کا ایک جم غفیر دیکھا ہے۔

۲۔ امام احمد بن حنبلؒ نے اپنی مسند ۵/ ۲۴۱۔ ۲۴۲ میں حضرت ابن مسعودؓ کی یہ روایت بیان فرمائی ہے۔ آپؓ فرماتے ہیں۔

ہم چالیس کے قریب لوگ ایک خیمہ میں آقا علیہ الصلوٰۃ والتسلیم کی خدمت میں حاضر تھے۔ آپ علیہ الصلوٰۃ والتسلیم نے فرمایا کیا تمہیں پسند ہے کہ تم اہل جنت کا چوتھا حصہ تم پر مشتمل ہو؟ ہم نے عرض کیا جی ہاں! آپ صلی اللہ علیہ وآلہ وسلم نے فرمایا کیا تمہیں پسند ہے اہل جنت کا تیسرا حصہ تم پر مشتمل ہو؟ ہم نے عرض کیا جی ہاں! تو آپ صلی اللہ علیہ وآلہ وسلم نے فرمایا اس ذات کی قسم جس کے قبضہ قدرت میں میری جان ہے مجھے امید ہے اہل جنت کا آدھا حصہ تم پر مشتمل ہو گا۔ یاد رکھو جنت میں صرف مسلمان داخل ہوں گے اور تم شرک سے ایسے ہی پاک صاف ہو گئے

ہو۔ جیسے سیاہ رنگ کے بیل کی جلد سفید بال سے پاک ہوتی ہے یا سرخ رنگ نے بیل کی جلد سیاہ بال سے پاک صاف ہوتی ہے۔

لَیْسُوْا سَوَآءً ؕ مِنْ اَهْلِ الْكِتٰبِ اُمَّةٌ قَآىِٕمَةٌ یَّتْلُوْنَ اٰیٰتِ اللّٰهِ اٰنَآءَ الَّیْلِ وَ هُمْ یَسْجُدُوْنَ

وہ سب برابر نہیں اہل کتاب میں ایک فرقہ ہے سیدھی راہ پر پڑھتے آیتیں اللہ کی راتوں کے وقت اور وہ سجدے کرتے ہیں۔

ا۔ طبری نے جامع ۱۲۲/۷ میں لکھا ہے حضرت ابن مسعودؓ فرمایا کرتے تھے: اہل کتاب اور امت محمدیہ علی صاحبہا الصلوٰۃ والتسلیم رتبے میں برابر نہیں ہیں۔

۲۔ امام احمد بن حنبلؒ نے مسند احمد ۲۸۶/۵۔ ۲۸۷ میں حضرت ابن مسعودؓ کی یہ روایت نقل فرمائی ہے۔ آپؓ فرماتے ہیں: جناب نبی کریم ﷺ نے ایک دفعہ نماز عشاء تھوڑی موخر فرمائی۔ جب مسجد تشریف لائے تو لوگ نماز کا انتظار کر رہے تھے اس موقعہ پر آپ علیہ الصلوٰۃ والتسلیم نے فرمایا۔ کیا تمہارے علاوہ دوسرے مذاہب کا کوئی بندہ بھی اس گھڑی اللہ جل جلالہ کو یاد کرتا ہے حضرت ابن مسعودؓ فرماتے ہیں اس موقع پر یہ آیات اتریں۔ لیسو سواء من اھل الکتاب سے وما تفعلوا من خیر فلن تکفروہ واللہ علیم بالمتقین۔

(نوٹ: امام حفص، امام حمزہ اور امام کسائی کے علاوہ دیگر آئمہ قرأت نے یہ آیت مبارکہ یوں پڑھی ہے جیسی نقل کی گئی ہے ورنہ قرآن مجید میں یہ آیت یوں ہے۔ وما یفعلو من خیر فلن یکفروہ)

۳۔ طبری نے جامع ۷/۱۲۷ میں لکھا ہے حضرت ابن مسعودؓ فرماتے تھے یتلون آیات اللہ آناء اللیل سے مراد عشاء کی نماز ہے۔ یہ لوگ تو یہ نماز ادا کرتے تھے مگر ان کے علاوہ دیگر اہل کتاب یہ نماز ادا نہیں کرتے تھے۔

۴۔ سیوطی نے الدر ۲/۶۵ میں لکھا ہے حضرت ابن مسعودؓ فرماتے تھے۔ یتلون آیات اللہ آناء اللیل سے مراد بےخبر ہو جانے کے وقت کی نماز ہے۔

يَاَيُّهَا الَّذِيْنَ اٰمَنُوْا لَا تَتَّخِذُوْا بِطَانَةً مِّنْ دُوْنِكُمْ لَا يَاْلُوْنَكُمْ خَبَالًاؕ وَدُّوْا مَا عَنِتُّمْ

اے ایمان والو نہ ٹھیراؤ بھیدی اپنے غیر کو وہ کمی نہیں کرتے تمہاری خرابی میں ان کی خوشی ہے جس قدر تم تکلیف پاؤ۔

۱۔ قرطبی نے احکام ۴/۱۷۹ میں لکھا ہے حضرت ابن مسعودؓ نے فرمایا لوگوں کو ان کے بھائیوں کے ذریعے آزمایا کرو۔

وَ اِذَا خَلَوْا عَضُّوْا عَلَيْكُمُ الْاَنَامِلَ مِنَ الْغَيْظِ

اور جب اکیلے ہوتے ہیں کاٹ کاٹ کھاتے ہیں تم پر انگلیاں دشمنی سے۔

۱۔ طبری نے جامع ۷/۱۵۳۔۱۵۴ میں لکھا ہے حضرت ابن مسعودؓ نے اس آیت کریمہ کی تفسیر میں فرمایا کہ انہوں نے اپنی انگلیاں منہ سے کاٹیں۔

وَ اِذْ غَدَوْتَ مِنْ اَهْلِكَ تُبَوِّئُ الْمُؤْمِنِيْنَ مَقَاعِدَ لِلْقِتَالِ

اور جب فجر کو نکلا تو اپنے گھر سے۔بٹھانے لگا مسلمانوں کو لڑائی کے ٹھکانوں پر۔

ا۔ ابن جوزی نے زاد ا/۴۴۹ میں لکھا ہے حضرت ابن عبدالرحمن بن عوف اور حضرت ابن مسعودؓ وغیرہ نے فرمایا یہ احد کے دن کا ذکر ہو رہا ہے۔

شکست کی وجہ بننے والے لوگوں کو سزا دینے کا ارادہ فرمایا تو یہ آیت کریمہ نازل ہوئی چنانچہ آپ صلی اللہ علیہ وآلہ وسلم نے ارادہ ترک فرما دیا۔

لَيْسَ لَكَ مِنَ الْاَمْرِ شَيْءٌ اَوْ يَتُوْبَ عَلَيْهِمْ اَوْ يُعَذِّبَهُمْ فَاِنَّهُمْ ظٰلِمُوْنَ

تیرا اختیار کچھ نہیں یا ان کو توبہ دیوے یا ان کو عذاب کرے کہ وہ ناحق پر ہیں۔

ا۔ ابن جوزی نے زاد ا/۴۵۶ میں لکھا ہے اس آیت مبارکہ کا شان نزول یہ ہے رحمت دو عالم صلی اللہ علیہ وآلہ وسلم نے احد کے دن عارض

اَلَّذِيْنَ يُنْفِقُوْنَ فِي السَّرَّآءِ وَ الضَّرَّآءِ وَ الْكٰظِمِيْنَ الْغَيْظَ وَ الْعَافِيْنَ عَنِ النَّاسِ ؕ وَ اللّٰهُ يُحِبُّ الْمُحْسِنِيْنَۚ : اور دبا لیتے ہیں غصہ اور معاف کر دیتے ہیں لوگوں کو اور اللہ چاہتا ہے نیکی کرنے والوں کو۔

ا۔ امام احمد بن حنبلؒ نے اپنی مسند ۵/۲۲۳۔۲۲۴ میں حضرت عبداللہ بن مسعودؓ کی یہ روایت نقل فرمائی ہے حضرت ابن مسعودؓ فرماتے ہیں : اور سرکار دو عالم صلی اللہ علیہ وآلہ وسلم نے دریافت فرمایا تم زور آور کسے سمجھتے ہو؟ حضرت ابن مسعودؓ فرماتے ہیں ہم نے عرض کیا زور آور وہ ہے جسے کوئی پچھاڑ نہ سکے۔ حضرت ابن مسعودؓ فرماتے ہیں رحمت کائنات صلی اللہ علیہ وآلہ وسلم نے فرمایا نہیں۔ بلکہ زور آور وہ ہے جو غصہ کے وقت اپنے آپ پر قابو رکھے۔

۲۔ علامہ سیوطی نے الدر ۲/۷۴ میں لکھا ہے حضرت ابن مسعودؓ روایت فرماتے ہیں: امام الانبیاء ﷺ نے فرمایا: بلاشبہ غصہ جہنم کی آگ کی ایک سیخ ہے جسے اللہ تعالیٰ کسی کے دل پر رکھ دیتے ہیں۔ تم دیکھتے نہیں ہو جب وہ غصہ میں آتا ہے تو اس کی آنکھیں انگارہ ہو جاتی ہیں، اس کا چہرہ لال پیلا ہو جاتا ہے اور اس کی گردن کی رگیں پھول جاتی ہیں۔

وَ الَّذِيْنَ اِذَا فَعَلُوْا فَاحِشَةً اَوْ ظَلَمُوْٓا اَنْفُسَهُمْ ذَكَرُوا اللّٰهَ فَاسْتَغْفَرُوْا لِذُنُوْبِهِمْ

اور وہ لوگ کہ جب کر بیٹھیں کچھ کھلا گناہ یا برا کریں اپنے حق میں تو یاد کریں اللہ کو اور بخشش مانگیں اپنے گناہوں کی۔

۱۔ طبری نے جامع ۷/۲۱۹۔ ۲۲۰ میں لکھا ہے حضرت ابن مسعودؓ فرماتے ہیں بنی اسرائیل کا کوئی آدمی جب گناہ کرتا تو اس کا گناہ اور کفارہ اس کے دروازے پر لکھ دیا جاتا مگر ہمیں ان سے بہتر چیز عطا کی گئی ہے اور وہ یہ آیت کریمہ ہے۔

۲۔ ابن جوزی نے زاد ۱/۴۶۳ میں لکھا ہے ذکروا اللہ سے مراد یہ ہے وہ زبان سے استغفار کرنے لگتے ہیں۔ حضرت ابن مسعودؓ اور حضرت عطاء نے یوں فرمایا ہے

۳: سیوطی نے الدر ۲/۷۷ میں لکھا ہے کہ سعید بن منصور، ابن ابی شیبہ، عبد بن حمید، طبرانی، ابن ابی الدنیا، ابن المنذر اور علامہ بیہقی رحمھم اللہ تعالیٰ نے نقل فرمایا حضرت ابن مسعودؓ نے فرمایا: قرآن مجید میں دو آیات ایسی ہیں کہ جب کسی سے کوئی گناہ سرزد ہو جائے اور وہ یہ

آیات پڑھ کر اللہ جل جلالہ سے معافی مانگ لے تو اللہ جل جلالہ اسے ضرور معاف کر دیں گے۔ وہ آیات یہ ہیں۔ والذین اذا فعلوا فاحشۃ الایۃ۔ ومن یعمل سوءا او یظلم نفسہ۔

وَ كَاَيِّنْ مِّنْ نَّبِيٍّ قٰتَلَ ۙ مَعَهٗ رِبِّيُّوْنَ كَثِيْرٌ ۚ فَمَا وَ هَنُوْا لِمَآ اَصَابَهُمْ

اور بہت نبی ہیں جن کے ساتھ ہو کر لڑے ہیں بہت خدا کے طالب پھر نہ ہارے ہیں کچھ تکلیف پہنچنے سے۔

ا۔ طبری نے جامع ۲۶۶/۷ میں لکھا ہے حضرت ابن مسعودؓ نے فرمایا ربیون ہزاروں تھے۔

وَ لَقَدْ صَدَقَكُمُ اللّٰهُ وَعْدَهٗۤ اِذْ تَحُسُّوْنَهُمْ بِاِذْنِهٖ ۚ حَتّٰۤى اِذَا فَشِلْتُمْ وَ تَنَازَعْتُمْ فِی الْاَمْرِ وَ عَصَيْتُمْ مِّنْۢ بَعْدِ مَاۤ اَرٰىكُمْ مَّا تُحِبُّوْنَ ؕ مِنْكُمْ مَّنْ يُّرِيْدُ الدُّنْيَا وَ مِنْكُمْ مَّنْ يُّرِيْدُ الْاٰخِرَةَ ۚ ثُمَّ صَرَفَكُمْ عَنْهُمْ لِيَبْتَلِيَكُمْ

اور اللہ تو سچ کر چکا تم سے اپنا وعدہ جب تم لگے ان کو کاٹنے اس کے حکم سے جب تک کہ تم نے نامردی کی اور جھگڑا ڈالا کام میں اور بے حکمی کی بعد اس کے کہ تم کو دکھا چکا تمہاری خوشی کوئی تم میں سے چاہتا تھا دنیا اور کوئی تم میں سے چاہتا تھا آخرت پھر تم کو الٹ دیا ان سے اس واسطے کہ تم کو آزماوے۔

ا۔ حضرت امام احمد بن حنبلؒ نے ۱۹۱/۶۔ ۱۹۲ میں حضرت ابن مسعودؓ کی یہ طویل روایت نقل فرمائی ہے۔ آپؓ فرماتے ہیں:

احد کے دن عورتیں مسلمانوں کی پچھلی صفوں میں زخمیوں کی مرہم پٹی میں مصروف تھیں۔ میں اس دن اگر قسم اٹھاتا کہ ہم میں سے کوئی بھی طالب دنیا نہیں تو میری قسم سچی ہوتی مگر اللہ جل جلالہ نے یہ آیت مبارکہ نازل فرمادی (منکم من یرید الدنیا ومنکم من یرید الاخرۃ ثم صرفکم عنہم لیبتلیکم) اس جب چند صحابہ کرامؓ سے رحمت دوعالم صلی اللہ علیہ وآلہ وسلم کے حکم کی مکمل اطاعت نہ ہو سکی تو رحمت دوعالم صلی اللہ علیہ وآلہ وسلم کے ارد گرد صرف نو صحابہ کرامؓ رہ گے۔ سات انصاری تھے اور دو قریشی۔ دسویں آپ صلی اللہ علیہ وآلہ وسلم تھے۔

ایسے موقع پر جب دشمن آپ صلی اللہ علیہ وآلہ وسلم کے بالکل قریب آ گئے تو آپ صلی اللہ علیہ وآلہ وسلم نے فرمایا اللہ جل جلالہ اس پر رحم فرمائے جو انہیں ہم سے دور ہٹائے۔ ایک انصاری اٹھے اور کچھ دیر مقابلہ کرنے کے بعد شہید ہو گئے۔ دشمن جب پھر قریب آ گئے تو آپ صلی اللہ علیہ وآلہ وسلم نے فرمایا جو انہیں ہم سے دور ہٹائے گا اللہ جل جلال اس پر رحم فرمائیں گے۔ آپ صلی اللہ علیہ وآلہ وسلم یوں ہی فرماتے رہے یہاں تک کہ ان میں سے سات صحابہ کرامؓ نے اپنی جانیں نثار کر دیں۔ رحمت کائنات صلی اللہ علیہ وآلہ وسلم نے اپنے باقی دو ساتھیوں سے فرمایا ہم نے اپنے ساتھیوں سے انصاف نہیں کیا۔

اس موقع پر ابو سفیان آ گئے اور آواز لگائی ،اعل ھبل ، (ھبل زندہ باد) رحمت دوعالم صلی اللہ علیہ وآلہ وسلم نے صحابہ کرامؓ سے فرمایا تم کہو اللہ اعلی و اجل (بلند و برتر تو اللہ کی ذات ہے) تو صحابہ کرامؓ نے فرمایا اللہ اعلی و اجل۔ ابو سفیان نے کہا لنا عزی ولا عزی لکم۔ ہمارا عزی ہے اور تمہارا کوئی نہیں۔ آپ صلی اللہ علیہ وآلہ وسلم نے صحابہ کرامؓ سے فرمایا تم کہو اللہ مولانا والکافرون

لا مولی لہم۔ ہمارا مولا اللہ جل جلالہ ہے اور کافروں کا مولا کوئی نہیں۔ پھر ابو سفیان نے کہا آج بدر کے دن کا بدلہ ہو گیا۔ ایک دن ہمارے حق میں گیا ایک دن ہمارے خلاف گیا۔ اس دن ہمیں غم ملا آج ہمیں خوشی ملی۔ حنظلہ حنظلہ کے بدلہ میں ہوا فلاں فلاں کے بدلہ میں اور فلاں فلاں کے بدلہ میں۔

رحمت دو عالم ﷺ نے فرمایا یہ برابر نہیں ہیں۔ ہمارے مقتول زندہ ہیں، انہیں رزق ملتا ہے اور تمہارے مقتول آگ میں سزا بھگت رہے ہیں۔

ابو سفیان نے کہا کچھ لوگوں کے ناک کان کاٹے گئے ہیں۔ یہ ہمارے سرداروں نے نہیں کیا۔ میں نے اس کا حکم دیا نہ منع کیا۔ میں نے اسے پسند کیا نہ ناپسند کیا۔ مجھے برا لگا نہ خوشی ہوئی۔

حضرت ابن مسعودؓ فرماتے ہیں لوگوں نے دیکھا تو حضرت حمزہؓ سے یہ سلوک کیا گیا تھا آپؓ کا پیٹ شق کیا گیا۔ ہندہ نے آپ کا کلیجہ نکال کر چبایا مگر وہ اسے نگل نہ سکی۔ آپ ﷺ نے دریافت فرمایا کیا اس نے اس میں سے کچھ کھایا ہے۔ صحابہ کرامؓ نے عرض کیا، نہیں۔ آپ ﷺ نے فرمایا اللہ تعالیٰ حضرت حمزہؓ کا کوئی حصہ بھی آگ میں داخل کرنا نہیں چاہتے تھے۔

چنانچہ رحمت دو عالم ﷺ نے حضرت حمزہؓ کی نماز جنازہ ادا فرمائی۔ اس کے بعد ایک انصاری کا جسد اطہر لایا گیا اور آپ ﷺ نے ان کی نماز جنازہ ادا فرمائی۔ پھر ان انصاری صحابی کا جسد اطہر وہاں سے اٹھا لیا گیا حضرت حمزہؓ کا جسد اطہر وہیں رہنے دیا گیا۔ پھر ایک اور

شہید کو لا کر حضرت حمزہؓ کے پہلو میں رکھا گیا رحمت دو عالم صلی اللہ علیہ وآلہ وسلم نے ان کی نماز جنازہ ادا فرمائی۔ پھر ان کا جسد اطہر بھی اٹھا لیا گیا اور حضرت حمزہؓ کا جسد اطہر وہیں رہنے دیا گیا یوں آپ صلی اللہ علیہ وآلہ وسلم نے اس دن حضرت حمزہؓ پر ستر بار نماز جنازہ ادا فرمائی

وَ مَا كَانَ لِنَبِيٍّ اَنْ يَّغُلَّ ؕ وَ مَنْ يَّغْلُلْ يَاْتِ بِمَا غَلَّ يَوْمَ الْقِيٰمَةِ

اور نبی کا کام نہیں ہے کہ کچھ چھپا رکھے اور جو کوئی چھپا دے گا وہ لائے اپنا چھپایا ہوا قیامت کے دن۔

ا۔ امام احمد بن حنبلؒ نے مسند ۶/۱۴۱ میں ایک روایت ذکر فرمائی ہے۔ اس روایت کے راوی خمیر ابن مالک کہتے ہیں جب قرآن مجید تبدیل کرنے کا حکم ہوا تو حضرت ابن مسعودؓ نے فرمایا تم سے جو چھپا سکتا ہے اسے چاہیے اپنا قرآن مجید چھپا لے کیونکہ جس کسی نے جو چیز چھپائی ہوگی وہ قیامت کے دن اسے لائے گا۔ اس کے بعد آپؓ نے فرمایا میں نے رحمت کائنات صلی اللہ علیہ وآلہ وسلم کے مبارک ہونٹوں سے ستر سورتیں پڑھی ہیں تو کیا میں رحمت دو عالم صلی اللہ علیہ وآلہ وسلم کے مقدس منہ سے لی ہوئی چیزوں کو چھوڑ دوں۔

وَ لَا تَحْسَبَنَّ الَّذِيْنَ قُتِلُوْا فِيْ سَبِيْلِ اللّٰهِ اَمْوَاتًا ؕ بَلْ اَحْيَآءٌ عِنْدَ رَبِّهِمْ يُرْزَقُوْنَ

اور تو نہ سمجھ جو لوگ مارے گئے اللہ کی راہ میں مردے بلکہ زندہ ہیں اپنے رب کے پاس روزی پاتے ہیں۔

۱۔ امام مسلمؒ نے اپنی صحیح ۳/۱۵۰۲۔ ۱۵۰۳ میں یہ حدیث مبارکہ نقل فرمائی ہے حضرت مسروق فرماتے ہیں ہم نے حضرت عبداللہ بن مسعودؓ سے اس آیت کریمہ کی تفسیر پوچھی تو آپؓ نے فرمایا: شہداء کی ارواح سبز پرندوں کے قالب میں ڈال دی جاتی ہیں۔ عرش الٰہی سے لٹکتی قندیلیں ان کے لیے ہوتی ہیں۔ وہ جنت میں جہاں چاہتے ہیں اڑتے رہتے ہیں۔ پھر ان قندیلوں میں آ کر ٹھکانہ کرتے ہیں اللہ جل جلالہ انہیں دیکھ کر پوچھتے ہیں کسی چیز کی خواہش ہے؟ وہ عرض کرتے ہیں اے اللہ! جنت میں جہاں چاہتے ہیں چل پھر آتے ہیں اب اور کس چیز کی خواہش ہوگی؟ اللہ جل جلالہ تین بار یہ سوال ان سے کرتے ہیں، وہ جب یہ سمجھتے ہیں کہ ان سے اس سوال کا جواب ضرور پوچھا جائے گا تو عرض کرتے ہیں اے پروردگار! ہماری خواہش اگر ہے تو صرف یہ کہ آپ ہماری روحیں ہمارے جسموں میں لوٹا دیں تاکہ ہم ایک بار پھر آپ کے راستہ میں شہید ہوں۔

جب اللہ تعالیٰ دیکھتے ہیں کہ انہیں کسی چیز کی ضرورت نہیں تو پھر ان سے کچھ نہیں پوچھتے

يَسْتَبْشِرُوْنَ بِنِعْمَةٍ مِّنَ اللّٰهِ وَ فَضْلٍ ۙ وَّ اَنَّ اللّٰهَ لَا يُضِيْعُ اَجْرَ الْمُؤْمِنِيْنَ ﴿۱۷۱﴾ اَلَّذِيْنَ اسْتَجَابُوْا لِلّٰهِ وَ الرَّسُوْلِ مِنْۢ بَعْدِ مَآ اَصَابَهُمُ الْقَرْحُ ۛؕ لِلَّذِيْنَ اَحْسَنُوْا مِنْهُمْ وَ اتَّقَوْا اَجْرٌ عَظِيْمٌ ﴿۱۷۲﴾

خوش وقت ہوتے ہیں اللہ کی نعمت اور فضل سے اور اس سے کہ اللہ تعالیٰ ضائع نہیں کرتا مزدور ایمان والوں کی جن لوگوں نے حکم مانا اللہ کا اور رسول کا بعد اس کے کہ ان میں پڑ چکا تھا کٹاؤ جو ان لوگوں میں نیک ہیں اور پرہیزگار ان کو ثواب بڑا ہے۔

۱۔ امام ابوداؤدؒ نے اپنی سنن ۱/ ۲۵۲ میں حضرت ابن مسعودؓ کی روایت نقل فرمائی ہے۔

حضرت ابن مسعودؓ فرماتے ہیں نبی ﷺ نے فرمایا:

پروردگار کو ایک بندے کی یہ ادا بڑی پسند آئی ہے کہ وہ جہاد میں شریک ہوا لیکن جہاد سے فرار ہوگیا پھر اسے فرار ہونے کی سزا کا علم ہوا تو لوٹ آیا اور شہید ہوگیا۔ اللہ جل جلالہ فرشتوں سے فرمانے لگے میرے بندے کو دیکھو میرے انعامات کی رغبت اور میری سزا کا خوف اسے واپس لے آیا اور یہ شہید ہوگیا

۲۔ سیوطی نے الدر ۲/۱۰۲ میں لکھا ہے حضرت ابن مسعودؓ نے فرمایا یہ آیت مبارکہ الذین استجابو لله والرسول۔ ہم اٹھارہ صحابہ کرامؓ کے بارے میں نازل ہوئی۔

وَ لَا يَحْسَبَنَّ الَّذِيْنَ كَفَرُوْٓا اَنَّمَا نُمْلِيْ لَهُمْ خَيْرٌ لِّاَنْفُسِهِمْ ۭ اِنَّمَا نُمْلِيْ لَهُمْ لِيَزْدَادُوْٓا اِثْمًا

اور یہ نہ سمجھیں منکر کہ ہم جو فرصت دیتے ہیں ان کو کچھ بھلا ہے ان کے حق میں ہم تو فرصت دیتے ہیں ان کو تا بڑھتے جاویں گناہ میں۔

۱۔ طبری نے جامع ۷/۴۲۳ میں لکھا ہے حضرت ابن مسعودؓ نے فرمایا: موت ہر نیک و بد کے لیے فائدہ مند چیز ہے۔ پھر آپؓ نے ان دو آیات مبارکہ کی تلاوت فرمائی (۱) ولا یحسبن الذین کفروا انما نملی لهم خیر لانفسهم انما نملی لهم لیزدادوا اثما۔ (۲) نزلا من عندالله وما عندالله خیر لابرابر (آل عمران/۱۹۸)

وَ لَا يَحْسَبَنَّ الَّذِيْنَ يَبْخَلُوْنَ بِمَآ اٰتٰهُمُ اللّٰهُ مِنْ فَضْلِهٖ هُوَ خَيْرًا لَّهُمْ ؕ بَلْ هُوَ شَرٌّ لَّهُمْ ؕ سَيُطَوَّقُوْنَ مَا بَخِلُوْا بِهٖ يَوْمَ الْقِيٰمَةِ۔

اور یہ نہ سمجھیں جو لوگ بخل کرتے ہیں ایک چیز پر کہ اللہ نے ان کو دی ہے اپنے فضل سے کہ یہ بہتر ہے کے حق میں بلکہ یہ برا ہے ان کے واسطے آگے طوق پڑے گا ان کے جس پر بخل کیا تھا دن قیامت کے۔

۱۔ ابن جوزی نے زاد ۵۱۲/۱ میں لکھا ہے یہ آیت کریمہ ان لوگوں کے بارے میں نازل ہوئی جو اپنے مال سے زکوٰۃ ادا کرنے میں بخل سے کام لیتے ہیں۔۔

یہ حضرت ابن مسعودؓ اور حضرت ابو ہریرہؓ کا فرمان ہے۔

۲۔ حضرت امام شافعیؒ نے اپن مسند ۲۲۲/۱ میں حضرت ابن مسعودؓ کی یہ روایت نقل فرمائی ہے۔ حضرت ابن مسعودؓ فرماتے ہیں میں نے امام الانبیاء ﷺ کو کہ ارشاد فرماتے سنا کہ جو آدمی زکوٰۃ ادا نہیں کرتا اس کا مال قیامت کے دن ایک گنجے سانپ کی شکل میں آئے گا۔ یہ آدمی اس سے بھاگے گا اور وہ اس کے پیچھے پیچھے ہوگا آخر کار وہ اس کی گردن سے لپٹ جائے گا یہ ارشاد فرما کر آپ ﷺ نے یہ آیت مبارکہ تلاوت فرمائی۔ سیطوقون ما بخلوق بہ یوم القیامۃ۔

۳۔ طبری نے جامع ۴۳۶/۷۔۴۳۷ میں لکھا ہے حضرت ابن مسعودؓ فرماتے ہیں: زکوٰۃ نہ دینے والے کا مال قیامت کے دن سانپ کی شکل میں آئے گا اور اس کے سر پر ڈنک مار کر کہے گا میں تیرا وہی مال ہوں جس کے بارے میں تو بخل سے کام لیتا تھا۔ یہ کہہ کر وہ اس کی گردن کے گرد لپٹ جائے گا۔

وَ اِذْ اَخَذَ اللّٰهُ مِیْثَاقَ الَّذِیْنَ اُوْتُوا الْكِتٰبَ لَتُبَیِّنُنَّهٗ لِلنَّاسِ وَ لَا تَكْتُمُوْنَهٗ٘ فَنَبَذُوْهُ وَرَآءَ ظُهُوْرِهِمْ وَ اشْتَرَوْا بِهٖ ثَمَنًا قَلِیْلًا ؕ فَبِئْسَ مَا یَشْتَرُوْنَ ﴿۱۸۷﴾

اور جب اللہ نے اقرار لیا کتاب والوں سے کہ اس کو بیان کرو گے لوگوں کے پاس اور نہ چھپاؤ گے پھر پھینک دیا وہ اقرار اپنی پیٹھ کے پیچھے اور خرید کیا اس کے بدلے مول تھوڑا سا کیا بری خرید کرتے ہیں۔

۱۔ طبری نے جامع ۷/ ۴۶۱ میں لکھا ہے حضرت ابو عبیدۃ بیان کرتے ہیں مسجد میں چند لوگ بیٹھے تھے حضرت ابن مسعودؓ بھی ان میں تشریف فرما تھے کہ ایک ادمی ایا اور اس نے کہا تمہارے بھائی حضرت کعب تمہیں سلام کہتے ہیں اور تمہیں خوشخبری دیتے ہیں کہ یہ آیت مبارکہ واذ اخز اللہ میثاق الذین اوتوا الکتاب لتبیننہ للناس ولا تکتمونہ۔ تمہارے بارے میں نازل نہیں ہوئی۔ حضرت ابن مسعودؓ نے ان سے فرمایا آپ بھی جا کر حضرت کعبؓ کو سلام کہنا ہے اور بتانا کہ یہ آیت کریمہ جب نازل ہوئی تھی اس وقت وہ یہودی تھے۔

۳۔ علامہ زمخشری نے کشاف ۱/ ۲۳۵ میں لکھا ہے۔ رحمتِ دو عالم صلی اللہ علیہ وآلہ وسلم نے ارشاد فرمایا جس نے علم کے اہل آدمی سے علم چھپایا اسے آگ کی لگام ڈالی جائے گی۔

علامہ ابن حجر نے فرمایا کہ یہ روایت حضرت ابن مسعودؓ اور حضرت طلق بن علیؓ سے مروی ہے۔ یہ دونوں روایتیں طبرانی میں موجود ہیں۔

لَا تَحْسَبَنَّ الَّذِيْنَ يَفْرَحُوْنَ بِمَآ اَتَوْا وَّ يُحِبُّوْنَ اَنْ يُّحْمَدُوْا بِمَا لَمْ يَفْعَلُوْا فَلَا تَحْسَبَنَّهُمْ بِمَفَازَةٍ مِّنَ الْعَذَابِ ۚ وَ لَهُمْ عَذَابٌ اَلِيْمٌ ﴿۱۸۸﴾

تو نہ سمجھ کہ جو لوگ خوش ہوتے ہیں اپنے کیے پر اور چاہتے ہیں تعریف بن کیے پر سو نہ جان کہ وہ خلاص ہیں عذاب سے اور ان کو دکھ کی مار ہے۔

۱۔ طبری نے جامع ۷/۱۷۴ میں لکھا ہے حضرت ابن مسعودؓ کی خدمت میں ایک آدمی حاضر ہوا اور کہا حضرت کعبؓ آپ کو سلام عرض کرتے ہیں اور کہتے ہیں یہ آیت کریمہ لا تحسبن الذین یفرحون بما اتو ویحبون ان یحمدوا بما لم یفعلو۔ آپ کے بارے میں نازل نہیں ہوئی۔ حضرت ابن مسعودؓ نے اس آدمی سے فرمایا جاکر انہیں بتانا کہ جب یہ آیت کریمہ نازل ہوئی تھی وہ اس وقت یہودی تھے۔

الَّذِيْنَ يَذْكُرُوْنَ اللّٰهَ قِيٰمًا وَّ قُعُوْدًا وَّ عَلٰى جُنُوْبِهِمْ

وہ جو یاد کرتے ہیں اللہ کو کھڑے اور بیٹھے اور کروٹ پر لیٹے۔

۱۔ علامہ سیوطی نے الد ۲/۱۱۰ میں تحریر کیا ہے کہ فریابی، ابن ابی حاتم اور طبرانی نے حضرت ابن مسعودؓ کا یہ فرمان نقل کیا ہے۔

آپؓ نے اس آیت مبارکہ کی تفسیر میں فرمایا کہ اس آیت کریمہ میں نماز کا تذکرہ ہے کہ اگر کوئی کھڑے ہو کر نہیں پڑھ سکتا تو بیٹھ کر پڑھے اور اگر بیٹھ کر نہیں پڑھ سکتا تو پہلو کے بل لیٹ کر پڑھ لے۔

رَبَّنَآ اِنَّنَا سَمِعْنَا مُنَادِيًا يُّنَادِيْ لِلْاِيْمَانِ اَنْ اٰمِنُوْا بِرَبِّكُمْ فَاٰمَنَّا

اے رب ہمارے ہم نے سنا ایک پکارنے والا پکارتا ہے ایمان لانے کو کہ ایمان لاؤ اپنے رب پر سو ہم ایمان لائے۔

۱۔ علامہ بغوی نے معالم ۱/۳۹۲ میں حضرت ابن مسعودؓ اور حضرت ابن عباسؓ کا یہ فرمان نقل کیا ہے کہ منادی سے مراد سرکار دو عالم صلی اللہ علیہ وآلہ وسلم ہیں۔

رَبَّنَا فَاغْفِرْ لَنَا ذُنُوْبَنَا وَ كَفِّرْ عَنَّا سَيِّاٰتِنَا وَ تَوَفَّنَا مَعَ الْاَبْرَارِ ﴿۱۹۳﴾

اے رب ہمارے اب بخش گناہ ہمارے اور اتار ہماری برائیاں اور موت دے ہم کو نیک لوگوں کے ساتھ۔

۱۔ علامہ سیوطی نے الر۲/۱۱۱۔۱۱۲ میں لکھا ہے کہ ابن ابی شیبہ نے حضرت ابن مسعودؓ سے یہ بات نقل کی ہے آپؓ نے فرمایا: جب تم نماز میں تشہد پڑھ لو تو پھر یہ دعا مانگا کرو اللھم انی اسالک من الخیر کلہ، ما علمت منہ و ما لم اعلم واعوذبک من الشر کلہ، ما علمت منہ ومالم اعلم، اللھم انی اسالک من خیر ما سالک عبادک الصالحون واعوذبک من شر ما عاذ منہ عبادک الصالحون۔ ربنا اتنا فی الدنیا حسنۃ وفی

الاخرة حسنة وقنا عذاب النار۔ ربنا اننا امنا فاغفر لنا ذنوبنا و كفر عنا سياتنا و توفنا مع الابرار۔ انک لا تخلف الميعاد تک پڑھے۔

***

۴۔ سورۃ النساء

ا۔ علامہ سیوطی نے الدر ۲/ ۲ میں لکھا ہے کہ دارمی، محمد بن نصر اور بیہقی نے (شعب الایمان میں) حضرت ابن مسعودؓ کا یہ ارشاد نقل کیا ہے: جس نے سورۃ آل عمران کی تلاوت کی وہ اصل مالدار ہے اور سورۃ النساء زینت بخشتی ہے۔

يٰٓاَيُّهَا النَّاسُ اتَّقُوْا رَبَّكُمُ الَّذِيْ خَلَقَكُمْ مِّنْ نَّفْسٍ وَّاحِدَةٍ وَّ خَلَقَ مِنْهَا زَوْجَهَا وَ بَثَّ مِنْهُمَا رِجَالًا كَثِيْرًا وَّ نِسَآءً ۚ وَ اتَّقُوا اللّٰهَ الَّذِيْ تَسَآءَلُوْنَ بِهٖ وَ الْاَرْحَامَ ؕ اِنَّ اللّٰهَ كَانَ عَلَيْكُمْ رَقِيْبًا ﴿۱﴾

اے لوگو ڈرتے رہوا پنے رب سے جس نے بنایا تم کو ایک جان سے اور اسی سے بنایا اس کا جوڑا اور بکھیرے ان دونوں سے بہت مرد اور عورتیں اور ڈرتے رہو اللہ سے جس کا واسطہ دیتے ہو آپس میں اور خبر دار رہو ناتوں سے اللہ ہے تم پر مطلع۔

ا۔ ابن جوزی نے زاد ۲/ ۲ میں لکھا ہے حضرت ابن مسعودؓ اور حضرت ابن عباسؓ نے وخلق منہا زوجها کی تفسیر یوں فرمائی ہے کہ حضرت حوا کو حضرت آدمؑ کے جنت میں داخل ہونے کے بعد پیدا کیا گیا۔

۲۔ امام احمد بن حنبل اپنی مسند ۵/ ۲۷۱۔ ۲۷۲ میں حضرت ابن مسعودؓ کی یہ روایت نقل فرمائی ہے۔ حضرت ابن مسعودؓ فرماتے ہیں نبی مکرم ﷺ نے اللہ تعالیٰ سے حاجت کا سوال کرنے کے لیے جو خطبہ ہمیں سکھایا وہ یہ تھا:

الحمد لله، نستعينه و نستغفره، و نعوز بالله من شرور انفسنا، من يهده الله فلا مضل له، ومن يضلل فلا هادى۔ واشهد ان لا اله الا الله، واشهد ان محمد عبده ورسوله۔

اس کے بعد یہ تین آیات تلاوت کرے۔

۱۔یا ایہا الذین آمنوا اتقوا اللہ حق تقاتہ ولا تموتن الا وانتم مسلمون (آل عمران / ۱۰۲)

۲۔یا ایہا الناس اتقوا ربکم الذخلقکم من نفس واحدۃ و خلق منہا زوجھا و بث منہما رجالا کثیرا ونسء واتقوا اللہ الذی تساء لون بہ والارحام ان اللہ کان علیکم رقیبا۔

۳۔یا ایہا الذین أمنوا اتقوا اللہ وقولوا قولا سدید یصلح لکم اعمالکم و یغفر لکم ذنوبکم و من یطع اللہ ورسولہ فقد فاز فوزاً عظیما (الاحزاب/ ۷۰)

اس کے بعد اپنی حاجت و ضرورت کا تذکرہ کرے۔

ولا توتوا السفہاء اموالکم۔

اور مت پکڑا دو بے عقلوں کو اپنے مال۔

۱۔ طبری نے جامع ۷/ ۵۶۱ میں لکھا ہے حضرت ابن مسعودؓ نے فرمایا السفہاء سے مراد عورتیں اور بچے ہیں۔

وَ اِذَا حَضَرَ الْقِسْمَةَ اُولُوا الْقُرْبٰى وَ الْيَتٰمٰى وَ الْمَسٰكِيْنُ فَارْزُقُوْهُمْ مِّنْهُ وَ قُوْلُوْا لَهُمْ قَوْلًا مَّعْرُوْفًا

اور جب حاضر ہوں تقسیم کے وقت ناتے والے اور یتیم اور محتاج تو ان کو کچھ کھلا دو اس میں سے۔

۱۔ علامہ ابن کثیرؒ نے اپنی تفسیر ۲/ ۱۹۲ میں لکھا ہے حضرت مجاہد نے اس آیت کریمہ کی تفسیر میں فرمایا کہ مذکورہ بالا لوگوں کو کچھ نہ کچھ دینا اہل میراث پر واجب ہے جب تک کہ وہ خوشی سے دیں۔

حضرت ابن مسعودؓ اور حضرت ابو موسیٰؓ وغیرہ سے بھی یہی منقول ہے کہ یہ دینا واجب ہے۔

يُوْصِيْكُمُ اللّٰهُ فِيْٓ اَوْلَادِكُمْ لِلذَّكَرِ مِثْلُ حَظِّ الْاُنْثَيَيْنِ ۚ فَاِنْ كُنَّ نِسَآءً فَوْقَ اثْنَتَيْنِ فَلَهُنَّ ثُلُثَا مَا تَرَكَ ۚ وَ اِنْ كَانَتْ وَاحِدَةً فَلَهَا النِّصْفُ ؕ وَ لِاَبَوَيْهِ لِكُلِّ وَاحِدٍ مِّنْهُمَا السُّدُسُ مِمَّا تَرَكَ اِنْ كَانَ لَهٗ وَلَدٌ ۚ فَاِنْ لَّمْ يَكُنْ لَّهٗ وَلَدٌ وَّ وَرِثَهٗٓ اَبَوٰهُ فَلِاُمِّهِ الثُّلُثُ ۚ فَاِنْ كَانَ لَهٗٓ اِخْوَةٌ فَلِاُمِّهِ السُّدُسُ مِنْۢ بَعْدِ وَصِيَّةٍ يُّوْصِيْ بِهَآ اَوْ دَيْنٍ ؕ اٰبَآؤُكُمْ وَ اَبْنَآؤُكُمْ لَا تَدْرُوْنَ اَيُّهُمْ اَقْرَبُ لَكُمْ نَفْعًا ؕ فَرِيْضَةً مِّنَ اللّٰهِ ؕ

کہہ رکھتا ہے تم کو اللہ تمہاری اولاد میں مرد کو حصہ برابر دو عورتوں کے پھر اگر ہوویں نری عورتیں دو سے اوپر تو ان کو دو تہائیاں جو چھوڑ مرا اور اگر ایک ہے تو اس کو آدھا اور میت کے ماں باپ ہر ایک کو دونوں میں چھٹا حصہ (اس مال میں سے) جو چھوڑ مرا اگر میت کی اولاد ہے۔ پھر اگر اس کو اولاد نہیں اور وارث ہوں اس کے ماں باپ تو اس کی ماں کو تہائی پھر اگر میت کے کئی بھائی ہیں تو اس کی ماں کو چھٹا حصہ پیچھے وصیت کے جو دلوا مرا یا قرض کے تمہارے باپ اور بیٹے تم کو معلوم نہیں کون شاب پہنچتے ہیں تمہارے کام میں حصہ باندھا اللہ۔

ا۔ حاکم نے مستدرک ۴/۳۳۳ میں لکھا ہے حضرت ابن مسعودؓ فرماتے ہیں نبی اکرم ﷺ نے ارشاد فرمایا: قرآن مجید سیکھو اور لوگوں کو سکھاؤ کیونکہ میں نے اللہ جل جلالہ کے پاس چلے جانا ہے اور بلاشبہ علم بھی اٹھا لیا جائے گا اور فتنے ظاہر ہوں گے یہاں تک کہ اگر دو آدمیوں کا وراثت کے کسی مسئلہ میں اختلاف ہو جائے گا تو انہیں ایسا کوئی آدمی نہیں ملے گا جو ان کا فیصلہ کر دے۔

۲۔ امام احمد ابن حنبلؒ نے اپنی مسند ۵/۲۵۵۔ ۲۵۶ میں حضرت ہزیل ابن شرجبیل کی یہ روایت نقل فرمائی ہے۔ حضرت ہزیل فرماتے ہیں: ایک آدمی نے حضرت ابو موسیٰ اور حضرت سلمان بن ربیعہ سے مسئلہ پوچھا کہ ایک آدمی ایک بیٹی، ایک پوتی اور ایک بہن چھوڑ کر فوت ہوا تو اب انہیں کتنے کتنے حصے ملیں گے؟ حضرت ابو موسیٰ اشعری اور حضرت سلمان بن ربیعہ نے فرمایا آدھی وراثت بیٹی کو ملے گی آدھی بہن کو اور پوتی کو کچھ بھی نہیں۔ ساتھ

ہی فرمایا جا کر یہ مسئلہ حضرت ابن مسعودؓ سے بھی پوچھ لو آپؓ بھی یوں ہی بتائیں گے۔

یہ صاحب حضرت ابن مسعودؓ کی خدمت میں حاضر ہوئے مسئلہ دریافت کیا اوران دونوں حضرات کی رائے سے بھی آگاہ کردیا۔ حضرت ابن مسعودؓ نے فرمایا مسئلہ اگر یوں ہی ہو تو پھر تو میں گمراہ ہوگیا۔ میں عنقریب وہی فیصلہ کروں گا جو رحمت دو عالم ﷺ نے فرمایا تھا۔ اور وہ یہ ہے آدھی وراثت بیٹی کو ملے گی، دو تہائی کی مقدار برابر کرنے کے لیے چھٹا حصہ پوتی کو دیا جائے گا اور جو باقی بچے گا وہ بہن کو ملے گا۔

۳۔ قرطبی نے احکام ۵/۶۲ میں لکھا ہے حضرت ابو عمر نے کہا حضرت ابن مسعودؓ نے فرمایا جب ترکہ کا دو تہائی بیٹیوں کو مل جائے گا تو جو باقی بچے گا وہ پوتوں کو ملے گا پوتیوں کو نہیں ملے گا۔ اور پوتیوں کی ماں کو ملے گا نہ ہی پوتیوں کی اولاد کو ملے گا۔

وَ لَكُمْ نِصْفُ مَا تَرَكَ اَزْوَاجُكُمْ اِنْ لَّمْ يَكُنْ لَّهُنَّ وَلَدٌ ۚ فَاِنْ كَانَ لَهُنَّ وَلَدٌ فَلَكُمُ الرُّبُعُ مِمَّا تَرَكْنَ مِنْۢ بَعْدِ وَصِيَّةٍ يُّوْصِيْنَ بِهَآ اَوْ دَيْنٍ ؕ وَ لَهُنَّ الرُّبُعُ مِمَّا تَرَكْتُمْ اِنْ لَّمْ يَكُنْ لَّكُمْ وَلَدٌ ۚ فَاِنْ كَانَ لَكُمْ وَلَدٌ فَلَهُنَّ الثُّمُنُ مِمَّا تَرَكْتُمْ مِّنْۢ بَعْدِ وَصِيَّةٍ تُوْصُوْنَ بِهَآ اَوْ دَيْنٍ ؕ

تم کو آدھا مال جو چھوڑ مریں تمہاری عورتیں اگر نہ ہو ان کو اولاد پھر اگر ان کو اولاد ہے تو تم کو چوتھائی مال (اس سے) جو چھوڑ مریں بعد وصیت کے جو دلوا مریں یا قرض کے اور عورتوں کو چوتھائی مال (اس سے) جو چھوڑ مرو تم اگر نہ ہو تم کو اولاد پھر اگر تم کو اولاد ہے تو ان کو آٹھواں حصہ (اس سے) جو کچھ تم نے چھوڑا بعد وصیت کے جو تم دلواؤ یا قرض کے۔

۱۔ حاکم نے مستدرک ۴/۳۳۵۔ ۳۳۶ میں لکھا ہے حضرت ابن مسعودؓ نے فرمایا حضرت عمرؓ کے سامنے وراثت کا ایک مسئلہ پیش کیا گیا کہ ایک آدمی فوت ہوا تو ایک بیوی اور والدین اس کے وارث ہیں، آپؓ نے بیوی کو کل مال کا چوتھا حصہ دیا جو باقی بچا اس کا تیسرا حصہ اس کی والدہ کو دیا اور اب جو باقی بچ گیا وہ والد کو دیا۔

وَ اِنْ كَانَ رَجُلٌ يُّوْرَثُ كَلٰلَةً اَوِ امْرَاَةٌ وَّ لَهٗۤ اَخٌ اَوْ اُخْتٌ فَلِكُلِّ وَاحِدٍ مِّنْهُمَا السُّدُسُ ۚ فَاِنْ كَانُوْۤا اَكْثَرَ مِنْ ذٰلِكَ فَهُمْ شُرَكَآءُ فِی الثُّلُثِ مِنْۢ بَعْدِ وَصِیَّةٍ یُّوْصٰى بِهَاۤ اَوْ دَیْنٍ ۙ

اور اگر جس مرد کے میراث ہے باپ بیٹا نہیں رکھتا یا عورت ہو اور اس کا ایک بھائی ہے یا بہن تو دونوں میں ہر ایک کو چھٹا حصہ پھر اگر زیادہ ہوئے اس سے تو سب شریک ہیں ایک تہائی میں بعد وصیت کے جو ہو چکی ہے یا قرض کے۔

۱۔ علامہ بغوی نے معالم ۱/ ۱۱۴ میں لکھا ہے کلالہ کا لفظ میت کے لیے استعمال ہوتا ہے۔ حضرت علی المرتضیٰؓ اور حضرت ابن مسعودؓ نے یوں فرمایا ہے۔

۲۔ ابن جوزی نے زاد ۲/ ۳۰ میں لکھا ہے حضرت عمر بن خطابؓ نے فرمایا مجھ پر ایسا وقت بھی گزرا ہے مجھے یہ پتہ نہیں تھا کلالہ کسے کہتے ہیں حالانکہ یہ اسے کہتے ہیں جس کا والد موجود نہ ہو اور نہ ہی کوئی اولاد ہو۔

یہ بات حضرت علی المرتضیٰؓ اور حضرت ابن مسعودؓ نے بتائی ہے۔

۳۔ قرطبی نے احکام ۵/۷۸میں لکھا ہے حضرت شعبی نے فرمایا کلالہ اسے کہتے ہیں جو فوت ہو تو اس کا والد موجود نہ ہو نہ اولاد ہو بلکہ اس کے بھائی وغیرہ اس کے وارث بنیں، حضرت علی المرتضیٰؓ اور حضرت ابن مسعودؓ نے یوں ہی ارشاد فرمایا ہے۔

۴۔ حاکم نے مستدرک ۴/۳۳۷میں لکھا ہے حضرت عمر، حضرت علی المرتضیٰؓ، حضرت عبداللہ بن مسعود اور حضرت زیدؓ نے وراثت کا ایک مسئلہ یوں بتایا:

ایک عورت فوت ہوئی، اس کے وارثین میں اس کی ماں تھی اس کا خاوند تھا کچھ سگے بھائی تھے اور کچھ ماں شریک بھائی تھے۔

مذکورہ بالا اصحاب رسولؐ نے فرمایا کہ سگے بھائی، ماں شریک بھائیوں کو ملنے والے تیسرے میں حصہ دار ہوں گے کیونکہ وہ سب ایک ماں کی اولاد ہیں۔ باپ تو ان کی رشتہ داری کا ذریعہ ہے لہذا یہ سب تیسرے حصہ میں برابر کے حصہ دار ہیں۔

۵۔ علامہ بغوی نے معالم ۱/۴۰۷میں لکھا ہے کچھ ورثاء دوسرے ورثاء کو مال ملنے میں رکاوٹ بنتے ہیں۔ شرعی طور پر رکاوٹ دو قسموں کی ہوتی ہیں۔ پہلی قسم یہ کہ اس رکاوٹ کی وجہ سے حصہ کم ہو جاتا ہے۔ دوسری یہ کہ بالکل ہی محروم کر دیا جاتا ہے۔ حصہ میں کمی کا باعث بننے والی رکاوٹ یہ ہے کہ بیٹے اور پوتے کے ہوتے ہوئے خاوند کو آدھے کی بجائے چوتھا حصہ ملے گا، بیوی کو چوتھے حصہ کی بجائے آٹھواں حصہ ملے گا اور ماں کو تیسرے کی بجائے چھٹا حصہ ملے گا اسی طرح بیٹے اگر دو یا زیادہ ہوں تب بھی ماں کو تیسرے کی بجائے چھٹا حصہ ملے گا۔

اور بالکل محروم کر دینے والی رکاوٹ یہ ہے کہ ماں کی موجودگی میں نانیاں دادیاں وراثت سے محروم ہوں گی اور ماں شریک بہن بھائیوں کو بھی کچھ نہیں ملے گا جب باپ، دادا (اوپر تک) بیٹا اور پوتا (نیچے تک) موجود ہوں۔ اسی طرح سگے بہن بھائیوں کو بھی کچھ ملے گا جب باپ، بیٹا اور پوتا (نیچے تک) موجود ہوں۔

حضرت زید بن ثابتؓ کی رائے یہ ہے کہ دادا کی موجودگی سگے بہن بھائیوں کو وراثت سے محروم نہیں کرتی۔ حضرت اور حضرت ابن مسعودؓ نے بھی یوں ہی ارشاد فرمایا ہے۔

وَ لَيْسَتِ التَّوْبَةُ لِلَّذِيْنَ يَعْمَلُوْنَ السَّيِّاٰتِ ۚ حَتّٰٓى اِذَا حَضَرَ اَحَدَهُمُ الْمَوْتُ قَالَ اِنِّیْ تُبْتُ

اور ان کی تو توبہ نہیں جو کرتے جاتے ہیں برے کام جب تک سامنے آئے ایسے کسی کو موت تو کہنے لگا میں نے توبہ کی اب۔

ا۔ سیوطی نے الدر ۲/ ۱۳۱ میں لکھا ہے ابن حاتم نے حضرت ابن مسعودؓ سے روایت نقل کی ہے آپؓ نے فرمایا اس آیت مبارکہ حتی اذا حضرت احدھم الموت قال انی تبت الاٰن کا مطلب یہ ہے کہ اس وقت اس کی توبہ قبول نہیں ہوتی۔

يٰٓاَيُّهَا الَّذِيْنَ اٰمَنُوْا لَا يَحِلُّ لَكُمْ اَنْ تَرِثُوا النِّسَآءَ كَرْهًا ؕ وَ لَا تَعْضُلُوْهُنَّ لِتَذْهَبُوْا بِبَعْضِ مَآ اٰتَيْتُمُوْهُنَّ اِلَّآ اَنْ يَّاْتِيْنَ بِفَاحِشَةٍ مُّبَيِّنَةٍ ۚ

اے ایمان والو! حلال نہیں تم کو کہ میراث میں لے لو عورتوں کو زور سے اور نہ ان کو بند کرو کہ لے لو ان سے کچھ اپنا دیا مگر کہ وہ کریں بے حیائی صریح۔

ا۔ علامہ بغوی نے معالم ۱/۷۱۴ میں لکھا ہے حضرت ابن مسعودؓ اور حضرت قتادہ فرماتے ہیں فاحشۃ سے مراد عورت کا اپنے خاوند کی نافرمانی کرنا ہے۔

۲۔ علامہ ابن کثیر نے اپنی تفسیر ۲/۲۱۱ میں لکھا ہے حضرت ابن مسعودؓ اور حضرت ابن عباسؓ وغیرہ نے فرمایا فاحشہ سے مراد زنا ہے۔

حُرِّمَتْ عَلَيْكُمْ اُمَّهٰتُكُمْ وَ بَنٰتُكُمْ وَ اَخَوٰتُكُمْ وَ عَمّٰتُكُمْ وَ خٰلٰتُكُمْ وَ بَنٰتُ الْاَخِ وَ بَنٰتُ الْاُخْتِ وَ اُمَّهٰتُكُمُ الّٰتِیْۤ اَرْضَعْنَكُمْ وَ اَخَوٰتُكُمْ مِّنَ الرَّضَاعَةِ

حرام ہوئی ہیں تم پر تمہاری مائیں اور بیٹیاں اور بہنیں اور پھوپھیاں اور خالائیں اور بھائی کی بیٹیاں اور بہن کی بیٹیاں اور جن ماؤں نے تمہیں دودھ دیا اور دودھ کی بہنیں۔

ا۔ امام احمد بن حنبلؒ نے اپنی مسند ۶/۸۰ میں لکھا ہے حضرت ابو موسیٰ الھلالی اپنے والد سے روایت کرتے ہیں: ایک آدمی سفر میں تھا۔ اس کی بیوی کے بچہ پیدا ہوا مگر اس کا دودھ جاری نہ ہو سکا۔ یہ آدمی اس کا دودھ جاری کرنے کی کوشش کر رہا تھا کہ دودھ اس کے گلے میں چلا گیا۔ اب یہ آدمی حضرت ابو موسیٰ الھلالی کے پاس مسئلہ پوچھنے کے لیے آیا تو انہوں نے اسے بتایا کہ وہ عورت تمہارے لیے حرام ہو گئی ہے۔ راوی کہتے ہیں یہ آدمی حضرت ابن مسعودؓ کی خدمت میں حاضر ہوا اور ان سے مسئلہ پوچھا تو آپؓ نے فرمایا رحمت دو

عالم صلی اللہ علیہ وآلہ وسلم کا ارشاد ہے: رضاعت سے حرمت تب ثابت ہوتی ہے جب وہ دودھ گوشت اور ہڈیاں بنانے کا باعث ہے۔

۲۔ امام نسائیؒ نے اپنی سنن ۶/۱۰۱ میں نقل کیا ہے: حضرت قتادہ فرماتے ہیں ہم نے بذریعہ خط حضرت ابراہیم بن یزید النخعی سے رضاعت کا مسئلہ پوچھا تو آپ نے جواب میں لکھا بلاشبہ حضرت شریح نے ہم سے یہ حدیث بیان فرمائی ہے کہ حضرت علی المرتضیٰؓ اور حضرت ابن مسعودؓ فرمایا کرتے تھے: دودھ چاہے تھوڑا پیا جائے یا زیادہ حرمت کا باعث ہوتا ہے۔

وَ اُمَّهٰتُ نِسَآئِكُمْ وَ رَبَآئِبُكُمُ الّٰتِیْ فِیْ حُجُوْرِكُمْ مِّنْ نِّسَآئِكُمُ الّٰتِیْ دَخَلْتُمْ بِهِنَّ٘ فَاِنْ لَّمْ تَكُوْنُوْا دَخَلْتُمْ بِهِنَّ فَلَا جُنَاحَ عَلَیْكُمْ٘ وَ حَلَآئِلُ اَبْنَآئِكُمُ الَّذِیْنَ مِنْ اَصْلَابِكُمْ ۙ

اور تمہاری عورتوں کی مائیں اور ان کی بیٹیاں جو تمہاری پرورش میں ہیں جن عورتوں سے تم نے صحبت کی پھر اگر تم نے صحبت نہیں کی تو تم پر گناہ نہیں اور عورتیں تمہارے بیٹوں کی جو تمہاری پشت سے ہوں۔

۱۔ مؤطا امام مالک ۲/۵۳۳ میں لکھا ہے حضرت عبداللہ بن مسعودؓ سے کوفہ میں یہ مسئلہ پوچھا گیا کہ آدمی ایسی عورت سے نکاح کر سکتا ہے جس کی بیٹی اس کے نکاح میں رہی ہو اور اس کے ساتھ صحبت بھی نہ کی ہو؟ آپؓ نے فرمایا نکاح کر سکتا ہے۔ حضرت ابن مسعودؓ جب مدینہ منورہ تشریف لائے تو اس مسئلہ کی تحقیق کی آپؓ کو بتایا گیا مسئلہ ایسے نہیں جیسے انہوں

نے فرمایا ہے۔ صحبت نہ ہونے کی شرط تو صرف ان بیٹیوں کے بارے میں ہے جو حقیقی نہ ہوں بلکہ گود میں پرورش پا رہی ہوں۔

چنانچہ حضرت ابن مسعودؓ جب واپس کوفہ تشریف لے گئے تو اپنے گھر تشریف نہ لائے بلکہ سیدھا اس آدمی کے پاس گئے جسے فتویٰ دیا تھا اور اسے جا کر فرمایا کہ اپنی عورت سے الگ ہو جاؤ۔

۲۔ علامہ بغوی نے معالم ۱/ ۴۲۱ میں لکھا ہے علمائے کرام کی ایک بڑی تعداد کی رائے یہ ہے کہ زانی پر زانیہ کی ماں اور بیٹی حرام نہیں ہوتی لیکن زانیہ زانی کے باپ اور بیٹے پر حرام ہو جاتی ہے۔

یہ حضرت علی المرتضیٰؓ، حضرت ابن مسعودؓ اور حضرت ابن عباسؓ کا ارشاد ہے۔

۳۔ سیوطی نے الدر ۲/ ۱۳۷ میں لکھا ہے۔ ابن ابی شیبہ نے حضرت ابن مسعودؓ کا یہ ارشاد نقل کیا ہے۔ آپؓ نے فرمایا: اللہ جل جلالہ اس آدمی کی طرف نظر رحمت نہیں فرماتے جس نے کسی عورت کی شرمگاہ بھی دیکھی اور اس کی بیٹی کی شرمگاہ بھی دیکھی۔

وَ اَنْ تَجْمَعُوْا بَيْنَ الْاُخْتَيْنِ اِلَّا مَا قَدْ سَلَفَ ؕ

اور یہ کہ اکٹھے کرو دو بہنوں کو مگر جو آگے ہو چکا۔

۱۔ امام بخاریؒ نے اپنی صحیح ۷/ ۲۰۔ ۲۱ میں نقل فرمایا حضرت ابن مسعودؓ نے فرمایا: عورت اپنی بہن کو طلاق کی شرط مقرر نہ کرے۔

وَّ الْمُحْصَنٰتُ مِنَ النِّسَآءِ اِلَّا مَا مَلَکَتْ اَیْمَانُکُمْ ۚ

اور نکاح بندھی عورتیں مگر جن کو مالک ہو جاویں تمہارے ہاتھ۔

۱۔ طبری نے جامع ۸/ ۱۶۱۔ ۱۶۲ میں لکھا ہے حضرت ابن مسعودؓ نے اس آیت کریمہ کی تفسیر میں فرمایا: محصنات انہیں کہتے ہیں جن کے خاوند موجود ہوں چاہے مسلمان ہوں چاہے مشرک۔

۲۔ طبری نے جامع ۸/ ۱۵۶ میں لکھا ہے حضرت ابن مسعودؓ نے اس آیت مبارکہ کی تفسیر میں فرمایا خاوند والی ہر عورت تجھ پر حرام ہے۔ ہاں وہ حلال ہے جسے تو اپنے مال سے خرید لے۔

۳۔ طبری نے جامع ۸/ ۱۵۵ میں لکھا ہے حضرت ابراہیم سے خاوند والی لونڈی کی خرید و فروخت کا مسئلہ پوچھا گیا تو آپ نے فرمایا حضرت عبداللہ بن مسعودؓ فرمایا کرتے تھے۔ اس کا بیچ دینا اس کی طلاق ہے۔ اس کے بعد آپؓ یہ آیت کریمہ تلاوت فرماتے تھے۔
والمحصنات من النساء الا ما ملکت ایمانکم۔

۴۔ طبری نے جامع ۸/ ۱۵۸ میں لکھا ہے حضرت ابن مسعودؓ نے فرمایا: شادی شدہ لونڈی جب بیچ دی گئی تو اب اس کا آقا ہی اس کی شرمگاہ کا اصل مالک ہے۔

وَ اُحِلَّ لَکُمْ مَّا وَرَآءَ ذٰلِکُمْ اَنْ تَبْتَغُوْا بِاَمْوَالِکُمْ مُّحْصِنِیْنَ غَیْرَ مُسٰفِحِیْنَ ؕ فَمَا اسْتَمْتَعْتُمْ بِهٖ مِنْهُنَّ فَاٰتُوْهُنَّ اُجُوْرَهُنَّ فَرِیْضَةً ؕ

اور حلال ہوئیں تم کو جو ان کے سوا ہیں یوں کہ طلب کرو اپنے مال کے بدلہ قید میں لانے کو نہ مستی نکالنے کو پھر جو کام میں لائے تم ان عورتوں میں سے ان کو دو ان کے حق جو مقرر ہوئے۔

۱۔ امام شافعیؒ نے اپنی مسند ۲/ ۱۳۔ ۱۴ میں حضرت ابن مسعودؓ کی یہ روایت نقل فرمائی ہے۔ آپؓ فرماتے ہیں۔

ہم رحمت دو عالم ﷺ کے ہمراہ جہاد کے لیے جاتے تو عورتیں ہمارے ہمراہ نہیں ہوتی تھیں۔ ہمارا ارادہ ہوا کہ ہم اپنی مردانہ خصوصیات ختم کر دیں مگر رحمت دو عالم ﷺ نے ہمیں اس بات سے روک دیا اور ہمیں اس بات کی اجازت مرحمت فرما دی کہ ہم کسی عورت سے کسی چیز کے بدلے میں ایک مقررہ وقت تک کے لیے نکاح کر لیا کریں۔

۲۔ قرطبی نے احکام ۵/ ۱۳۰ میں حضرت ابن مسعودؓ کا یہ فرمان نقل کیا ہے۔ آپؓ فرماتے ہیں۔ متعہ کا حکم منسوخ ہو چکا ہے۔ طلاق، عدت اور میراث کے احکام نے اسے منسوخ کر دیا ہے۔

وَ مَنْ لَّمْ يَسْتَطِعْ مِنْكُمْ طَوْلًا اَنْ يَّنْكِحَ الْمُحْصَنٰتِ الْمُؤْمِنٰتِ فَمِنْ مَّا مَلَكَتْ اَيْمَانُكُمْ مِّنْ فَتَيٰتِكُمُ الْمُؤْمِنٰتِ ؕ وَ اللّٰهُ اَعْلَمُ بِاِيْمَانِكُمْ ؕ بَعْضُكُمْ مِّنْ بَعْضٍ ۚ فَانْكِحُوْهُنَّ بِاِذْنِ اَهْلِهِنَّ وَ اٰتُوْهُنَّ اُجُوْرَهُنَّ بِالْمَعْرُوْفِ

اور جو کوئی نہ پاوے تم میں معذور اس کا کہ نکاح میں لاوے. بیبیاں مسلمان تو جو ہاتھ کا مال ہیں آپس کی تمہاری لونڈیاں مسلمان اور اللہ کو بہتر معلوم ہے تمہاری مسلمانی تم آپس میں ایک ہو سوان کو نکاح کروان کے لوگوں کے اذن سے اور دوان کے مہر۔

ا۔ امام بخاریؒ نے اپنی صحیح ۷/۵۰ میں نقل فرمایا کہ حضرت ابن مسعودؓ نے ایک لونڈی خریدی۔ اس کے مالک کو ایک سال تک تلاش کیا مگر وہ نہ ملا در حقیقت وہ گم ہو گیا تھا۔ حضرت ابن مسعودؓ ایک ایک دو دو درہم کر کے صدقہ کرنے لگ گئے اور یہ فرمایا کرتے اے اللہ! یہ اس آدمی کی طرف سے ہے اگر وہ آگیا تو اس موقعہ پر اپؓ نے فرمایا لاوارث چیز کے بارے میں یوں کیا کرو۔

۲۔ علامہ ابن کثیر نے اپنی تفسیر ۲/۲۲۳ میں لکھا ہے حضرت ابن مسعودؓ نے فرمایا:

غلام عورتیں اور آزاد عورتیں حرام حلال کے احکام میں برابر ہیں ہاں کہیں کہیں تعداد کا فرق ہے۔

۳۔ علامہ ابن کثیر نے اپنی تفسیر ۲/۲۲۲ میں لکھا ہے حضرت ابن مسعودؓ سے ایک ایسے آدمی کے بارے میں سوال کیا گیا جس نے دو بہنوں سے نکاح کر رکھا ہو۔ آپؓ نے اسے ناپسند فرمایا تو سوال کرنے والے نے کہا اللہ تعالیٰ فرماتے ہیں الا ما ملکت ایمانکم۔ حضرت ابن مسعودؓ نے فرمایا۔ ماملکت یمینک۔ کے لفظ سے ہی تو اللہ تعالیٰ تمہیں شرم دلا رہے ہیں۔

۴۔ قرطبی نے احکام ۵/۱۳۴۔ ۱۳۵ میں لکھا ہے دار قطنی نے حضرت ابن مسعودؓ سے یہ روایت نقل فرمائی ہے۔ حضرت ابن مسعودؓ فرماتے ہیں: رحمت دو عالم ﷺ نے ایک

دفعہ فرمایا اس عورت سے کون نکاح کرے گا؟ ایک آدمی نے کھڑے ہو کر عرض کیا اللہ کے رسول! میں کروں گا۔ آپ ﷺ نے فرمایا کوئی مال ہے تیرے پاس؟ اس نے عرض کیا اللہ کے رسول! کوئی نہیں۔ آپ ﷺ نے فرمایا قرآن مجید پڑھ لیتے ہو؟ اس نے عرض کیا جی ہاں! سورۃ بقرہ اور سورۃ مفصل پڑھ رکھی ہے۔ پیغمبر خدا ﷺ نے فرمایا میں نے اس کا نکاح تجھ سے اس بات پر کر دیا ہے کہ تو اسے یہ سورتیں پڑھائے گا اور سکھائے گا اور جب اللہ جل جلالہ تجھے مال دیں تو اسے بدلہ ضرور دینا یوں آپ ﷺ نے اس عورت کا نکاح اس آدمی سے اس بات پر کروا دیا۔

فَاِذَآ اُحْصِنَّ فَاِنْ اَتَيْنَ بِفَاحِشَةٍ فَعَلَيْهِنَّ نِصْفُ مَا عَلَى الْمُحْصَنٰتِ مِنَ الْعَذَابِ

پھر جب وہ قید میں آ چکیں تو اگر کریں بے حیائی کا کام تو ان پر ہے آدھی وہ مار جو بیبیوں پر مقرر ہے۔

۱۔ طبری نے جامع ۸/۲۰۰ میں لکھا ہے نعمان بن عبداللہ بن مقرن نے حضرت ابن مسعودؓ سے عرض کیا میری لونڈی نے زنا کیا ہے۔ آپؓ نے فرمایا اسے پچاس کوڑے رسید کرو۔ انہوں نے عرض کیا وہ محصنہ نہیں ہے۔ آپؓ نے فرمایا اسلام لانے سے وہ محصنہ ہو گئی ہے۔

۲۔ علامہ سیوطی نے الدر ۲/۱۴۳ میں لکھا ہے ابن المنذر نے حضرت ابن مسعودؓ کی یہ روایت نقل کی ہے۔ آپؓ نے اس آیت مبارکہ فعلیھن نصف ما علی المحصناک من العذاب

کی تفسیر میں فرمایا کوڑے پچاس ہوں گے جبکہ جلاوطنی اور سنگساری کی سزا نہیں دی جائے گی۔

ذٰلِكَ لِمَنْ خَشِيَ الْعَنَتَ مِنْكُمْ ۭ وَ اَنْ تَصْبِرُوْا خَيْرٌ لَّكُمْ ۭ

یہ اس کے واسطے جو کوئی تم میں ڈرے تکلیف میں پڑنے سے اور صبر کرو تو بہتر ہے تمہارے حق میں۔

۱۔ سیوطی نے الدر ۲/ ۱۴۲ میں لکھا ہے ابن المنذر نے حضرت ابن مسعودؓ کا یہ ارشاد نقل کیا ہے۔ آپؓ نے فرمایا: اللہ تعالیٰ نے غلام عورتوں سے نکاح کرلینا صرف اس آدمی کے لیے حلال کیا ہے جو خوشحال نہ ہو اور جسے خود سے گناہ سرزد ہو جانے کا اندیشہ ہو۔

۲۔ علامہ سیوطی نے الدر ۲/ ۱۴۳ میں لکھا ہے ابن المنذر نے حضرت ابن مسعودؓ کا یہ ارشاد نقل کیا ہے۔ آپؓ نے فرمایا: وان تصبروا خیر لکم میں لونڈیوں سے نکاح کرنے سے باز رہنا مراد ہے۔

يٰٓاَيُّهَا الَّذِيْنَ اٰمَنُوْا لَا تَاْكُلُوْٓا اَمْوَالَكُمْ بَيْنَكُمْ بِالْبَاطِلِ اِلَّآ اَنْ تَكُوْنَ تِجَارَةً عَنْ تَرَاضٍ مِّنْكُمْ ۟ وَ لَا تَقْتُلُوْٓا اَنْفُسَكُمْ ۭ اِنَّ اللّٰهَ كَانَ بِكُمْ رَحِيْمًا

اے ایمان والو نہ کھاؤ مال ایک دوسرے کے آپس میں ناحق مگر یہ کہ سودا ہو آپس کی خوشی سے اور نہ خون کرو آپس میں اللہ کو تم پر رحم ہے۔

۱۔ علامہ ابن کثیر نے اپنی تفسیر ۲/۲۳۴ میں لکھا ہے حضرت ابن مسعودؓ نے فرمایا: یہ آیت مبارکہ محکم ہے، منسوخ نہیں ہوئی نہ ہی قیامت تک منسوخ ہوگی۔

اِنْ تَجْتَنِبُوْا كَبَآئِرَ مَا تُنْهَوْنَ عَنْهُ نُكَفِّرْ عَنْكُمْ سَيِّاٰتِكُمْ وَ نُدْخِلْكُمْ مُّدْخَلًا كَرِيْمًا

اگر تم بچتے رہو گے بڑی چیزوں سے جو تم کو منع ہوئیں تو ہم اتار دیں گے تم سے تقصیریں تمہاری اور داخل کریں گے تم کو عزت کے مقام۔

۱۔ طبری نے جامع ۸/۲۳۳ میں لکھا ہے حضرت ابن مسعودؓ نے فرمایا سورۃ النساء کی ابتداء سے ان تجتنبوا كبائر ما تنهون عنه تک جتنے گناہ کا تذکرہ آیا ہے یہ سب کبیرہ گناہیں۔

۲۔ طبری نے جامع ۸/۲۴۳ میں لکھا ہے حضرت ابن مسعودؓ نے فرمایا: سب سے بڑے گناہ یہ ہیں: اللہ جل جلالہ کے ساتھ شریک بنانا۔ اللہ جل جلالہ کی رحمت اور مہربانی سے ناامید اور مایوس ہوجانا ہے اور اللہ جل جلالہ کی تدبیر سے بے خوف ہوجانا۔

۳۔ علامہ بغوی نے معالم ۱/۶۲۱ میں لکھا ہے حضرت ابن مسعودؓ نے فرمایا: بلاشبہ بڑے گناہوں میں سے ایک یہ بھی ہے کہ کسی کو کہا جائے اللہ تعالیٰ سے ڈر تو جواب میں وہ یہ کہے کہ تو اپنے کام سے کام رکھ۔

۴۔ ابن الجوزی نے زاد ۲/۶۶ میں لکھا ہے کبیرہ گناہ گیارہ ہیں اور وہ یہ ہیں۔ اللہ جل جلالہ کا شریک بنانا۔ والدین کی نافرمانی کرنا۔ جھوٹی قسم کھانا۔ کسی کو قتل کرنا۔ یتیم کا مال ہڑپ

کرنا، سود لینا، لشکر سے بھاگ جانا، پاکدامن عورتوں پر تہمت لگانا، جھوٹی گواہی دینا، جادو، خیانت۔

یہ حضرت ابن مسعودؓ سے مروی ہے۔

۴۔ حاکم نے مستدرک ۳۰۵/۲ میں لکھا ہے حضرت عبداللہ بن مسعودؓ نے فرمایا سورۃ النساء میں پانچ آیات ایسی ہیں کہ ان کے عوض دنیا و مافیہا بھی مجھے مل جائے تو مجھے خوشی نہ ہوگی۔ وہ پانچ آیات یہ ہیں۔

۱۔ان تجتنبوا کبائر ما تنهون عنه نکفر عنکم سیاتکم و ندخلکم مدخلا کریما۔

۲۔ان اللہ لا یظلم مثقال زرۃ وان تک حسنۃ یضاعفها ویوت من لدنہ اجرا عظیما۔

۳۔ان اللہ لا یغفر ان یشرک بہ و یغفر ما دون زالک لمن یشاء۔

۴۔ولو انہم اذظلموا انفسہم جاءوک فاستغفروا اللہ واستغفر لہم الرسول لوجدوا اللہ توابا رحیما۔

۵۔ومن یعمل سوءا او یظلم نفسہ ثم یستغفر اللہ یجد اللہ غفورا رحیما۔

ترجمہ آیات :

۱۔ اگر تم بچتے رہو گے بڑی چیزوں سے جو تم کو منع ہوئیں تو ہم اتار دیں گے تم سے تقصیریں تمہاری اور داخل کریں گے تم کو عزت کے مقام میں۔

۲۔ حق نہیں رکھتا اللہ کسی کا ایک ذرہ برابر اور اگر نیکی ہو تو اس کو دونا کرے اور دیوے اپنے پاس سے بڑا ثواب۔

۳۔ تحقیق اللہ نہیں بخشتا ہے یہ کہ اس کا شریک پکڑے اور بخشتا ہے اس سے نیچے جس کو چاہے۔

۴۔ اور اگر ان لوگوں نے جس وقت اپنا برا کیا تھا آتے تیرے پاس پھر اللہ سے بخشواتے۔ اور رسول ان کو بخشواتا اللہ کو پاتے معاف کرنے والا۔

۵۔ اور جو کوئی کرے گناہ یا اپنا برا کرے پھر اللہ سے بخشوا دے پاوے اللہ کو بخشتا مہربان۔

وَ سْـَٔلُوا اللّٰهَ مِنْ فَضْلِهٖ ؕ

اور مانگو اللہ سے اس کا فضل۔

ا۔ امام ترمذیؒ نے اپنی صحیح ۱۳/ ۷۷۔ ۸ میں حضرت ابن مسعودؓ کی یہ روایت نقل فرمائی ہے۔ آپؓ فرماتے ہیں جناب خاتم النبیین صلی اللہ علیہ وآلہ وسلم نے فرمایا: اللہ تعالیٰ سے اس کا فضل مانگو کیونکہ اللہ عزوجل یہ بات پسند فرماتے ہیں کہ ان سے مانگا جائے۔ اور افضل ترین عبادت کشادگی کا انتظار کرنا ہے۔

وَ الْجَارِ ذِی الْقُرْبٰی وَ الْجَارِ الْجُنُبِ وَ الصَّاحِبِ بِالْجَنْۢبِ

اور ہمسایہ قریب سے اور ہمسایہ اجنبی سے اور برابر کے رفیق سے۔

۱۔ علامہ ابن کثیر نے اپنی تفسیر ۲/ ۲۶۱ میں لکھا ہے حضرت علی المرتضیٰؓ اور حضرت ابن مسعودؓ سے روایت ہے کہ والجار ذی القربی سے مراد عورت ہے۔

۲۔ طبری نے جامع ۸/ ۳۳۲۔ ۳۴۳ میں لکھا ہے حضرت علی المرتضیٰؓ اور حضرت ابن مسعودؓ نے فرمایا والصاحب بالجنب سے مراد عورت ہے۔

۳۔ طبری نے جامع ۸/ ۳۴۱ میں لکھا ہے حضرت علی المرتضیٰؓ اور حضرت ابن مسعودؓ نے فرمایا الصاحب بالجنب سے نیک دوست مراد ہے۔

اِنَّ اللّٰہَ لَا یَظْلِمُ مِثْقَالَ ذَرَّۃٍ ۚ وَ اِنْ تَکُ حَسَنَۃً یُّضٰعِفْهَا وَ یُؤْتِ مِنْ لَّدُنْهُ اَجْرًا عَظِیْمًا

حق نہیں رکھتا اللہ کسی کا ایک ذرہ برابر اور اگر نیکی ہو تو اس کو دونا کرے اور دیوے اپنے پاس سے بڑا ثواب۔

۱۔ طبری نے جامع ۸/ ۳۶۲ میں لکھا ہے حضرت زاذان فرماتے ہیں میں حضرت ابن مسعودؓ کی خدمت میں حاضر ہوا تو آپؓ نے فرمایا: قیامت کے دن جب اللہ تعالیٰ تمام لوگوں کو جمع فرمائیں گے تو ایک اللہ کی طرف سے ایک اواز لگانے والا آواز دے گا۔ جو اپنے اوپر ہونے والے ظلم کا بدلہ لینا چاہتا ہے وہ آئے اور لے لے آپؓ نے فرمایا قسم بخدا! آدمی خوش ہوگا کہ وہ اپنے والد یا اولاد یا بیوی پر اپنا حق ثابت کر کے لینے والا ہے اگرچہ وہ چیز چھوٹی سی ہی کیوں نہ ہوئی۔ یہ واقعہ اللہ تعالیٰ کتاب مقدس میں موجود اس آیت کریمہ کے مصداق ہوگا۔ فاذا نفخ فی الصور فلا انساب بینہم یومئذ ولا یتساءلون۔ پھر اسے کہا جائے گا کہ

پہلے تو ان کے حقوق ادا کر۔ وہ کہے گا پروردگار! کہاں سے ادا کروں۔ وہ جو کچھ تھا دنیا میں رہ گیا۔ اللہ تعالیٰ فرشتوں سے فرمائیں گے میرے فرشتو! دیکھو اس کے کوئی نیک اعمال ہیں تو وہ حقداروں کو دے دو۔

سب کو دے دلا کر اگر ایک ذرہ جتنی کوئی نیکی بچ گئی تو فرشتے اللہ تعالیٰ سے عرض کریں گے حالانکہ اللہ تعالیٰ کو سب خوب پتہ ہے کہ ہم نے تمام حقداروں کو ان کے حقوق ادا کر دیے ہیں اب اس کی ایک ذرہ کے برابر نیکی بچ گئی ہے۔ اللہ تعالیٰ فرشتوں سے فرمائیں گے اسے میرے بندے کی خاطر کئی گنا کر دو اور اسے میرے فضل و رحمت سے جنت میں داخل کر دو۔

یہ واقعہ قرآن مجید میں موجود اس آیت کریمہ کے مصداق ہوگا۔ ان اللہ لا یظلم مثقال ذرۃ و ان تک حسنۃ یضاعفہا ویوت من لدنہ اجرا عظیما۔ (ترجمہ پہلے ذکر ہو چکا ہے) اجرا عظیما سے مراد جنت کا دیا جانا ہے۔

اور اگر اس کی تمام نیکیاں دے دی گئیں اور برائیاں رہ گئیں تو فرشتے اللہ جل جلالہ سے عرض کریں گے حالانکہ اللہ تعالیٰ کو سب خوب پتہ ہے کہ اے معبود حقیقی! اس کی نیکیاں ختم ہو گئی ہیں اور برائیاں رہ گئی ہیں جبکہ مطالبہ کرنے والے ابھی بہت ہیں۔ تو اللہ جل جلالہ فرمائیں گے ان کے گناہ اس پر ڈال کر اس کے لیے جہنم کا حکمنامہ لکھ دو۔

راوی حدیث حضرت صدقہ کو شک ہوا ہے کہ آپ ﷺ نے کتابا الی النار کا لفظ فرمایا یا صکا الی النار کا لفظ فرمایا۔

فَكَيْفَ اِذَا جِئْنَا مِنْ كُلِّ اُمَّةٍ بِشَهِيْدٍ وَّ جِئْنَا بِكَ عَلٰى هٰۤؤُلَآءِ شَهِيْدًا

پھر کیا حال ہو گا جب بلاویں گے ہم ہر امت میں سے احوال کہنے والا اور بلاویں گے تجھ کو ان لوگوں پر احوال بتانے والا۔

۱۔ ابن جوزی نے زاد ۲/۸۵-۸۶ میں لکھا ہے گواہ سے مراد امت کا نبی ہے اور رہا یہ سوال کہ وہ کیا گواہی دے گا تو وہ اس بات کی گواہی دے گا اس نے پیغام امت تک پہنچا دیا تھا۔ یہ حضرت ابن مسعودؓ اور حضرت ابن جریج وغیرہ کا ارشاد ہے۔

۲۔ امام مسلمؒ نے اپنی صحیح ۱/۵۵۱ میں یہ روایت نقل فرمائی ہے رحمت دو عالم ﷺ نے حضرت ابن مسعودؓ سے فرمایا مجھے قرآن مجید سناؤ۔ حضرت ابن مسعودؓ نے عرض کیا جناب! میں آپ کو قرآن مجید سناؤں جبکہ قرآن مجید تو نازل ہی آپ پر ہوا ہے؟ رحمت دو عالم ﷺ نے فرمایا میں کسی سے قرآن مجید سننا پسند کرتا ہوں۔ راوی حدیث کہتے ہیں حضرت ابن مسعودؓ نے سورۃ النساء کی ابتدا سے پڑھنا شروع کیا جب آپؓ اس آیت کریمہ فکیف اذا جئنا من کل امۃ بشھید و جئنا بک علی ھؤلاء شھیدا۔ پر پہنچے تو رحمت مجسم ﷺ رو پڑے۔ راوی حدیث حضرت مسعر کہتے ہیں مجھے یہ حدیث پہنچی ہے حضرت ابن مسعودؓ فرماتے ہیں اس موقعہ پر رحمت دو عالم ﷺ نے فرمایا شھیدا علیھم مادمت فیھم (المائدۃ/۱۷۹) یا آپ ﷺ نے یہ ارشاد فرمایا ماکنت فیھم۔ یہ حضرت مسعر کا شک ہے۔

۳۔ حاکم نے مستدرک ۳/۳۱۹ میں یہی روایت بیان کی ہے راوی کہتے ہیں۔ رحمت دو عالم ﷺ نے حضرت ابن مسعودؓ سے فرمایا قرآن مجید پڑھیے۔ حضرت ابن مسعودؓ نے عرض کیا میں قرآن مجید پڑھوں حالانکہ ہی تو نازل ہی آپ پر ہوا ہے؟ رحمت دو عالم ﷺ نے فرمایا میں کسی سے سننا پسند کرتا ہوں۔ راوی کہتے ہیں حضرت ابن مسعودؓ نے سورۃ النساء شروع فرما دی۔ جب آپؓ آیت کریمہ فکیف اذا جئنا من کل امۃ بشھید و جئنا بک علی ھؤلاء شھیدا پر پہنچے تو رحمت مجسم ﷺ کے آنسو جاری ہو گئے۔ حضرت ابن مسعودؓ نے تلاوت روک دی۔ رحمت دو عالم ﷺ نے آپ سے فرمایا کوئی بات کرو چنانچہ حضرت ابن مسعودؓ نے شروع اللہ جل جلالہ کی حمد و ثنا کی اور سرکار دو عالم ﷺ پر درود شریف پڑھا اور حق کی گواہی دی اور پھر کہا ہم اللہ جل جلالہ کے رب ہونے پر راضی ہیں اور اسلام کے دین ہونے پر راضی ہیں۔ لوگو میں نے تمہارے لیے وہ کچھ پسند کیا جو اللہ جل جلالہ اور اس کے پیغمبر نے پسند فرمایا۔ پھر آپ ﷺ نے فرمایا لوگو! میں نے تمہارے لیے وہ کچھ پسند کیا جو حضرت ابن مسعودؓ نے پسند کیا ہے۔

لَا تَقْرَبُوا الصَّلٰوةَ وَ اَنْتُمْ سُكٰرٰى حَتّٰى تَعْلَمُوْا مَا تَقُوْلُوْنَ وَ لَا جُنُبًا اِلَّا عَابِرِيْ سَبِيْلٍ حَتّٰى تَغْتَسِلُوْا ؕ

نزدیک نہ ہو نماز کے جب تم کو نشہ ہو جب تک کہ سمجھنے لگو جو کہتے ہو اور نہ جب تک جناب میں ہو مگر راہ چلتے ہوئے جب تک کہ غسل کر لو۔

ا۔ طبری نے جامع ۸/۳۸۲ میں لکھا ہے حضرت ابن مسعودؓ نے ولا جنبا الا عابری سبیل کی تفسیر میں فرمایا اس سے مراد مسجد سے گزرنے والا راستہ ہے۔

وَ اِنْ كُنْتُمْ مَّرْضٰٓى اَوْ عَلٰى سَفَرٍ اَوْ جَآءَ اَحَدٌ مِّنْكُمْ مِّنَ الْغَآئِطِ

اور اگر تم مریض ہو یا سفر میں یا آئے ہے کوئی شخص تم میں جائے ضرور سے۔

ا۔ طبری نے جامع ۸/۳۸۵۔ ۳۸۶ میں لکھا ہے حضرت ابن مسعودؓ نے وان کنتم مرضی او علی سفر کی تفسیر میں فرمایا جس مریض کو تیمم کی اجازت دی گئی ہے اس سے مراد وہ مریض ہے جس کی ہڈی ٹوٹ جائے یا زخم لگا ہو۔ چنانچہ ہڈی ٹوٹے مریض پر اگر غسل واجب ہو جائے تو وہ ہڈی کو جوڑنے کے لیے باندھی گئی لکڑیاں کھولے بغیر غسل کرے ہاں جس زخم کے خراب ہونے کا خدشہ نہ ہو اسے کھول سکتا ہے۔

أَوْ لامَسْتُمُ النِّسَاءَ۔

یا لگے ہو عورتوں سے

ا۔ طبری نے جامع ۸/۳۹۵ میں لکھا ہے حضرت عبداللہ بن مسعودؓ نے فرمایا صحبت کے علاوہ دیگر کاموں پر ملامسہ کا لفظ بولا جاتا ہے یہ ارشاد فرما کر آپؓ نے یہ آیت کریمہ تلاوت فرمائی اولامستم النساء فلم تجدوا ماء۔

۲۔ علامہ بغوی نے معالم ۱/۴۴۵ میں لکھا ہے لمس اور ملامسہ دونوں کا مطلب ہے دو جلدوں کا آپس میں ملنا چاہے صحبت ہوئی ہو یا نہ ہوئی ہو۔

یہ حضرت ابن مسعودؓ اور حضرت ابن عمرؓ وغیرہ مفسرین کرام کا ارشاد ہے۔

۳۔ ابن جوزی نے زاد ۲/۹۲ میں لکھا ہے ملامسہ سے مراد ہاتھ سے چھونا ہے۔ یوں ہی حضرت ابن مسعودؓ اور حضرت بن عمرؓ وغیرہ نے فرمایا ہے۔

۴۔ علامہ سیوطی نے الدر ۲/۱۶۶ میں لکھا ہے حضرت ابن مسعودؓ آیت مبارکہ اولامستم النساء کی تفسیر میں فرمایا کرتے تھے کہ اس سے مراد ہاتھ سے ٹٹولنا ہے۔

۵۔ حضرت امام مالکؒ نے مؤطا 1/4 میں لکھا ہے کہ آپ کو یہ روایت پہنچی ہے حضرت ابن مسعودؓ فرمایا کرتے تھے کہ مرد جب اپنی بیوی کا بوسہ لے گا تو مرد کا وضو جاتا رہے گا۔

فَلَمْ تَجِدُوْا مَآءً فَتَيَمَّمُوْا صَعِيْدًا طَيِّبًا فَامْسَحُوْا بِوُجُوْهِكُمْ وَ اَيْدِيْكُمْ۔

پھر نہ پایا پانی تو ارادہ کرو زمین پاک کا پھر ملو اپنے منہ کو اور ہاتھوں کو۔

۱۔ ابن جوزی نے زاد ۲/۹۴ میں لکھا ہے صعید سے مراد مٹی ہے، حضرت علی المرتضیٰؓ اور حضرت ابن مسعودؓ وغیرہ کا یہی ارشاد ہے۔

۲۔ حضرت امام بخاریؒ نے صحیح بخاری ۱/۴۷ میں یہ روایت درج فرمائی ہے روایت کے راوی حضرت اعمش کہتے ہیں میں نے حضرت شقیق بن سلمہ کو یہ کہتے سنا کہ میں حضرت ابن مسعودؓ اور حضرت ابو موسیٰ اشعریؓ کی خدمت میں حاضر تھا۔ حضرت ابو موسیٰ اشعریؓ نے

حضرت ابن مسعودؓ سے دریافت کیا اگر کسی پر غسل واجب ہو جائے اور وہ پانی بھی نہ پائے تو کیا کرے گا؟ حضرت ابن مسعودؓ نے فرمایا جب تک اسے پانی نہ ملے نماز نہ پڑھے۔ حضرت ابو موسی اشعریؓ نے فرمایا پھر آپ نبی کریم صلی اللہ علیہ وآلہٖ وسلم کے ارشاد مبارک کے متعلق کیا فرمائیں گے جو آپ صلی اللہ علیہ وآلہٖ وسلم نے حضرت عمار سےؓ سے فرمایا تھا کہ انہیں تیمم کافی ہو جاتا؟ حضرت ابن مسعودؓ نے فرمایا تمہیں پتہ نہیں حضرت عمرؓ تیمم کرنے پر اکتفا نہیں فرمایا کرتے تھے۔ حضرت ابو موسیؓ نے فرمایا چلیے حضرت عمارؓ کے واقعہ کو چھوڑ ئیے آپ اس آیت مبارکہ (او لا مستم النساء فلم تجدوا ماء فتیمموا الخ) کے بارے میں کیا فرماتے ہیں؟ حضرت عبداللہ بن مسعودؓ سے جواب نہ بن پڑا تو فرمایا اگر ہم لوگوں کو تیمم کی اجازت دے دیں گے تو ہو گا یہ کہ جبے تھوڑی سردی لگے گی وہ غسل چھوڑ دے گا اور تیمم کر لیا کرے گا۔

حضرت اعمش کہتے ہیں میں نے حضرت شقیق سے پوچھا اچھا تو حضرت ابن مسعودؓ اس وجہ سے غسل کی جگہ تیمم کرنا ناپسند فرماتے تھے؟ حضرت شقیق نے فرمایا: جی ہاں!

۳۔ امام ترمذیؒ نے جامع ترمذی ۸/۴۵۴۔ ۴۵۵ میں یہ روایت درج فرمائی ہے کہ حضرت ابن مسعودؓ اس شخص کے لیے تیمم کرنا جائز نہیں سمجھتے تھے جس پر غسل واجب ہو اور اسے پانی بھی نہ مل رہا ہو۔

ایک روایت یہ بھی ہے کہ آپؓ نے اپنے اس فتویٰ سے رجوع فرما لیا تھا اور آپؓ نے فرمایا تھا جس پر غسل واجب ہو جب وہ پانی نہ پائے تو تیمم کر لیا کرے۔

اَلَمْ تَرَ اِلَى الَّذِيْنَ يُزَكُّوْنَ اَنْفُسَهُمْ ۭ بَلِ اللّٰهُ يُزَكِّيْ مَنْ يَّشَاۗءُ

تونے نہ دیکھے وہ جو آپ کو پاکیزہ کہتے ہیں بلکہ اللہ پاکیزہ کرتا ہے جس کو چاہے۔

ا۔ طبری نے جامع ۸/۴۵۴۔۴۵۵ میں لکھا ہے حضرت عبداللہ بن مسعودؓ نے فرمایا: بلاشبہ آدمی صبح گھر سے نکلتا ہے تو اس کا دین اس کے پاس ہوتا ہے مگر جب واپس اتا ہے تو اس کا دین اس کے پاس نہیں ہوتا۔ دراصل یہ کسی ایسے آدمی سے ملتا ہے جو اس کے نفع نقصان کا مالک نہیں ہوتا مگر یہ اس کی خوشامد کرتا ہے قسم اٹھا کر کہتا ہے کہ آپ ایسے ہیں ویسے ہیں۔

عین ممکن ہے یہ اس کی خوشامد کے باوجود اس سے کچھ حاصل نہ کرپائے اور واپس لوٹ آئے۔ اب اللہ تعالیٰ تو اس پر ناراض ہو ہی گئے نا! اتنا ارشاد فرما کر حضرت ابن مسعودؓ نے اس آیت مبارکہ الم تر الی الذین یزکون انفسہم کی تلاوت فرمائی۔

اَمْ يَحْسُدُوْنَ النَّاسَ عَلٰي مَآ اٰتٰىھُمُ اللّٰهُ مِنْ فَضْلِهٖ ۚ

یا حسد کرتے ہیں لوگوں کا اس پر جو دیا ان کو اللہ نے اپنے فضل سے۔

ا۔ قرطبی نے احکام ۵/ ۲۵۱ میں لکھا ہے حضرت ابن مسعودؓ نے فرمایا:

اللہ تعالیٰ کی نعمتوں سے دشمنی نہ کرو۔ عرض کیا گیا اللہ تعالیٰ کی نعمتوں سے کون دشمنی کرتا ہے؟ آپؓ نے فرمایا وہ لوگ جو دوسروں سے حسد کرتے ہیں ان نعمتوں کے متعلق جو اللہ تعالیٰ نے اپنے فضل سے انہیں عطا فرمائی ہوتی ہیں۔ اللہ تعالیٰ نے اپنی کسی کتاب میں فرمایا

ہے حاسد میری نعمتوں کا دشمن ہے، میرے فیصلے پر غصہ کرنے والا ہے اور میری تقسیم کو ناپسند کرنے والا ہے۔

۲۔ علامہ ربیع نے اپنی مسند ۲/۶۷ میں لکھا ہے حضرت ابن مسعودؓ فرماتے ہیں جناب نبی کریم ﷺ نے فرمایا: حسد، بدگمانی اور بغاوت سے بچو کیونکہ جس نے ایسا کیا اس کا اسلام میں کوئی حصہ نہیں۔ اور جس میں ان میں سے کوئی ایک عادت بھی پائی گئی اس کا بھی اسلام میں کوئی حصہ نہیں۔

اِنَّ اللّٰہَ یَاۡمُرُکُمۡ اَنۡ تُؤَدُّوا الۡاَمٰنٰتِ اِلٰۤی اَہۡلِہَا ۙ

اللہ تم کو فرماتا ہے کہ پہنچاؤ امانتیں امانت والوں کو۔

۱۔ علامہ ابن کثیر نے اپنی تفسیر ۲/۲۹۸ میں لکھا ہے حضرت ابن مسعودؓ نے فرمایا: شہادت تمام گناہ مٹا دیتی ہے سوائے خیانت کے۔ اللہ تعالیٰ کے راستہ میں شہید ہو جانے والا ایک آدمی قیامت کے دن پیش ہو گا تو اسے حکم ہو گا امانت ادا کرو۔ وہ عرض کرے گا کہاں سے ادا کروں وہ تو دنیا میں رہ گئی تھی؟ چنانچہ وہ امانت اسے جہنم کی گہرائی میں دکھائی جائے گی یہ نیچے جائے گا اسے اپنے کندھے پر اٹھا کر لا رہا ہو گا کہ وہ پھر نیچے گر جائے گی اب ہو گا یہ کہ وہ نیچے ہی نیچے جا رہی ہو گی اور یہ بھی اس کا پیچھا کرتے ہوئے ہمیشہ نیچے سے نیچے جا رہا ہو گا۔

راوی حدیث حضرت زاذان فرماتے ہیں میں حضرت براءؓ کی خدمت میں حاضر ہوا اور انہیں یہی حدیث سنائی تو انھوں نے فرمایا میرے بھائی نے سچ فرمایا۔ پھر یہ آیت مبارکہ تلاوت فرمائی ان اللہ یامرکم ان تودوا الامانات الی اھلھا۔

۲۔ ابن جوزی نے زاد ۲/۱۱۴ میں لکھا ہے حضرت ابن مسعودؓ نے فرمایا! امانتداری کا خیال رکھا جانا ضروری ہے وضو میں بھی، نماز میں بھی، روزہ میں بھی اور حدیث کی روایت میں بھی، جبکہ ان سب سے زیادہ امانتدار کا خیال رکھا جانا ضروری ہے ان چیزوں کے بارے میں جو بطور امانت کسی کے پاس رکھی جاتی ہیں۔

یٰۤاَیُّهَا الَّذِیْنَ اٰمَنُوْۤا اَطِیْعُوا اللّٰهَ وَ اَطِیْعُوا الرَّسُوْلَ وَ اُولِی الْاَمْرِ مِنْكُمْۚ فَاِنْ تَنَازَعْتُمْ فِیْ شَیْءٍ فَرُدُّوْهُ اِلَی اللّٰهِ وَ الرَّسُوْلِ

اے ایمان والو! حکم مانو اللہ کا اور حکم مانو رسول کا اور جو اختیار والے ہیں تم میں پھر اگر جھگڑ پڑو تو اس کو رجوع کرو طرف اللہ کے اور رسول کے۔

۱۔ حضرت امام احمد بن حنبلؒ نے اپنی مسند ۵/۳۵۱۔ ۳۵۲ میں یہ حدیث بیان فرمائی ہے۔

حضرت عبداللہ بن مسعودؓ فرماتے ہیں سرکار دو عالم ﷺ نے فرمایا: میرے بعد کچھ ایسے حکمران آئیں گے جو سنت کی روشنی ماند کریں، بدعات ایجاد کریں گے اور نماز وقت مقررہ سے موخر کر دیا کریں گے۔ حضرت ابن مسعودؓ نے عرض کیا میں ایسے حکمران پاوں تو کیا کروں؟ رحمت دو عالم ﷺ نے فرمایا جو اللہ جل جلالہ کی نافرمانی کرے اس کی فرمانبرداری نہ کرو۔

۲۔ حضرت امام احمد بن حنبل رحمۃ اللہ تعالیٰ نے اپنی مسند ۵/ ۲۳۱۔ ۲۳۲ میں حدیث بیان فرمائی ہے حضرت ابن مسعودؓ فرماتے ہیں جناب خاتم النبیین ﷺ نے فرمایا: یقیناً تم پر کچھ ایسے بھی حکمران آئیں گے جن میں تم خود غرض دیکھو گے۔ حضرت ابن مسعودؓ فرماتے ہیں صحابہ کرامؓ نے عرض کیا ہم میں جو آدمی ایسے حالات دیکھے تو وہ کیا کرے؟ آپ ﷺ نے فرمایا تم پر جو حقوق لازم ہیں وہ ادا کرتے رہنا اور اللہ تعالیٰ سے اپنی بھلائی مانگتے رہنا۔

۳۔ علامہ سیوطی نے الدر ۲/ ۱۷۷ میں لکھا ہے کہ ابن ابی شیبہ نے یہ حدیث نقل فرمائی ہے حضرت ابن مسعودؓ نے فرمایا: اللہ جل جلالہ کی نافرمانی کرتے ہوئے کسی آدمی کی فرمانبرداری نہیں کرنی چاہیے۔

وَ لَوْ اَنَّا كَتَبْنَا عَلَيْهِمْ اَنِ اقْتُلُوْۤا اَنْفُسَكُمْ اَوِ اخْرُجُوْا مِنْ دِيَارِكُمْ مَّا فَعَلُوْهُ اِلَّا قَلِيْلٌ مِّنْهُمْ ؕ

اور اگر ہم ان پر حکم کرتے کہ ہلاک کرو اپنی جان یا چھوڑ نکلو اپنے گھر تو کوئی نہ کرتے مگر تھوڑے ان میں۔

۱۔ علامہ بغوی نے معالم ۱/ ۴۶۳ میں لکھا ہے حضرت حسن اور حضرت مقاتل فرماتے ہیں جب یہ آیت کریمہ نازل ہوئی تو حضرت عمر، حضرت عمار بن یاسر، حضرت عبداللہ بن مسعود اور دیگر چند صحابہ کرامؓ۔۔ آیت کریمہ میں موجود لفظ القلیل سے یہی لوگ مراد ہیں۔ کہ اگر ہمیں ان کاموں کا حکم ملتا تو ہم ضرور کر گزرتے۔ تمام تعریفیں اللہ تعالیٰ کے لیے ہیں کہ اس نے ہمیں عافیت میں رکھا۔

وَ اِذَا حُيِّيْتُمْ بِتَحِيَّةٍ فَحَيُّوْا بِاَحْسَنَ مِنْهَآ اَوْ رُدُّوْهَا ؕ

اور جب تم کو دعا دیوے کوئی تو تم بھی دعا دو اس سے بہتر یا وہی کہو۔

ا۔ قطبی نے احکام ۵/۳۰۳ میں لکھا ہے حضرت ابن مسعودؓ نے فرمایا: السلام، اللہ تعالیٰ کے مبارک ناموں میں سے ایک مقدس نام ہے جسے اللہ تعالیٰ نے زمین ہوا تارا ہے لہذا اسے آپس میں خوب عام کرو۔ بلاشبہ جب کوئی آدمی لوگوں کو سلام کرتا ہے اور وہ اسے سلام کا جواب دیتے ہیں تو اس کا درجہ ان سے زیادہ ہوتا ہے کیونکہ اس نے انہیں یاددہانی کرائی ہے اور اگر یہ لوگ اسے سلام کا جواب نہ دیں تو ان سے بہتر اور پاکیزہ ہستیاں اسے سلام کا جواب دیتی ہیں۔

۲۔ امام ترمذیؒ نے اپنی صحیح ۱۰/۱۹۱۔ ۱۹۲ میں حضرت ابن مسعودؓ کی روایت کردہ یہ حدیث نقل فرمائی ہے۔ معلم اخلاق ﷺ نے فرمایا: سلام کی تکمیل یہ ہے کہ ہاتھ بھی ملایا جائے۔

وَ مَا كَانَ لِمُؤْمِنٍ اَنْ يَّقْتُلَ مُؤْمِنًا اِلَّا خَطَـًٔا ۚ

اور مسلمان کا کام نہیں کہ مار ڈالے مسلمان کو مگر چوک کر۔

ا۔ علامہ سیوطی نے الدر ۲/۱۹۸ میں لکھا ہے حضرت ابن مسعودؓ فرماتے ہیں رحمت کائنات ﷺ نے فرمایا: قسم ہے اس ذات اقدس کی جس کے قبضہ قدرت میں میری جان ہے مومن کا قتل اللہ تعالیٰ کے نزدیک پوری دنیا کے مٹا دینے سے بھی بڑا گناہ ہے۔

وَ مَنْ قَتَلَ مُؤْمِنًا خَطَـًٔا فَتَحْرِيْرُ رَقَبَةٍ مُّؤْمِنَةٍ وَّ دِيَةٌ مُّسَلَّمَةٌ اِلٰٓى اَهْلِهٖٓ اِلَّآ اَنْ يَّصَّدَّقُوْا ؕ

اور جس نے مارا مسلمان کو چوک کر تو آزاد کرنی گردن ایک مسلمان کی اور خون بہا پہنچانا اس کے گھر والوں کو مگر وہ خیرات کریں۔

۱۔ حضرت امام احمد بن حنبلؒ نے اپنی مسند ۱۴۸/۶ میں حضرت ابن مسعودؓ کی یہ روایت درج فرمائی ہے آپؓ فرماتے ہیں رحمت دو عالم ﷺ نے قتل خطا میں سو اونٹ خون بہا دینے کا فیصلہ فرمایا۔ سو اونٹ اس قسم کے ہوں گے۔ بیس ایسی اونٹنیاں ہوں گی جن کی عمر تقریباً دو سال ہو، بیس ایسے اونٹ ہوں گے جن کی عمر تقریباً دو سال ہو، بیس ایسی اونٹنیاں ہوں گی جن کی عمر تقریباً تین سال ہو، بیس ایسی اونٹنیاں ہوں گی جن کی عمر تقریباً چار سال ہو اور بیس ایسی اونٹنیاں ہوں گی جن کی عمر تقریباً پانچ سال ہو۔

۲۔ علامہ سیوطی نے الدر ۱۹۷/۲ میں لکھا ہے حضرت سعید بن منصور نے حضرت ابن مسعودؓ کا یہ ارشاد نقل فرمایا ہے کہ: مومن کے قتل میں خون بہا ہے۔

وَ اِنْ كَانَ مِنْ قَوْمٍۭ بَيْنَكُمْ وَ بَيْنَهُمْ مِّيْثَاقٌ فَدِيَةٌ مُّسَلَّمَةٌ اِلٰٓى اَهْلِهٖ وَ تَحْرِيْرُ رَقَبَةٍ مُّؤْمِنَةٍ ۚ

اور اگر وہ تھا ایک قوم میں کہ تم میں اور ان میں عہد ہے تو خون بہا پہچانا اس کے گھر والوں کو اور آزاد کرنی گردن ایک مسلمان کی۔

۱۔ طبری نے جامع ۵۱/۹ میں یہ روایت درج فرمائی ہے کہ حضرت ابن مسعودؓ اسلام حکومت کے زیر سایہ رہنے والے یہودیوں اور عیسائیوں کا خون بہا مسلمانوں کے برابر قرار دیا کرتے تھے۔

وَ مَنْ يَّقْتُلْ مُؤْمِنًا مُّتَعَمِّدًا فَجَزَآؤُهٗ جَهَنَّمُ خٰلِدًا فِيْهَا وَ غَضِبَ اللّٰهُ عَلَيْهِ وَ لَعَنَهٗ وَ اَعَدَّ لَهٗ عَذَابًا عَظِيْمًا

اور جو کوئی مارے مسلمان کو قصد کر کے تو اس کی سزا دوزخ ہے پڑا رہے اس میں اور اللہ اس پر غضب ہوا اور اس کو لعنت کی اور اس کے واسطے تیار کیا بڑا عذاب۔

۱۔ طبری نے جامع ۹/۶۸ میں لکھا ہے حضرت ابن مسعودؓ اس آیت مبارکہ و من یقتل مومنا متعمدا فجزاءہ جہنم کی تفسیر میں فرمایا کرتے تھے کہ یہ آیت مبارکہ محکم ہے اس نے قتل کی سزا سخت ہونے کے بارے میں ہی بتایا ہے۔

۲۔ حضرت امام احمد بن حنبلؒ نے مسند احمد ۵/۲۴۷۔ ۲۴۸ میں حضرت ابن مسعودؓ کی روایت کردہ یہ حدیث مبارکہ نقل فرمائی ہے۔ محسن انسانیت صلی اللہ علیہ وآلہ وسلم نے فرمایا: قیامت کے دن لوگوں کے باہمی معاملات میں سے سب سے پہلے قتل کے معاملات کا فیصلہ کیا جائے گا۔

۳۔ امام نسائیؒ اپنی سنن ۷/۸۴ میں حضرت ابن مسعودؓ کی روایت کردہ یہ حدیث پاک نقل فرمائی ہے، صادق و مصدوق پیغمبر صلی اللہ علیہ وآلہ وسلم نے فرمایا: قیامت کے دن ایک آدمی دوسرے کا ہاتھ پکڑے ہوئے بارگاہ الٰہی میں عرض کرے گا اے اللہ اس نے مجھے قتل کیا تھا، اللہ تعالیٰ اس سے پوچھیں گے تو نے اسے کیوں قتل کیا تھا؟ وہ کہے گا میں نے اسے اس لیے قتل کیا تھا تاکہ عزت آپ کے لیے ثابت ہو جائے، تو اللہ تعالیٰ فرمائیں گے پس عزت تو ہے ہی میرے لیے۔

پھر ایک اور آدمی ایک دوسرے آدمی کا ہاتھ پکڑے حاضر ہوگا اور کہے گا یا اللہ! اس نے مجھے قتل کیا تھا۔ اللہ تعالیٰ اس سے پوچھیں گے تو نے اسے کیوں قتل کیا تھا؟ وہ کہے گا اس لیے قتل کیا تھا تاکہ فلاں کی عزت بن جائے۔ اب اللہ تعالیٰ فرمائیں گے بلاشبہ عزت اس کی نہیں ہے۔ چنانچہ یہ ادمی اس کے قتل کا گناہ اپنے سر لے لے گا۔

۴۔ سیوطی نے الدر ۲/ ۱۹۸ امیں لکھا ہے کہ سعید بن منصور اور امام بیہقی نے حضرت ابن مسعودؓ کا یہ ارشاد نقل فرمایا ہے۔ آپؓ نے فرمایا! آدمی جب تک اپنے ہاتھ خون ناحق سے پاک رکھتا ہے اس وقت تک دین کی کشادگی میں رہتا ہے اور جب اپنے ہاتھ خون ناحق سے آلودہ کرلیتا ہے تو اس کی شرم وحیا اس سے چھین لی جاتی ہے۔

وَ اِذَا ضَرَبْتُمْ فِی الْاَرْضِ فَلَیْسَ عَلَیْكُمْ جُنَاحٌ اَنْ تَقْصُرُوْا مِنَ الصَّلٰوةِ ۖ اِنْ خِفْتُمْ اَنْ یَّفْتِنَكُمُ الَّذِیْنَ كَفَرُوْا ؕ اِنَّ الْكٰفِرِیْنَ كَانُوْا لَكُمْ عَدُوًّا مُّبِیْنًا

اور جب تم سفر کرو ملک میں تو تم پر گناہ نہیں کہ کچھ کم کرو نماز میں سے۔ اگر تم کو ڈر ہو کہ ستاویں گے تم کو کافر۔ البتہ کافر تمہارے دشمن ہیں صریح۔

۱۔ قرطبی نے احکام ۵/ ۳۵۵ میں لکھا ہے حضرت ابن مسعودؓ نے فرمایا! نماز قصر صرف حج اور جہاد میں ہے۔

۲۔ قرطبی نے احکام ۵/ ۳۵۵ میں لکھا ہے اہل کوفہ کی رائے یہ ہے کہ تین دن کی مسافت سے کم سفر میں نماز قصر نہیں ہوگی، حضرت عثمان، حضرت ابن مسعودؓ اور حضرت حزیفہؓ کا یہی ارشاد ہے۔

وَ اِذَا كُنْتَ فِيْهِمْ فَاَقَمْتَ لَهُمُ الصَّلٰوةَ فَلْتَقُمْ طَآئِفَةٌ مِّنْهُمْ مَّعَكَ وَ لْيَاْخُذُوْۤا اَسْلِحَتَهُمْ ۫ فَاِذَا سَجَدُوْا فَلْيَكُوْنُوْا مِنْ وَّرَآئِكُمْ ۪ وَ لْتَاْتِ طَآئِفَةٌ اُخْرٰى لَمْ يُصَلُّوْا فَلْيُصَلُّوْا مَعَكَ وَ لْيَاْخُذُوْا حِذْرَهُمْ وَ اَسْلِحَتَهُمْ ۚ وَدَّ الَّذِيْنَ كَفَرُوْا لَوْ تَغْفُلُوْنَ عَنْ اَسْلِحَتِكُمْ وَ اَمْتِعَتِكُمْ فَيَمِيْلُوْنَ عَلَيْكُمْ مَّيْلَةً وَّاحِدَةً ؕ

اور جب تو ان میں ہو پھر ان کو نماز میں کھڑا کرے تو چاہیے ایک جماعت ان کی کھڑی ہو تیرے ساتھ اور ساتھ لیویں اپنے ہتھیار پھر جب یہ سجدہ کر چکیں تو پرے ہو جاویں۔ اور آوے دوسری جماعت جن نے نماز نہیں ادا کی وہ نماز کریں تیرے ساتھ اور پاس لیویں اپنا بچاؤ اور ہتھیار کافر چاہتے ہیں کسی طرح تم بے خبر ہو اپنے ہتھیاروں سے اور اسباب سے تو تم پر جھک پڑیں ایک حملہ کر کے۔

۱۔ حضرت امام احمد بن حنبلؒ نے اپنی مسند ۵/ ۱۹۱۔ ۱۹۲ میں حضرت ابن مسعودؓ کی یہ حدیث مبارکہ نقل فرمائی ہے، آپؓ فرماتے ہیں: رحمت کائنات صلی اللہ علیہ وآلہ وسلم نے ہمیں نماز خوف یوں پڑھائی کہ تمام صحابہ کرامؓ کی دو صفیں بن گئیں، ایک صف رحمت کائنات صلی اللہ علیہ وآلہ وسلم کے پیچھے کھڑی ہو گئی اور ایک صف دشمن کے سامنے، رحمت کائنات صلی اللہ علیہ وآلہ وسلم نے اپنے ساتھ کھڑے صحابہؓ کو ایک رکعت پڑھائی یہ لوگ کھڑے ہوئے اور جا کر دشمن کے سامنے، رحمت کائنات صلی اللہ علیہ وآلہ وسلم نے اپنے ساتھ کھڑے صحابہؓ کو ایک رکعت پڑھائی، یہ لوگ کھڑے ہوئے اور جا کر دشمن کے سامنے کھڑے لوگوں کی جگہ سنبھال لی۔ دشمن کے سامنے کھڑے لوگ آئے اور رحمت دو عالم صلی اللہ علیہ وآلہ وسلم کے پیچھے کھڑے ہو گئے۔ آپ صلی اللہ علیہ وآلہ وسلم نے انہیں ایک رکعت

پڑھائی اور سلام پھیر لیا۔ ان لوگوں نے کھڑے ہو کر خود ہی دوسری رکعت پڑھی اور سلام پھیر لیا۔

فَاِذَا اطْمَاْنَنْتُمْ فَاَقِيْمُوا الصَّلٰوةَ ۚ اِنَّ الصَّلٰوةَ كَانَتْ عَلَى الْمُؤْمِنِيْنَ كِتٰبًا مَّوْقُوْتًا

پھر جب خاطر جمع سے ہو تو درست کرو نماز یہ نماز ہے مسلمانوں پر وقت باندھا حکم۔

ا۔ طبری نے جامع ۹/۱۶۹ میں لکھا ہے حضرت ابن مسعودؓ نے اس آیت کریمہ کی تفسیر کرتے ہوئے فرمایا: بلاشبہ حج کی طرح نماز کا بھی ایک وقت ہے۔

وَ مَنْ يَّعْمَلْ سُوْٓءًا اَوْ يَظْلِمْ نَفْسَهٗ ثُمَّ يَسْتَغْفِرِ اللّٰهَ يَجِدِ اللّٰهَ غَفُوْرًا رَّحِيْمًا

اور جو کوئی کرے گناہ یا اپنا برا کرے پھر اللہ سے بخشوا دے پاوے اللہ کو بخشتا مہربان۔

ا۔ طبری نے جامع ۹/۱۹۵ میں لکھا ہے حضرت ابن مسعودؓ نے فرمایا: بنی اسرائیل جب کوئی گناہ کرتے تو صبح ان کے دروازے پر لکھ دیا جاتا کہ اس گناہ کا کفارہ کیا ہے۔ اور جب پیشاب ان کے کپڑے پر لگ جاتا تو حکم یہ تھا کہ وہ جگہ قینچی سے کاٹ دی جائے۔ ایک آدمی نے کہا اللہ تعالیٰ نے بنی اسرائیل کو تو بڑے اچھے احکام دیے تھے۔ حضرت ابن مسعودؓ نے فرمایا اللہ تعالیٰ نے جو احکام تمہیں عطا فرمائے ہیں وہ ان سے بہتر ہیں۔ اللہ تعالیٰ نے پانی کو تمہارے لیے طہارت کا ذریعہ بنا دیا ہے اور فرمایا ہے والذین اذا فعلوا فاحشۃ او ظلموا انفسہم ذکروا اللہ فاستغروا لذنوبہم (ال عمران: ۱۳۵) (اور وہ لوگ کہ جب کر بیٹھیں کچھ کھلا گناہ یا برا کریں اپنے حق میں تو یاد کریں اللہ کو اور بخشش مانگیں اپنے گناہوں کی)

اور مزید فرمایا ہے ومن یعمل سوءا او یظلم نفسہ ثم یستغفر اللہ یجد اللہ غفورا رحیما۔

۲۔ قرطبی نے احکام ۵/۳۸۰ میں لکھا ہے حضرت ابن مسعودؓ نے فرمایا: جس نے سورۃ نساء کی مندرجہ ذیل دو آیات تلاوت کر کے اللہ جل شانہ سے بخشش طلب کی اس کی بخشش ہو جائے گی۔ آیات یہ ہیں۔

(۱) ومن یعمل سوءا او یظلم نفسہ ثم یستغفر اللہ یجد اللہ غفورا رحیما۔

(۲) ولو انہم اذ ظلموں انفسہم جاءوک فاستغفروا اللہ واستغفر لہم الرسول لوجدوا اللہ توابا رحیما (النساء/۶۴)

۳۔ سیوطی نے الدر ۲/۷۰ میں لکھا ہے کہ ہناد نے حضرت ابن مسعودؓ کا یہ ارشاد نقل کیا ہے۔ آپؓ نے فرمایا:

اللہ عزوجل کی کتاب مقدس میں چار آیات ایسی ہیں جو مجھے سرخ و سیاہ اونٹوں سے بھی زیادہ پیاری ہیں۔ وہ یہ ہیں

(۱) ان اللہ لا یظلم مثقال ذرہ۔۔۔۔ (النساء: ۴۰)

(۲) ان اللہ لا یغفر ان یشرک بہ۔۔۔۔ (النساء: ۴۸)

(۳) ولو انہم اذ ظلموا انفسہم جاءوک۔۔۔ (النساء: ۶۴)

(۴) ومن یعمل سوءا او یظلم نفسہ۔۔۔ (الآیۃ)

لَا خَيْرَ فِيْ كَثِيْرٍ مِّنْ نَّجْوٰىهُمْ اِلَّا مَنْ اَمَرَ بِصَدَقَةٍ اَوْ مَعْرُوْفٍ اَوْ اِصْلَاحٍ بَيْنَ النَّاسِ ؕ وَ مَنْ يَّفْعَلْ ذٰلِكَ ابْتِغَآءَ مَرْضَاتِ اللّٰهِ فَسَوْفَ نُؤْتِيْهِ اَجْرًا عَظِيْمًا

کچھ بھلی نہیں اکثر ان کی مشورت مگر جو کوئی کہے خیرات کو یا نیک بات کو یا صلح کروائے لوگوں میں۔

ا۔ علامہ سیوطی نے الدر ۲/ ۲۲۰۔ ۲۲۱ میں لکھا ہے کہ امام بیہقی نے نقل فرمایا ہے حضرت ابن مسعودؓ ایک دن کوہ صفا پر چڑھ کر فرمانے لگے: اے زبان! بھلی بات کر فائدے میں رہے گی یا پھر قبل اس کے کہ شرمندہ ہو خاموش رہ تاکہ سلامتی میں رہے۔ ساتھیوں نے عرض کیا اے ابو عبد الرحمن! یہ آپ اپنی طرف سے فرما رہے ہیں یا اسے سن رکھا ہے؟ حضرت ابن مسعودؓ نے فرمایا: میں نے رحمت دو عالم ﷺ کو فرماتے ہوئے سنا ہے کہ بلا شبہ انسان کے اکثر گناہوں کا سبب اس کی زبان ہے۔

وَ لَاٰمُرَنَّهُمْ فَلَيُغَيِّرُنَّ خَلْقَ اللّٰهِ ؕ

سکھاؤں گا کہ بدلیں صورت بنائی اللہ کی۔

ا۔ علامہ زمخشری نے کشاف ۱/ ۲۹۹ میں لکھا ہے حضرت ابن مسعودؓ نے فرمایا اللہ تعالیٰ کی بنائی ہوئی چیز تبدیل کرنے سے مراد جسم گودنا ہے۔

۲۔ حضرت ابن حنبلؒ نے مسند احمد ۶/ ۲۵۔ ۲۶ میں حضرت ابن مسعودؓ کی روایت نقل فرمائی ہے۔ آپؓ فرماتے ہیں میں نے رحمت کائنات ﷺ کو سنا کہ آپ ﷺ چہرے سے بال

لینے والی، دانت کشادہ کرنے والی اور جسم گودنے والی عورتوں پر لعنت فرمارہے تھے۔
یہی ہیں اللہ تعالیٰ کی بنائی ہوئی چیزیں تبدیل کرنے والیاں۔

وَ مَنْ اَصْدَقُ مِنَ اللّٰهِ قِيْلًا
اور اللہ سے سچی کس کی بات۔
ا۔ علامہ سیوطی نے الدر ۶/ ۲۲۴۔ ۲۲۵ میں لکھا ہے حضرت ابن مسعودؓ نے فرمایا: بلاشبہ سب سے سچی بات قرآن مجید ہے۔

وَ اتَّخَذَ اللّٰهُ اِبْرٰهِيْمَ خَلِيْلًا ﴿۱۲۵﴾
اور اللہ نے پکڑا ابراہیم کو یار۔
ا۔ حضرت ابن حنبلؒ نے مسند احمد ۵/ ۲۸۲ میں لکھا ہے حضرت ابن مسعودؓ اس آیت کریمہ کی تفسیر میں فرمایا کرتے تھے: بلاشبہ اللہ تعالیٰ نے تمہارے نبی صلی اللہ علیہ وآلہ وسلم کو دوست بنالیا ہے۔

وَ لَنْ تَسْتَطِيْعُوْٓا اَنْ تَعْدِلُوْا بَيْنَ النِّسَآءِ وَ لَوْ حَرَصْتُمْ
اور تم ہرگز برابر نہ رکھ سکو گے عورتوں کو اگرچہ اس کا شوق کرو۔
ا۔ علامہ سیوطی نے الدر ۲/ ۲۳۳ میں لکھا ہے حضرت ابن مسعودؓ اس آیت مبارکہ کی تفسیر میں فرماتے تھے کہ تم صحبت کرنے میں مساوات نہیں کرپاؤ گے۔

اِنَّ الْمُنٰفِقِیْنَ یُخٰدِعُوْنَ اللّٰهَ وَ هُوَ خَادِعُهُمْ ۚ وَ اِذَا قَامُوْٓا اِلَى الصَّلٰوةِ قَامُوْا كُسَالٰى ۙ یُرَآءُوْنَ النَّاسَ وَ لَا یَذْكُرُوْنَ اللّٰهَ اِلَّا قَلِیْلًا

منافق جو ہیں دغا بازی کرتے ہیں اللہ سے اور وہی ان کا دغا دے گا۔ اور جب کھڑے ہوں نماز کو تو کھڑے ہوں جی ہارے دکھانے کو لوگوں کے اور یاد نہ کریں اللہ کو مگر کم۔

۱۔ علامہ ابن کثیر نے اپنی تفسیر ۲/۳۹۰ میں لکھا ہے حضرت ابن مسعودؓ فرماتے ہیں۔ رحمت کائنات ﷺ نے فرمایا: جو آدمی اس وقت نماز خوب سنوار کر ادا کرے جب لوگ اسے دیکھ رہے ہوں اور جب تنہائی میں پڑھے تو بغیر سنوارے پڑھ دے تو یہی توہین جو اس نے اپنے رب کی کر دی ہے۔

مُّذَبْذَبِیْنَ بَیْنَ ذٰلِكَ ۖۗ لَاۤ اِلٰى هٰۤؤُلَآءِ وَ لَاۤ اِلٰى هٰۤؤُلَآءِ ؕ

ادھر میں لٹکتے دونوں کے بیچ نہ ان کی طرف اور نہ ان کی طرف۔

۱۔ علامہ ابن کثیر نے اپنی تفسیر ۲/۳۹۲ میں لکھا ہے حضرت ابن مسعودؓ نے فرمایا: مومن، منافق اور کافر کی مثال یوں ہے کہ تین آدمی ایک وادی کے کنارے پہنچے، ان میں ایک وادی میں داخل ہوا اور پار کر گیا پھر دوسرا داخل ہوا مگر جب وادی کے درمیان پہنچا تو پیچھے کنارے پر کھڑے آدمی نے اسے پکارا اور کہا کہاں جا رہے ہو؟ کیا تباہی کی طرف؟ واپس وہیں آ جاؤ جہاں سے گئے تھے۔ اور پار کر جانے والے آدمی نے اسے آواز دی اور کہا آ جاؤ آ جاؤ نجات کی طرف چلے آؤ۔

اب یہ درمیان میں کھڑا آدمی کبھی اس کی طرف دیکھتا ہے کبھی اس کی طرف دیکھتا ہے۔

حضرت عبداللہ بن مسعودؓ نے فرمایا اچانک سیلاب آجاتا ہے اور اسے بہا کر لے جاتا ہے۔

پس جو وادی عبور کر گیا تھا وہ مومن ہے ور جو غرق ہو گیا وہ منافق ہے (قران مجید کا ارشاد ہے مذبذبین بین ذالک لا الی هؤلاء لا الی هؤاء) اور جو پیچھے کنارے پر ٹھہرا رہا وہ کافر ہے۔

اِنَّ الْمُنٰفِقِيْنَ فِي الدَّرْكِ الْاَسْفَلِ مِنَ النَّارِ ۚ وَ لَنْ تَجِدَ لَهُمْ نَصِيْرًا ﴿۱۴۵﴾

منافق ہیں سب سے نیچے درجہ میں آگ کے اور ہر گز نہ پاوے گا تو ان کے واسطے مددگار۔

۱۔ علامہ طبری نے جامع ۳۳۸/۹۔ ۳۲۰ میں لکھا ہے حضرت ابن مسعودؓ نے اس آیت مقدسہ کی تفسیر میں فرمایا: انہیں لوہے کے صندوقوں میں رکھ کر اوپر سے تالے لگا دیئے جائیں گے۔

وَّ قَوْلِهِمْ اِنَّا قَتَلْنَا الْمَسِيْحَ عِيْسَى ابْنَ مَرْيَمَ رَسُوْلَ اللّٰهِ ۚ وَ مَا قَتَلُوْهُ وَ مَا صَلَبُوْهُ وَ لٰكِنْ شُبِّهَ لَهُمْ ؕ وَ اِنَّ الَّذِيْنَ اخْتَلَفُوْا فِيْهِ لَفِيْ شَكٍّ مِّنْهُ ؕ مَا لَهُمْ بِهٖ مِنْ عِلْمٍ اِلَّا اتِّبَاعَ الظَّنِّ ۚ وَ مَا قَتَلُوْهُ يَقِيْنًا ﴿۱۵۷﴾ بَلْ رَّفَعَهُ اللّٰهُ اِلَيْهِ ؕ وَ كَانَ اللّٰهُ عَزِيْزًا حَكِيْمًا ﴿۱۵۸﴾ وَ اِنْ مِّنْ اَهْلِ الْكِتٰبِ اِلَّا لَيُؤْمِنَنَّ بِهٖ قَبْلَ مَوْتِهٖ ۚ وَ يَوْمَ الْقِيٰمَةِ يَكُوْنُ عَلَيْهِمْ شَهِيْدًا ﴿۱۵۹﴾

اور اس کہنے پر کہ ہم نے مارا مسیح عیسیٰ مریم کے بیٹے کو جو رسول تھا اللہ کا اور نہ اس کو مارا ہے اور نہ سولی پر چڑھایا ہے لیکن وہی صورت بن گئی ان کے آگے اور جو لوگ اس میں کئی

باتیں نکالتے ہیں وہ اس جگہ شبہ میں پڑے ہیں کچھ نہیں ان کو اس کی خبر مگر اٹکل پر چلنا۔ اور اس کو نہیں مارا بیشک بلکہ اس کو اٹھا لیا اللہ نے اپنی طرف اور ہے اللہ زبردست حکمت والا۔ اور جو فرقہ ہے کتاب والوں میں سو اس پر یقین لاویں گے اس کی موت سے پہلے اور قیامت کے دن ہو گا ان کا بتانے والا۔

۱۔ حضرت امام احمد بن حنبلؒ نے مسند احمد ۵/۱۸۹۔۱۹۰ میں یہ روایت نقل فرمائی ہے حضرت ابن مسعودؓ فرماتے ہیں اللہ جل جلالہ کے رسول ﷺ نے فرمایا: میں معراج کی رات حضرت ابراہیم، حضرت موسیٰ اور حضرت عیسیٰ (علیہم السلام) سے ملا وہ آپس میں قیامت کا تذکرہ کرنے لگے۔ بات حضرت ابراہیمؑ پر آئی تو آپ نے فرمایا مجھے اس کا کوئی علم نہیں پھر بات حضرت موسیٰ پر آ گئی۔ آپ نے بھی یہی فرمایا کہ مجھے اس کا کوئی علم نہیں۔ پھر بات حضرت عیسیٰؑ پر آئی تو آپ نے فرمایا قیامت کے وقوع پذیر ہونے کو اللہ جل جلالہ کے سوا کوئی نہیں جانتا البتہ اس حوالے سے اللہ جل جلالہ نے مجھ سے ایک وعدہ لیا ہے کہ بلا شبہ دجال نکلے گا۔ آپ نے فرمایا میرے پاس دو چھڑیاں ہوں گی۔ وہ جب مجھے دیکھے گا تو شیشے کی طرح پگھل جائے گا۔ آپ نے فرمایا: اللہ تعالیٰ اسے ہلاک کر دیں گے۔ حتیٰ کہ پتھر اور درخت بھی بول اٹھیں گے کہ اے مسلمان! اپنی بات ہے ایک کافر میرے پیچھے چھپا بیٹھا ہے اور اسے قتل کر دے۔ آپ نے فرمایا اللہ تعالیٰ اسے ہلاک کر دیں گے پھر لوگ اپنے شہروں اور ملکوں کو لوٹ جائیں گے۔ آپ نے فرمایا اب یاجوج ماجوج نکلیں گے۔ (الانبیاء: ۹۶) چنانچہ وہ شہروں کے شہر روند ڈالیں گے جدھر رخ کریں گے تباہی

پھیلاتے جائیں گے۔ جس پانی کے پاس سے گزریں گے اسے پی جائیں گے، اب لوگ میرے پاس آئیں گے اور ان کی شکایت کریں گے چنانچہ میں اللہ تعالیٰ کی بارگاہ میں یاجوج ماجوج کے لیے بد دعا کروں گا۔ اللہ تعالیٰ انہیں تباہ و برباد کر دے گا اور مار دے گا۔ یہاں تک کہ ان کی بدبو کی وجہ سے زمین اپنی اصل حالت پر نہ رہ سکے گی۔ آپؐ نے فرمایا پھر اللہ عز وجل بارش برسائیں گے جو ان کی لاشیں بہا کر سمندر میں پھینک دے گی۔

رُسُلًا مُّبَشِّرِيْنَ وَ مُنْذِرِيْنَ لِئَلَّا يَكُوْنَ لِلنَّاسِ عَلَى اللّٰهِ حُجَّةٌۢ بَعْدَ الرُّسُلِ

کتنے رسول خوشی اور ڈر سنانے والے تا نہ رہے لوگوں کو اللہ پر الزام کی جگہ رسولوں کے بعد۔

۱۔ امام مسلمؒ نے اپنی صحیح ۴/۲۱۱۴ میں حضرت ابن مسعودؓ کی یہ روایت نقل فرمائی ہے۔

آپؓ فرماتے ہیں محبوب خدا صلی اللہ علیہ وآلہٖ وسلم نے فرمایا:

اپنی تعریف پسند کرنے میں کوئی شخص بھی اللہ تعالیٰ سے آگے نہیں۔ یہی وجہ ہے کہ اللہ تعالیٰ نے خود اپنی تعریف فرمائی ہے۔ اور اللہ تعالیٰ سے زیادہ کوئی صاحب غیرت نہیں۔ یہی وجہ ہے کہ اللہ تعالیٰ بے حیائی کے کام حرام فرما رہے ہیں اور اللہ تعالیٰ سے زیادہ کوئی معذرت پسند نہیں۔ یہی وجہ ہے کہ اس نے کتابیں اتاریں اور پیغمبر بھیجے۔

وَ الَّذِيْنَ اٰمَنُوْا بِاللّٰهِ وَ رُسُلِهٖ وَ لَمْ يُفَرِّقُوْا بَيْنَ اَحَدٍ مِّنْهُمْ اُولٰٓئِكَ سَوْفَ يُؤْتِيْهِمْ اُجُوْرَهُمْ

پھر جو لوگ ایمان لائے ہیں اور عمل کیے نیک ان کو پورا دے گا ان کا ثواب اور بڑھتی دے گا اپنے فضل سے۔

ا۔ ابن کثیر نے اپنی تفسیر ۲/۴۳۳ میں حضرت ابن مسعودؓ کی یہ روایت نقل فرمائی ہے۔
حضرت ابن مسعودؓ فرماتے ہیں۔ شافع محشر صلی اللہ علیہ وآلہ وسلم نے فرمایا: اس آیت کریمہ میں اجورھم سے مراد یہ ہے کہ اللہ جل جلالہ انہیں جنت میں داخل فرمائیں گے اور ویزیدھم من فضلہ سے مراد یہ ہے کہ انہیں ایسے جہنم کے حقداروں کے لیے شفاعت کرنے کی اجازت دی جائے گی جنھوں نے دنیا میں ان پر احسان کیا ہوگا۔

وَ اَمَّا الَّذِیۡنَ اسۡتَنۡکَفُوۡا وَ اسۡتَکۡبَرُوۡا فَیُعَذِّبُہُمۡ عَذَابًا اَلِیۡمًا ۙ۬ وَّ لَا یَجِدُوۡنَ لَہُمۡ مِّنۡ دُوۡنِ اللّٰہِ وَلِیًّا وَّ لَا نَصِیۡرًا ﴿۱۷۳﴾

اور جو کنیائے اور تکبر کیا سو ان کو مارے گا دکھ کی مار اور نہ پاویں گے اپنے واسطے اللہ کے سوائے کوئی حمایتی اور نہ مددگار۔

ا۔ حضرت امام احمد بن حنبلؒ نے اپنی مسند ۵/ ۳۰۱ میں حضرت ابن مسعودؓ کی یہ روایت نقل فرمائی ہے۔ حضرت ابن مسعودؓ فرماتے ہیں رحمت کائنات صلی اللہ علیہ وآلہ وسلم نے فرمایا: جس کے دل میں ایک دانے جتنا بھی ایمان ہوگا وہ جہنم میں نہیں جائے گا اور جس کے دل میں ایک دانے جتنا بھی تکبر ہوگا وہ جنت میں داخل نہیں ہوگا۔ کسی صحابی نے عرض کیا اللہ کے رسول! مجھے یہ بات بڑی اچھی لگتی ہے کہ میرے کپڑے دھلے ہوئے ہوں، میرے سر میں تیل لگا ہو اور میرے جوتے کا تسمہ بنا ہو۔ کچھ اور چیزوں کا بھی نام لیا حتی کہ کوڑے کے دستہ کا بھی ذکر کیا اور پوچھا اے اللہ کے رسول! کیا ان چیزوں کا تعلق بھی تکبر سے ہے؟ آپ صلی اللہ علیہ وآلہ وسلم نے

فرمایا نہیں، بلکہ یہ تو خوبصورتی کی چیزیں ہیں۔ بلاشبہ اللہ تعالیٰ خوبصورت ہیں اور خوبصورتی پسند فرماتے ہیں۔ البتہ تکبر یہ ہے کہ حق سے منہ موڑا جائے اور دوسروں کو حقیر سمجھا جائے۔

۲۔ علامہ سیوطی نے الدر ۴/۱۱۵۔۱۱۶ میں لکھا ہے حضرت ابن مسعودؓ نے فرمایا تکبر کرنے والوں کو قیامت کے دن آگ کے صندوقوں میں رکھا جائے گا اور صندوق اوپر سے بند کر دئیے جائیں گے۔

★★★